21世纪经济管理新形态教材 · 创新创业教育系列

创业管理

主　编 ◎ 吕　爽

副主编 ◎ 郝　亮　李倩雯　祖晓霞　王一夫　孙　轲

清华大学出版社

北　京

内容简介

本书按照教育部《普通本科学校创业教育教学基本要求（试行）》的精神，推动高等教育的创新性和规范性发展。本书以创立企业—商业模式选择—企业发展—危机干预—创业融资作为逻辑主线，按创业过程逐步展开论述，从初创企业建立、可行性分析、产业分析，到创建企业、管理成长，再到整合开发机会所需的资源（创新、融资等），准确识别了创业每个环节中可能遇到的关键问题并分析成因，进而根据实践经验提出切实可行的解决措施。全书分为八章，包括创业管理概述、初创企业设立、初创企业商业模式、初创企业的管理、新创企业的成长、初创企业风险防范与危机管理、初创企业的创新管理、创业融资。本书体例结构规范，贴近创业实际，强调了创业者创新思维和创业管理能力的培养，并且配备了丰富的案例资源。

本书既可以作为全日制本科院校和高等职业院校的创业学教材，也可供怀有创业梦想的人士作为学习与参考用书。

图书在版编目（CIP）数据

创业管理 / 吕爽主编 . —北京：清华大学出版社，2022.8
21 世纪经济管理新形态教材 . 创新创业教育系列
ISBN 978-7-302-61257-5

Ⅰ . ①创…　Ⅱ . ①吕…　Ⅲ . ①企业管理－高等学校－教材　Ⅳ . ① F272.2

中国版本图书馆 CIP 数据核字 (2022) 第 115292 号

责任编辑： 刘志彬　付潭娇
封面设计： 汉风唐韵
版式设计： 方加青
责任校对： 王凤芝
责任印制： 丛怀宇

出版发行： 清华大学出版社
　　网　　址： http://www.tup.com.cn，http://www.wqbook.com
　　地　　址： 北京清华大学学研大厦 A 座　　**邮　　编：** 100084
　　社 总 机： 010-83470000　　**邮　　购：** 010-62786544
　　投稿与读者服务： 010-62776969，c-service@tup.tsinghua.edu.cn
　　质 量 反 馈： 010-62772015，zhiliang@tup.tsinghua.edu.cn
印 装 者： 定州启航印刷有限公司
经　　销： 全国新华书店
开　　本： 185mm×260mm　　**印　　张：** 13.5　　**字　　数：** 276 千字
版　　次： 2022 年 8 月第 1 版　　**印　　次：** 2022 年 8 月第 1 次印刷
定　　价： 55.00 元

产品编号：095234-01

创新创业教育系列教材编写委员会

党中央、国务院高度重视创新创业人才培养。深化高校创新创业教育改革，是加快实施创新驱动发展战略的迫切需要，是推进高等教育综合改革的突破口，是推动高校毕业生更高质量创业就业的重要举措，意义十分重大。要把创新创业教育贯穿人才培养全过程，以创造之教育培养创造之人才，以创造之人才造就创新之国家。中国特色社会主义已进入新时代，深化供给侧结构性改革、贯彻新发展理念、推动高质量发展需要创新创业创造。

创新创业教育以培养具有创业基本素质和开创型个性的人才为目标，是高等教育主动适应、积极回应时代呼唤的创新、发展和升华。它已然成为新时代发展素质教育的新突破，为我们带来人才培养模式的深刻变革，更为大学生实现梦想打开一扇美丽的天窗。

创新是一场融合新科技革命和新产业革命、具有鲜明新时代特征的划时代大变革。大学生作为时代青年的优秀代表，敏锐感受到知识创新时代赋予自己的光荣使命，于是出现了大学生创新创业浪潮。我们应当意识到，唯有充分释放全社会创新创业创造动能，着力增强学生的创新精神、创业意识和创新创业能力，才能更大限度激发每个学生的潜能潜质。让学生在创新创业中巩固专业知识，在专业教育中提高创新创业能力，为经济社会高质量发展培养大批敢闯会创的高素质人才。

吕爽院长主编的《创业管理》构建了较为完善的理论体系，以创立企业——商业模式选择——企业发展——危机干预——创业融资作为主要逻辑主线，使一个企业的鲜活形象跃然纸上；基于创业的实施路径，从创业管理的内涵、特征谈起，重点关注初创企业的生存和发展，以市场营销、商业模式、运营管理、人力资源管理、财务与融资计划来构成教材的框架结构和主要内容。本书语言朴实，易于理解，篇章结构设置合理，贴近学生生活，能够指导学生学习和掌握初创企业运行规律、提升规避防范风险意识，有效提高创新创业能力，使他们能够在参与社会创业的庞大队伍中，迅速成为“互联网+”时代创业浪潮的中坚力量。

古人有云，修身齐家治国平天下，由己及人，放大理想。如今，可以说，齐家与治国之间有个中间阶段，那就是创业。在现实中，企业风格往往是创业者个人人格的放大，创业者的长处经过企业放大影响社会，创业者的短处也会化为企业的弱点甚至导致创业失败、消亡。从这一点来看，即便是不想去创业的同学也有必要了解创业管理，了解创业者如何管理好自己放大的人格，扬长避短，由人及己，反躬自省，对于每个人的人生、事业、家庭，都会有很好的启示。

本书由四川旅游学院创新创业学院院长吕爽副教授领衔创作团队写成。吕爽院长在北京大学光华管理学院访问时与我相识，交流颇多，并为北京大学光华管理学院创新创业中心做出诸多贡献。在交流之中，吕爽院长表现出在创新创业教育方面的丰富经验，已经形成了丰硕成果，让我深感钦佩。本书正是吕爽院长的最新力作。

本书正是高校创新创业教育所需要的，希望看到更多的此类著作涌现。创新创业教育并不容易，尤其对于学院派的大学教师而言，这样的成果是学生所需，也是教师之助，为此作序，是我之幸，谨此为记！

寥寥数笔，难以尽意。谨为之序，并与读者诸君共勉。

黄　涛

北京大学光华管理学院创新创业中心副主任、教授、博士生导师

北京大学乡村振兴研究院副院长

前言

中国创业活动的创新能力和国际化程度在不断提高，但与美国和G7经济体相比仍有较大差距，且学校创业教育、科技成果转化以及商业和法律基础设施是我国创业环境中的相对短板。教育部关于印发《国家级大学生创新创业训练计划管理办法》的通知（教高函〔2019〕13号）再次强调“各地各高校秉承‘兴趣驱动、自主实践、重在过程’的原则，深化高校创新创业教育教学改革，加强大学生创新创业能力培养，全面提高人才培养质量”。教育部办公厅关于印发《教育部产学合作协同育人项目管理办法》的通知（教高厅〔2020〕1号）中指出“支持高校加强创新创业教育课程体系、实践训练体系、创客空间、项目孵化转化平台等建设，深化创新创业教育改革”。紧接着，国家教材委员会印发的《全国大中小学教材建设规划（2019—2022年）》提出“适应提升学生实践能力、创新创业能力需要，加强实验、实践性教材和创新创业教育教材建设”。由此可见，国家各层面对创新创业教育越来越重视，新时代创新创业能力已经成为考查学生综合素质的指标之一，一个国家的创业活动创新能力也衬托着其在国际经济体中的地位。

创业是一个极其艰辛的管理过程，无论是背托资源创业的，还是白手起家的创业者，都必须面对这“一边是海水，一边是火焰”的创业现实。新时代、新时期的新创企业需要新的管理方式，特别是要能应对高速发展变化的情况。

创业管理是一门创新性、方法性、策略性与实践性很强的课程。我们根据国家的最新政策以及授课教师的反馈编写《创业管理》，对整体框架和内容都做了相应的制定，对引例、调查数据、文献研读、行动指引、课后思考、案例等内容做了精细化的思考和设计。

本书以创立企业—商业模式选择—企业发展—危机干预—创业融资作为逻辑主线，按创业过程逐步展开论述，从初创企业建立、可行性分析、产业分析，到创建企业、管理成长，再到整合开发机会所需的资源（创新、融资等），准确识别了创业每个环节中可能遇到的关键问题并分析成因，进而根据实践经验提出切实可行的解决措施。最后，我们对附录也做了统计，依据纵向层次划分、横向时间划分的纵横交叉原则，收录了国家不同管理部门最新有关双创及双创教育方面的政策，使大学生更全面地了解国家对双创及双创教育的指导方向和相关优惠政策，更好地激发大学生学习双创、实施双创的热情。

本书通过创业成功或失败的案例分析，寓创业理论于通俗点评，提出问题启发读者思考，促使读者主动探索未知领域内的现实问题。重在通过借鉴实践中宝贵的经验，激励、启迪受教育者的创业思维，提升其创业的理性定位，增强创业管理的策略与方法。本书阐述清晰、分析透彻、内容丰富，不仅提供了许多实用的工具和分析方法，还提出了诸多中肯的建议，是一本很好的创业管理学教材。

教学过程中建议采用以学生为中心的主动式、以项目为基础的团队式、探索式和体验式的教学法，利用案例导入将讲授内容链接起来，借助思维导图等方式在有限时间内讲述知识点，最后通过案例讨论将所学知识应用于实际中，理论和实践结合，让学生在做中学、想中学，避免填鸭式教学。

本书由四川旅游学院创新创业学院院长吕爽担任主编，组织编写、提出修改意见、审定章节内容，并最终定稿。由山东科技大学郝亮，四川旅游学院李倩雯、祖晓霞，沈阳农业大学王一夫，贵州航天职业技术学院孙轲担任副主编。具体分工如下：第一章、第三章由吕爽编写；第二章由吕爽、郝亮编写；第四章由李倩雯、郝亮编写；第五章由祖晓霞、王一夫编写；第六章由祖晓霞、孙轲编写；第七章由王一夫、孙轲、郝亮编写；第八章由李倩雯、祖晓霞编写。全书由杨娟协调，李倩雯、祖晓霞统稿。所有参与编写的教师都为本书的顺利完成收集了大量的资料，付出了大量的心血。

在本书编写过程中，参考和借鉴了大量国内外相关文献资料、专著及教材，在此，向这些资料的作者表示最诚挚的感谢。感谢清华大学出版社在本书编写期间给予的支持与帮助，包括在文字校对、内容审定等方面的帮助。

本书进行了反复研讨修改，由于编者水平有限，书中疏漏、不当之处难以避免，敬请广大读者提出宝贵意见，以便我们对本书进行进一步的修改、补充和完善。

本书为读者免费提供教学课件和相关教学文件，可登录清华大学出版社网站 http://www.tup.tsinghua.edu.cn 下载。相关教材咨询与出版，可以通过 1450691104@qq.com 与编辑联系。

吕爽

2022 年 2 月

目录

第1章 创业管理概述

学习目标

1. 掌握创业管理的含义、特点及其与传统企业管理的区别。
2. 了解创新的含义、方法及其与创业管理的关系。
3. 明确创业管理的基本原则、组成要素及实施过程。

案例导入

从来三斤到链小宝，陈选灿助农初心的进阶之路

2019年7月，稳步前进中的来三斤发出重磅消息——成立有链科技，推出链小宝—优质农特产供应链服务平台。从来三斤到链小宝，从农特产电商平台转向农特产供应链服务平台，对于陈选灿而言，是创业道路上的重新出发，更是“从心出发”。

一、深耕农业电商，源于内心深处最朴实的助农初心

2016年，出身农村、深刻体会农业与农村发展困境的陈选灿，怀着“为农业、农村、农民做点事”的朴实情怀，怀揣着“连接农村与城市，传递安全与健康”的使命，与合伙人联合创办了来三斤农特产社交电商平台。怀着满腔热忱和信心的陈选灿带领来三斤团队砥砺前行，深挖县域农业电商，着力解决农产品销售问题，促进农民转型增收。

二、链小宝是来三斤的使命传承，更是陈选灿助农初心的Plus版

陈选灿表示，通过来三斤3年多的运作，看到了农业电商广阔的前景，但也更清晰地认识其中的困境。放眼目前国内的农业供应链领域，缺乏规模化、平台化、有影响力的大平台的牵引，所以来三斤在这个时候推出链小宝农特产供应链服务平台，尤其契合整个行业的发展趋势。

有身边的朋友笑言：陈选灿的助农初心和情怀已经“膨胀”成Plus版，链小宝就像是来三斤的进阶版，朝着更宏大的目标进发。“链小宝项目确实传承了来三斤的使命和愿景，但我希望此平台能够汲取来三斤的运营经验，打磨出有效解决行业困境的模式，在助农道路上能够释放更多的能量，真正实现助农、扶农。”陈选灿强调。

三、荆棘满布的供应链之路，链小宝的未来要怎么走

过去3年多的农业电商运营过程中确实也走了很多弯路，但同时也积累了许多宝贵的行业运作经验。对于链小宝的整体定位和愿景，陈选灿已经做了非常清晰的规划。链小宝想打造出基于云计算的优质农特产供应链平台，助力全国优质农特产发展，借助云技术构建渠道联盟和供应链联盟，降低供应链成本，提高供应链流通效率，赋能农业供应链。

陈选灿还透露，为了快速铺开市场，链小宝制定了爆品及渠道两个战略：

（1）爆品战略。这一战略，将灵活移植到链小宝平台上。链小宝初步制订了“百款爆品”计划：深入县域，甄选精品，一年内开发 100 款农特产爆品，着力帮助 1 000 个渠道商平台快速吸粉引流，以爆品运作实现初步的市场拓展。

（2）渠道战略。链小宝要把各个优秀的供应商、平台商集结在同一个平台，通过资源共享、渠道共享，打通各供应商、平台商各自为政的封闭状态，形成一个系统的供应链联盟和渠道联盟，致力于解决渠道的效率、产品品质、品牌优化升级等问题，以达到质量兴农、品牌强农的战略目标。

陈选灿期望，未来的链小宝是一个集商流、物流、资金流、信息流四流合一的一站式供应链服务平台，能够真正赋能供应链生态圈。

（作者根据 A5 创业网创业故事改编）

思考题

陈选灿的创业之路给了你什么启示？

1.1　创业管理

一、创业管理的含义

“创业管理”概念最早是由斯蒂文森和哈里略于 1990 年提出，是从创业视角概括战略管理，即创业学和战略管理的交叉。创业管理（entrepreneurial management）是指白手起家，通过自有资金或风险投资，让新事业开始盈利并进入良性循环的一种管理方式。换言之，是指在现有的资源下，识别和开发机会，并利用机会将好的创意快速变成现实，并且随着企业的成长延续和强化。创新是创业管理的根本，但创新并不一定是发明创造，也不是无限制地冒险、非理性地控制风险，而是根据企业的发展制定一套有效的成本控制措施以及强有力的执行方案，以此增强企业竞争力。

创业管理的过程性内涵，可大致划分为三个阶段：

第一阶段为企业创建阶段。这一阶段涵盖了创业团队的管理、商业计划书的撰写、商业模式的选择等问题。

第二阶段为企业成长阶段，即新企业创建后，如何在市场经济环境下存活。这一阶段涉及营销、策略等方面的内容。

第三阶段为企业稳健发展阶段，即新企业在市场生存下来之后，转向一个靠组织制度化的措施促使其健康成长的阶段。企业在这一阶段面临制度化建设的问题。

创业管理是让人们像企业家那样思考和行动的管理系统，是把握机会并创造新价值的行为过程。创业管理并不仅限于某一单独类型的企业，它适用于一切组织，包括营利性组织和非营利性组织。

二、创业管理的特征

（一）以生存为目标

从无到有，将自己的产品或服务销售出去，从而在市场立足，让自己生存下来是新事业的首要任务。生存在创业阶段是第一位，一切都应围绕生存运作，应避免一切危及生存的做法。因此，在创业阶段，最忌讳的是提出不切实际的扩张目标，盲目铺大摊子、扩大规模，导致“企而不立，跨而不行”的结局。在创业过程中，亏损、盈利、又亏损、又盈利，可能要经历多次反复，最终能持续稳定地盈利，才算度过了创业的生存阶段。之所以把盈利作为唯一标志，是因为只有开始持续地盈利，才能证明新事业探索到了可靠的商业模式（business model），从而才有追加投资的价值。

（二）主要依靠自有资金创造自由现金流

现金对企业来说就像是人的血液，企业可以承受暂时的亏损，但不能承受现金流的中断。企业的自由现金流是什么呢？不包括融资、资本支出、纳税和利息支出的经营活动净现金流即自由现金流。当自由现金流出现赤字，企业将发生偿债危机，甚至可能引发破产。自由现金流既是创业阶段又是成长阶段管理的重点，其大小直接反映企业的赚钱能力。对创业管理来说，因融资条件苛刻，主要依靠自有资金运作来创造自由现金流，导致管理难度更大。创业管理要求创业者必须锱铢必较，要想尽办法增收节支、加速周转、控制发展节奏。

（三）充分调动“所有的人做所有的事”

新企业在初创时，即使建立了正式的部门结构，但很少能按正式组织方式运作。最常见的情况是，虽然名义上有分工，但运作起来却是哪里急、哪里紧、哪里需要，就往哪里去。这种看似“混乱”的状态，实际上却是一种高度“有序”的状态。每个人都清楚组织的目标，知道自己应当如何为组织目标做贡献，没有人计较得失、越权或越级，相互之间没有职位的区别，只有角色的划分，这称为团队。这样的运作方式能塑造出团队精神、奉献精神和忠诚意识。即便将来事业发展了，组织规范化了，这种精神仍然存在，成为企业的文化。因此，创业者必须在创业阶段尽力使新的事业部门成为真正的团队，这种在创业时期培养出来的团队凝聚力，是经理人将来领导大企业高层管理班子的基础。

（四）经理人亲自深入运作细节

大多数创业的经理人都有这样的经历：策划新产品方案、直接向顾客推销产品、顾客当面训斥、亲自与供应商谈判、亲自在车间里追踪顾客急要的订单等。这才叫创业，否则一切怎么会从无到有？“细节是关键”，对经营全过程的细节了如指掌，才使得生意越做越精。生意不赚钱，就是因为在细节上下的功夫不够。但有些创业者和经理人，在企业做大后，仍然亲自掌握关键细节，不能进行有效地授权，便演变为一种缺点。

（五）奉行“顾客至上，诚信为本”

把企业的产品或服务销售给顾客是创业的第一步，这是一种惊险的跨越，如果顾客不肯付钱，怎么收回成本，带来利润？企业为了生存的需要，需要把顾客当作衣食父母。经历过创业艰难的经理人或企业家，一生都会将顾客放在第一位。并且，谁会买没听说过的企业的产品？谁会借钱给没听说过的企业？谁会加入没听说过的企业？企业靠什么迈出这三步？靠的是诚信。因此，企业的核心价值观是创业阶段自然形成的。创业管理是在塑造一个企业。

三、创业管理与传统管理的区别

创业管理与传统管理的区别主要有以下几个方面。

（1）时代背景的差异。当今世界正经历从工业社会向消费社会和信息社会的转变，这便是创业管理产生的新经济时代；而传统管理产生、成熟于机器大工业时代。在知识经济时代，产品市场的生命周期缩短，如何快速进入和退出市场、迅速推出升级产品成为重点。竞争的关键转向产品生命周期的前端，管理关注的重点包括研发管理、创新管理、知识产权管理等。而传统的管理方式聚焦在商品上，为技术导向型，研发、设计、大批量制造、大市场、大规模操作、自动化和专业化都是其重要因素。

（2）研究客体的差异。创业管理理论是以不同层次的新建事业以及新的创业活动为研究对象，其研究客体不局限于中小企业，研究内容也不是一般企业管理知识在中小企业领域的翻版。而传统的管理理论是以现有的大公司为研究对象，其侧重于向人们提供现存大企业中开展管理工作所需要的知识和技能，注重用保守的规避风险的方式来运用这些理论和分析方法，旨在培养优秀的职业经理人。

（3）研究出发点的差异。创业管理的出发点是通过寻找机会并取得迅速的成功和成长，即创业是在打破所拥有资源的前提下，识别机会、开发机会、利用机会，从而产生经济效果的行为，机会导向是其核心问题。而传统管理的出发点是效率和效益。

（4）内容体系的差异。创业管理是在不成熟的组织体制下，更多地依靠团队的力量、创新和理性冒险来实现新事业的起步与发展。而传统管理则是通过计划、组织、领导与控制来实现生产经营。创业管理的内容是围绕着如何识别、开发、利用机会而展开的，而创业过程中组织与资源之间的关联性和耦合是其研究重点之一。它包括新机会与个人知识准备之间的耦合、创业过程中核心团队成员性格与知识的耦合、现有资源与促使事业成功的战略之间的耦合、当前用户实践与新的潜在事业特征之间的耦合等。

（5）管理方式方法的差异。创业管理要在每个环节上激发员工的主动性和创造性，迅速地对市场变化做出反应，以适应瞬息万变的外部环境，从而推动企业的成长。而传统管理需通过计划、组织、领导与控制实现企业的经营管理，大多为刚性管理，企业的既定规章制度则对企业的管理起较强的约束作用。

创业管理与传统管理的区别如表 1-1 所示。

表 1-1　创业管理与传统管理的区别

	创 业 管 理	传 统 管 理
时代背景	新经济时代，工业社会向消费社会转变，工业社会向信息社会转变	产生和成熟于机器大工业时代
研究的客体	不同层次的新建事业与新的创业活动	现有的大公司
研究出发点	通过寻找机会并取得迅速的成功和成长	效率与效益
内容体系	在不成熟的组织体制下，更多地依靠团队的力量、创新与理性冒险来实现新事业的起步和发展	通过计划、组织、领导与控制来实现生产经营
管理方式方法	在每个环节上激发员工的主动性与创造性，以适应瞬息万变的外部环境，来推动企业的成长	通过计划、组织、领导与控制实现企业的经营管理，大多是刚性管理，企业的既定规章制度对企业的管理起到了较强的约束作用

因此，创业管理与传统管理存在较大的差异，创业管理工作存在综合性、动态性、不确定性、复杂性等特点。

四、创新与创业管理的关系

随着经济全球化、信息化和高新技术的迅猛发展，创新已日益成为企业发展的关键因素。企业能持续发展取决于企业的创新能力，而企业的创新能力主要来源于企业的创新意识，体现在企业的制度、管理和技术层面的创新作为。

（一）创新有助于企业改善市场环境

（1）产品创新能促进企业加速新技术、新材料在产品生产中的应用，提高产品的质量，让产品的功能更好地满足用户的需要，以提高企业产品的竞争力，改变用户对企业的看法，改善现有的市场条件；企业技术创新成果是适销对路的新产品时，它会为企业带来新的用户，形成新的市场，从而能够在更广阔的市场中进行选择；不断创新且获得成功的企业，初创企业一般都是首次进入新的市场领域，具有领先者的优势，很大程度上决定了产品的价格、市场规模等。

（2）工艺创新能促进企业加速新工艺在企业中的应用，降低成本，并提高生产效率。

（3）开发或推广新工艺、新技术，改进产品或工程设计，延长工具系统的使用寿命，改进或更新服务等途径，可以节约原材料的消耗，缩短生产周期，在相等的时间内或用较少的劳动力生产更多的产品，减少工人的劳动时间却能生产同样数量的产品。

（二）创新有助于企业全方位提高企业素质

一方面，技术创新可以提高研制能力，改善研制条件，提高要素素质与内部结构素质；另一方面，组织和管理创新可以提高对外适应能力，通过对外部环境的有效影响来改善企业的行为素质。

（三）创新有助于提高企业竞争力

企业如果要发展，其产品就必须占领市场并扩大市场占有率。优胜劣汰是市场运行的法则，企业只有进行产品创新，才能生产出物美价廉的产品；只有进行市场营销创新，才能在市场中赢得顾客、占领市场，成为竞争的优胜者。

（四）创新有助于企业稳定与发展

企业稳定与发展的重要力量在于企业管理的有序化和高度集约化。如果将管理和技术比作企业发展的两个轮子，那么管理创新便是助力企业发展的马达，管理创新的结果即为企业提供更有效的管理方式、方法和手段。例如，管理层级制一旦形成并有效地实现其协调功能后，层级制就变成了持久性、权力和持续成长的源泉，因为管理新兴单位企业的层级型组织结构超越了工作期间的个人和集团的限制，即一名经理离职时，并不会影响企业的整体运作。协调有效的管理层级制会对已经做好接管该职位的人员进行相应的培训，即便企业人员流动，企业组织结构和职能也能保持有序的运作。

（五）创新有助于企业家阶层的形成

企业家阶层的形成是现代企业管理创新的直接成果之一。一方面，这一阶层的产生让企业的管理掌握在专家的手中，提高企业资源的配置效率；另一方面，可以使企业的所有权与经营权发生分离，推动企业的健康发展。钱德勒指出：“当工商企业在规模和经营多样化方面发展至一定水平，其经理变得越加职业化时，企业的管理就会和它的所有权分开。”职业经理阶层的形成对企业的发展有很大作用，因为企业的存续对其职业具有至关重要的作用，所以他们“宁愿选择能促使公司长期稳定和成长的政策，而不贪图眼前的最大利润”。从该角度出发，职业企业家必然会进一步关注创新，重视企业管理的创新，使职业经理人成为管理创新的积极推动者和勇敢实践者。

总而言之，创新在企业生存和发展的实践中具有非常重要的理论和现实意义，创业企业需要不断加强管理创新的探索和实践，从而帮助企业拥有持续的竞争优势。

1.2　创业管理的基本过程

一、创业管理的基本原则

企业创办初期在管理上具备基本的原则，任何照搬成熟企业的管理经验和模式都可能违背市场规律条件下的基本原则。创业管理应遵循以下基本原则。

（一）生存重于发展原则

企业创业期是企业的高风险期，刚诞生的企业很弱小，对来自市场或企业内部损伤的抵御能力差，这一阶段最大的追求目标是在生存的基础上发展。这决定了企业在创业管理期的主要管理目标是降低经营风险，让企业在激烈的市场竞争中长久地存在，积累经营管理的经验、知识、资产和人力资源等，以此形成自己的产业基础。

（二）重权威原则

创业者是企业管理的核心，创业者的能力大小、强弱对企业发展起决定性的作用，其一般是通过两个层次的扁平组织架构来实行一对一的粗放型管理。创业者在这一时期，一般会专注企业关键职能的发育。创业者凡事都亲自参与实施，身兼多职，通过实施集权管理来树立企业原创期的企业文化。

（三）利益分享、风险共担原则

利益分享、优化知识、降低风险为创业团队的理念。同供应商、经销商、研究机构的战略伙伴关系都体现了利益分享、风险共担的经营理念。

（四）低成本原则

低成本创业经营是相对于高成本创业经营而言的，企业在生产、销售、研发、办公、薪金等方面的费用都必须坚持低成本经营。创业企业在残酷的市场竞争中，自己动手应该成为创业者的一种天性：其一，自己动手是创业者对企业的呵护，创业者在自己动手的过程中形成了企业的雏形，在企业的原创中把创业者的精神融入决策机制、管理制度、企业文化乃至产品包装中；其二，创业者关注企业的各个方面，并参与企业各项业务的过程是创业者了解专业关键、吸取管理经验、增加经营阅历的自我丰富过程。创业者在企业生产经营期的管理基础建设中只有经历了这个过程，才能跟上企业发展的速度和经营规模膨胀的步伐。

二、创业管理的基本要素

创业是一个创建企业的过程。创业管理的基本要素在创业发展中起推进作用，抓住了这些要素，就把握住了创业管理活动的关键点。

创业管理的基本要素及其作用和特征如表 1-2 所示。

表 1-2　创业管理的基本要素及其作用和特征

基 本 要 素	作用和特征
创业机会	创业者选择创业生涯、实施创业战略的第一步； 贯穿创业管理活动的核心线索
创业资源	创业成长的重要基础； 有利于实现机会的有效开发和战略的有效执行
创业团队	创建新企业的基本前提； 创业团队成员处于不断调整的状态之中
商业模式	实现真正意义上的企业的桥梁； 企业创立之前的战略规划书
战略规划	关系企业的发展方向； 防止危机出现，在企业发生危机之后，也可将危机转化为企业发展的机遇
组织制度	新创企业成为稳定发展的成熟企业的必要条件； 以规范的制度为基础保障，能真正促进企业的发展

（一）创业机会

创业机会是贯穿于创业管理活动的核心线索。创业者选择创业生涯、实施创业战略的第一步从是丰富的市场创意中寻找值得关注的机会。然而，并非所有的机会都能转化为实实在在的企业，虽然这种商业机会确实能满足某种市场需求，但如果它不能为投资者带来可接受的回报，就没有投资的价值。因此，甄别具有投资价值的商业机会相当重要，需要独特的机会识别和评价的技能成为实践中创业者和投资者的必备素质之一。即使是生存型企业，创业者也需要评估所要从事的创业项目是否具备盈利性，这一评价过程需审慎。因此，把握创业机会不仅适用于机会型创业，对生存型创业同样具备重要的意义。

（二）创业资源

资源是创业成长的重要基础，无论是要素资源还是环境资源，无论是否直接参与企业的生产，它们的存在都会对创业绩效产生积极的影响。因此，优秀的创业管理者需要了解创业资源的重要作用，不断开发和积累创业资源。同时，创业者还要善于借助企业内外部的力量对各种创业资源进行组织和整合，这样才能实现机会的有效开发以及战略的有效执行。

（三）创业团队

良好的创业团队是创建新企业的基本前提。创建一个优秀的创业团队不可避免地会涉及两个层面的问题：创业团队的每个成员自身是否有一个适当的角色定位，是否有与之匹配的基本素质和专业技能；整个创业团队是否能够团结合作、优势互补，团队成员之间是否有一个统一的核心价值观，是否做到了责任和利益的合理分配。在创业过程中，创业团队成员往往处于不断调整的状态之中。团队成员的调整是否有利，一方面要看调整的方向是否有利于企业的竞争优势重构，是否有利于下一步战略的执行；另一方面也要看这一调整的过程是否顺利，如果调整方向是正确的，但是团队成员在调整过程中发生分歧，甚至引起企业的分裂，就会对企业造成极大损害。

（四）商业模式

商业模式是企业创立之前的战略规划书，这一战略规划在企业创立之后仍然扮演重要角色。当创业者瞄准某一个机会之后，需要进一步构建与之相适应的商业模式。机会不能脱离必要的商业模式的支撑而独立存在，成功的商业模式是一座桥梁，富有市场潜在价值的商业机会将通过这一桥梁走向真正意义上的企业。而缺乏良好的商业模式，机会就不能实现真正意义上的市场价值。创业者通过商业模式的构想，能够全面思考组织创建中的诸多问题，理性分析和定位整个创业活动。在创立企业时，很多创业者并没有对商业模式进行详细完备的设定，创业者的动力往往来自创业热情和对目标市场的模糊设想。这样的创业活动具有很大的不确定性，创业者所追逐的创业机会如果有持续的成长力，创业者便会获得成功，但很多情况下，创业活动的实际推进过程与创业者的事先假设以及市场环境变化存在很大的落差，盲目的创业活动很容易陷入困境。因此，在创业活动的准备工作中，缺乏商业模式设定环节会增加创业失败的风险。

但是，即便创业者设置了商业模式，方向错误或不清晰的商业模式也会对创业过程造成较大的影响。创业者一旦发现所设计的商业模式存在失误，应尽快从错误的商业模式中走出来，迅速调整发展方向，确定具备可行性的商业模式。

（五）战略规划

战略规划是指企业的经营规划，是公司经营的一种内在模式。这种特定的模式为企业的经营提供了一种存在的规则，有明确经营模式的企业可以依据这种规划有效应对市场环境的变化，及时制定行之有效的应对措施，使战略行动具有时效性。

对于新创企业，战略规划非常重要。创业者在企业创立之前，必须对企业未来的战略规划进行清晰的设想，而不能等企业成立之后再根据市场环境变化做调整。这种被动的模式往往会失去市场的先机，因此，创业之前的战略规划是非常必要的。在商业计划书中，创业者就应当对战略规划进行详细的设想。新创企业的战略本质上关系企业的发展方向，是选择市场开发争取市场份额，还是选择持续技术开发占据技术前沿，这种选择本质上决定企业发展的成败。在制定战略方案时，战略位置的确立与战略资源的获取成为创业者的重点。新创企业要想在市场竞争中取胜，应该注重自己和市场上已有企业的差异性，从而形成自己独特的竞争优势，进一步发展核心竞争力。

随着企业的不断成长，新创企业的战略也必须不断进行调整。相对于创立之初的战略设想，企业成长这一阶段的战略是实实在在的市场竞争模式，创业者需要投入更多的精力对待战略的执行和控制。除此之外，合理的战略过程还有助于企业增强危机意识，降低失败风险。新创企业的发展面临更多的不确定性，需要处理更多的人为及非人为因素，出现危机的可能性也大大高于一般的企业。采用适当的战略措施既可以减少危机出现，也可在企业发生危机之后，将危机转化为企业发展的机遇。

（六）组织制度

随着企业的创立，组织制度也相应建立起来。由于新创企业通常规模不大，除创业团队成员以外，雇员也不多，组织内部的管理事务并不复杂，组织制度建设常常被忽略。但随着企业度过最为艰难的时期，获得初步成长后，组织制度的重要性就日益凸显了。

一方面，组织制度的意义体现在人力资源管理方面。新员工随着企业的成长不断补充进来，客观上需要建立健全的制度来保证员工各司其职，促进企业健康发展。若缺乏规范的组织制度，员工在企业内部需完成什么样的工作任务、担负起怎样的责任、企业用怎样的薪酬制度激励员工，这些问题都找不到明确的答案。这必然会造成企业难以吸引有能力的员工，也难以有效地激励已经加入企业的员工，从而降低了企业的经营效率。

另一方面，组织制度的意义体现在组织文化方面。旧有的模式随着企业的发展发生变化，需要新的价值观与发展理念统一企业上下的认识，保证企业朝着有利的方向发展。良好的组织制度建设对形成良好的组织文化有益，能正确引导企业内部员工的价值观念，使企业上下形成一股合力，共同构建企业的竞争优势。组织制度建设也是新创企业成为稳定发展的成熟企业的必要条件，以规范的制度为基础保障，才能促进企业真正的发展。

三、创业管理的阶段划分

企业的成长是一个持续的过程，在时间上很难严格地区分各个阶段，也很难预测从创业到守业的转折点。为了便于理解，可以将创业过程理解为企业从种子期到启动期、成长期、成熟期成长的过程。

（一）种子期

种子期是指创业者为成立企业做准备的阶段，又称新创企业的萌芽期。这一阶段的主要特征有：作为“种子”的创意或意向成为企业的事业内容；未形成商业计划；未确定产品、服务、营销模式；未落实创业资金；虽然创业者之间已经形成合作意向，但并没有形成创业团队。

由于此时企业仍处于“构想”之中，创业者需要投入足够的精力从事以下工作：验证其创意的商业可行性；评估风险；确定产品（服务）的市场定位；筹集资本；准备企业注册设立事宜；确定企业组织管理模式并组建管理团队等。

（二）启动期

启动期为新创企业成长的第二阶段，以完成注册登记为开始标志。企业在这一时期已经确定业务内容，并按照创业计划向市场提供产品和服务，但市场对产品和企业的认知程度较低，业务量较小。该阶段创业活动的特征为：企业已经注册成立；产品或服务已经开发出来，处于试销阶段；已经完成商业计划，并开始进行融资；人员逐渐增多，创业团队的分工日益明确等。

与上述特点相对应，新创企业在启动期的创业活动主要围绕以下方面进行：根据试销情况进一步完善产品或服务，确立市场营销的管理模式；形成管理体系，扩充管理团队；撰写商业计划书，筹集启动资本等。

（三）成长期

新创企业的成长期是指从完成启动到走向成熟的时期。成长期的特征主要表现在以下几个方面：产品进入市场并得到认可，生产和销售均呈现上升势头，产量提高使得生产成本下降，而市场对产品或服务的认可又能促进销售，从而形成良性循环；管理逐渐系统化，随着企业规模的扩大和人员的增加，各个部门之间的分工越来越明确；企业的研究开发和技术创新能力不断增强，部分企业开始实施多元化战略；企业的产品和服务形成系列，并逐渐形成品牌；企业的声誉和品牌价值得到提升。

该时期的创业活动主要涉及以下内容：根据市场开发情况，尽快确定相对成熟的市场营销模式；适应不断扩张的市场规模和生产规模的需要，进一步完善企业管理，并考虑企业系列产品的开发或进行新产品开发；根据企业的实际情况，及时调整企业的经营战略，募集营运资本等。

（四）成熟期

新创企业从启动到成熟是一个逐步发展的过程，并不是一蹴而就的。一般而言，当企业经过启动阶段之后，随着产品市场占有率的上升，会出现一个快速成长的过程。但是快速成长并不会一直持续下去，当出现现金流时，企业会进入稳步增长时期；当企业成长开始稳定之后，产品在市场上的影响逐步扩大，形成产品品牌优势，企业便开始走向成熟阶段。

创业管理的不同阶段及其特征如表 1-3 所示。

表 1-3　创业管理的不同阶段及其特征

创业管理的不同阶段	特　征
种子期（萌芽期）	未形成商业计划； 未确定产品（服务）、营销模式； 未落实创业资金； 创业者之间已经形成合作意向，但没有形成创业团队
启动期	企业已经注册成立； 产品（服务）已经开发出来，处于试销阶段；商业计划已经完成，并开始进行融资； 人员逐渐增多，创业团队的分工日益明确
成长期	产品进入市场并得到认可，生产和销售均呈现上升势头，产量提高使得生产成本下降，而市场对产品或服务的认可又能促进销售，从而形成良性循环； 管理逐渐系统化，随着企业规模的扩大和人员的增加，各个部门之间的分工越来越明确； 企业的研究开发和技术创新能力不断增强，部分企业开始实施多元化战略； 企业的产品和服务形成系列，并逐渐形成品牌； 企业的声誉和品牌价值得到提升
成熟期	产品市场占有率的上升，有一个快速成长的过程； 快速成长并不会一直持续下去； 当企业成长开始稳定之后，产品在市场上的影响逐步扩大，产品品牌优势形成

思考题

1. 简述创业管理的内涵、特点及其与传统企业管理的区别。
2. 简述创新与创业及创业管理的关系。
3. 试述创业管理的基本要素和具体过程。

第2章　初创企业设立

学习目标

1. 了解企业的类型和创办注册流程。
2. 掌握企业股权设置的原则、模式和存在的风险。
3. 熟悉初创企业的最新政策。

案例导入

海底捞VS真功夫：起点一样，结局相反

真功夫创始人潘宇海，创立时吸引进来两个股东，就是他的姐姐和姐夫蔡达标。夫妻俩凑了4万元占50%的股份。这种一半一半的股份分配在中国很常见，包括后面提到的早期海底捞。但是随着发展，问题接踵而来：

一是创始人厨师已经不重要了，除了真功夫，其他企业也存在。二是蔡达标擅长战略规划与经营，参与和贡献越来越大。三是蔡达标婚变，蔡达标最终拥有50%的股份。蔡达标悄悄把一个占了3个点的投资机构的股份收了之后提出要去家族化，把潘宇海及以前的一些高管全请出去了。双方冲突尖锐。蔡达标想金蝉脱壳，成立一个新的公司，将公司的资产转移过去。此时潘宇海对财务进行审计，最终蔡达标被判了14年的刑。

两位核心创始人分别占50%的股份无法形成有效的制约是其失败根源。实现股权控制有两大模型：一是绝对控股，大股东占股三分之二以上（即67%）；二是相对控股，大股东占股半数以上（即51%）。这个争斗的结果对任何一方都没有好处。

海底捞：中国最佳合伙人养成记。

海底捞的创业者是两对夫妻，即张勇夫妇和施永宏夫妇，最原始的股权结构是四个人都是25%，早期启动资金是8 000元，张勇没投钱。两对夫妻各占了50%。

随着企业的发展，张勇的参与贡献越来越大，他认为另外三个股东早已跟不上企业发展的步伐，便让他们离开海底捞，保留股东的身份。

企业步入快速发展阶段后，张勇进行一次大的股权调整：施永宏夫妻把18%的股权让给张勇夫妇，张勇的股权变成了68%，对公司拥有绝对控股权。对投票权做出调整，把50%的股份都转到一个持股平台，张勇夫妇的投票权占了2/3以上，合起来是84%。

海底捞能解决这个问题，一方面是人的原因，公司在实际经营中是非平均化的结构，海底捞从一开始在经营上就是以张勇为主、施永宏为辅。另一方面，双方有信任的基础，在股权架构上双方做了很多利益方面的安排。

股权结构的平均化，是许多初创企业的普遍现象。几个好兄弟一起创业，一开始也

看不出谁的贡献大小，股权只能平均化。但是，一旦企业走上了规模，就容易出现问题。这个时候，企业要保证基业长青，就要根据企业的发展阶段，随时调整股权结构。

注：此文来自于高维学堂旗下（作者根据科学创业派故事改编）

思考题

从海底捞和真功夫的创业案例中，你想到了什么？

2.1 初创企业类型

企业并不是一个具体的组织形式，而是一个统称。它是指运用土地、劳动力、资本、技术和企业家才能等各种生产要素，向市场提供商品或服务，一般都以盈利为目的，来实行自主经营、自负盈亏、独立核算的法人或其他社会经济组织。

一、根据企业资产所有制的性质可将企业分成以下几类

1. 有限责任公司

有限责任公司是由两个以上五十个以下股东共同出资设立，各股东以其出资额为限对公司承担责任，公司以其全部资产对公司的债务承担责任的企业法人。它也可细分为自然人独资、法人独资、自然人投资或控股、国有独资、外商投资、外商独资。它可下设分公司，性质为“有限责任公司分公司”。

有限责任公司有以下特征：

（1）法律规定股东人数必须在 2 人以上 50 人以下，但国有独资公司除外；

（2）只能由各股东出资设立，在公司成立后由公司签发出资证明书；

（3）股东以其出资的比例享有权利、承担义务；

（4）股东在公司登记后，不得抽回出资。但股东之间可以相互转让其全部或部分出资；经全体股东半数同意，股东可向股东以外的人转让其出资，在同等条件下，其他股东对该出资有优先购买权；不同意转让的股东应购买该转让的出资，如果不购买，视为同意转让。

有限责任公司的优点：设立程序简便；便于股东对公司的监控；公司的秘密不易被泄露；股权集中，有利于增强股东的责任心。

有限责任公司的缺点：不利于资本大量集中，只有发起人集资方式筹集资金，且人数有限；资本流动性差，不利于用股权转让的方式规避风险，股东股权的转让受严格的

限制。

2. 股份有限公司

股份有限公司是指有五人以上的发起人，其全部资本分为等额股份，股东以其所持股份为限对公司承担责任，公司以其全部资产对公司的债务承担责任的企业法人。它可再细分为：上市和非上市两种。它也可下设分公司，性质为“股份有限公司分公司”。

股份有限公司有以下特征：

（1）公司的股本全部分为等额股份，其总和为公司资本总额；

（2）股东人数没有上限规定，便于集中大量的资本；

（3）股东以其所持的股份享有权利、承担义务；

（4）公司信用的基础是资本而不是股东的个人信用，是典型的合资公司；

（5）公司的重大事项必须向社会公开；

（6）公司的设立有发起设立和募集设立两种，股份以股票的形式表现；

（7）股东的股份可以自由转让，但不能退股。发起人认购的股份自公司成立之日起3年内不得转让，公司董事、监事、经理在任职期间也不得转让所持有的本公司的股份。

股份有限公司的优点：可迅速聚集大量资本，可广泛聚集社会闲散资金形成资本，有利于公司的成长和分散投资者的风险，同时有利于接受社会监督。

股份有限公司的缺点：设立的程序严格、复杂，公司抗风险能力较差，大多数股东缺乏责任感，大股东持有较多股权，不利于小股东的利益；公司的商业秘密容易被泄露。

3. 个人独资企业

个人独资企业是由一个自然人投资设立，财产为投资人个人所有。它可下设分支机构性质为“个人独资企业分支机构”，个人独资企业是非法人企业。

个人独资企业有以下特征：

（1）投资人以其个人财产对企业债务承担无限责任；

（2）设立程序与解散程序相对来说较为简单；

（3）经营管理灵活自由，主要依据企业主的个人意志而定。

个人独资企业的优点：企业资产所有权和控制权，以及经营权、收益权为个人所有，有利于保守企业机密，以及发扬创业者个人创业精神；企业的外部法律法规等对企业的经营管理、决策、设立与破产的制约较小。

个人独资企业的缺点：不利于资金的大量筹集，一定程度上限制了企业扩展和大规模经营；投资者风险巨大；企业创业者对企业负无限责任，在硬化了企业预算约束的同时，也带来了创业者承担风险过大的问题，从而限制了创业者向风险较大的部门或领域进行投资的活动；企业内部的基本关系是雇佣劳动关系，可能会构成企业内部组织效率的潜在危险。

4. 合伙企业

合伙人是两个或两个以上自然人，也可以是有限公司、企业法人、事业法人、社团法人等。它分为普通合伙和有限合伙，普通合伙人对合伙企业债务承担无限连带责任，有限合伙人以其认缴的出资额为限对合伙企业债务承担。合伙企业可下设分支机构，性质为“合伙企业分支机构”，合伙企业是非法人性质的企业。

合伙企业有以下特征：

（1）财产共有。合伙人投入的财产，由合伙人统一管理和使用，不经其他合伙人同意，任何一位合伙人不得将合伙财产移为他用。

（2）生命有限。合伙企业比较容易设立和解散。

（3）责任无限。合伙组织作为一个整体对债权人承担无限责任。

（4）利益共享。合伙企业在生产经营活动中所取得、积累的财产，归合伙人共有。

（5）相互代理。每个合伙人代表合伙企业所发生的经济行为对所有合伙人均有约束力。因此，合伙人之间较易发生纠纷。

合伙企业的优点：合伙企业的出资方式比较灵活，可以充分发挥企业和合伙人个人的力量，这样可以增强企业经营实力，使得其规模相对扩大；合伙企业没有规定最低注册资本额；合伙人共同承担合伙企业的经营风险和责任。法律对合伙关系的干预和限制较少，对于合伙企业不作为一个统一的纳税单位征收所得税，合伙人只需将从合伙企业分得的利润与其他个人收入汇总缴纳一次所得税即可。

合伙企业的缺点：合伙企业的资金来源和企业信用能力有限，不能发行股票和债券，从而限制合伙企业的规模；合伙人之间的连带责任使合伙人需要对其合伙人的经营行为负责，更加重了合伙人的风险，任何一个合伙人破产、死亡或退出都有可能导致合伙企业解散，因而其存续期限不可能很长。

5. 全民所有制企业

全民所有制企业是指企业财产属于全民所有的，依法自主经营、自负盈亏、独立核算的商品生产和经营单位。全民所有制企业又称为国有企业，但广义的国有企业还包括国家控股的股份有限公司、有限责任公司和国有独资公司，全民所有制企业只是国有企业的一种。它分为企业法人和营业单位两种。营业单位也可以由企业法人下设成立。

根据《全民所有制工业企业法》的规定，设立全民所有制企业必须符合以下七个条件：

（1）产品为社会所需要。它是指全民所有制企业生产出来的产品必须能满足人们的物质需求和精神需求，为了满足这种需求，企业提供的产品必须是符合国家质量标准要求的，不能提供伪劣残次品，给他人造成财产损失；同时对企业来说，生产的产品只有满足人们的需求，才能销售出去，企业提供的劳动价值才能实现，企业才有可能生存和发展。

（2）有能源、原材料、交通运输的必要条件。公司设立申请包含能源、原材料、交通运输，这些都是工业企业从事生产经营活动所必不可少的条件，没有这些条件，企业就无法从事生产经营活动。

（3）有自己的名称和生产经营场所。名称是企业的标志，企业名称一是能标明企业的性质和面貌，二是能有利于保护企业的合法权益。我国专门制定有《企业名称登记管理规定》。生产经营场所包括企业的住所和与生产经营相适应的处所，住所是企业的主要办事机构所在地，是企业的法定地址。企业从事生产经营活动必须在一定的场所进行，没有场所，企业的生产经营活动就无法进行。

（4）有符合国家规定的资金。资金是企业赖以生存的必备条件。有符合国家规定的资金包括三层含义：一是企业必须有资金；二是资金的来源必须是合法的；三是设立企业所需的资金必须符合国家规定的最低限额。

（5）有自己的组织机构。企业的组织机构是指企业的法人机关，法人机关对外代表企业承办各种事项，对内实施管理活动。没有组织机构，企业也无法从事生产经营活动。全民所有制工业企业实行厂长（经理）负责制。厂长是企业的法定代表人。企业内部设立一些职能机构，如财务部、生产部、人事部等，以及职工代表大会。

（6）有明确的经营范围。经营范围是企业所要从事生产经营活动内容的界定。明确的经营范围也限定了企业生产经营活动的内容。国家将经营范围作为设立企业的必备条件，是国家管理的需要，也是明确企业权利义务，保障企业合法经营的需要。

（7）法律、法规规定的其他条件。其主要是指一些特殊要求，如环保、城乡建设总体规划等。

6. 集体所有制企业

集体所有制企业是指以生产资料的劳动群众集体所有制为基础的、独立的商品经济组织。它包括城镇和乡村的劳动群众集体所有制企业。

根据《城镇集体所有制企业条例》中的相关规定，城镇集体所有制企业具有以下特点：

（1）城镇集体所有制企业，是指财产属于劳动群众集体所有，实行共同劳动。在分配方式上以按劳分配为主体的社会主义经济组织。它包括城镇的各种行业、各种组织形式的集体所有制企业。

（2）城镇集体企业职工（代表）大会是集体企业的权力机关。规定集体企业的职工是企业的主人，依照法律、法规和集体企业章程行使管理企业的权力。集体企业依照法律规定实行民主管理，职工（代表）大会是集体企业的权力机关，由其选举和罢免企业管理人员，决定经营管理的重大问题。

（3）城镇集体企业实行厂长（经理）负责制。规定集体企业实行厂长（经理）负责制，厂长（经理）对企业职工（代表）大会负责，是集体企业的法定代表人，厂长（经理）

由企业职工代表大会选举或招聘产生。其条件和行使职权、职责，条例均有具体规定。

根据《乡村集体所有制企业条例》的相关规定，乡村集体所有制企业具有以下特点：

（1）乡村集体所有制企业，是指由乡、镇、村（含村民小组）农民集体举办的企业。实际上就是泛称乡镇集体企业，它包括除农业生产合作社、农村供销合作社、农村信用合作社以外的所有由乡村农民集体举办的企业。乡村集体所有制企业，依其性质，是我国社会主义公有制经济的组成部分。

（2）乡村集体企业财产属于举办该企业的乡、镇或者村范围内的全体农民集体所有，由乡或者村的农民大会（农民代表会议）或者代表全体农民的集体经济组织行使企业财产所有权。企业实行承包制、租赁制或者同其他所有制企业联营的，企业财产的所有权不变。

（3）企业实行厂长（经理）负责制，厂长（经理）对企业全面负责，代表企业行使职权。

7. 农民专业合作社

农民专业合作社是在农村家庭承包经营基础上，同类农产品的生产经营者或者同类农业生产经营服务的提供者、利用者，自愿联合、民主管理的互助性经济组织。农民专业合作社以其成员为主要服务对象，提供农业生产资料的采购，农产品的销售、加工、运输、存藏以及农业生产经营有关的技术、信息等服务。

根据2018年开始实施的新版《中华人民共和国农民专业合作社法》的规定，农民专业合作社的特点：成立合作社必须满足至少5名成员，农民成员所占比例不低于80%；国家保障农民专业合作社享有与其他市场主体平等的法律地位；农民专业合作社成员可以用土地经营权、林权等可以用货币估价并可以依法转让的非货币财产出资。

农民专业合作社的优点：土地得以集中连片规模经营，形成了科研生产加工销售一体化的经营模式，以特色产品为依托成立合作社；创造出农技服务“3＋1”模式（即新农药、新肥料、新种子试点示范和测土配方施肥），在提供农业生产资料供应的同时，既保护耕地和环境又节约了生产成本，增强抵御市场风险的能力；专业经营作为农民进入市场的桥梁和纽带，市场信息来源扩大，有利于根据市场需求调整农产品结构，生产适销对路和高附加值商品，有利于促进农民收入的稳定增长。

农民专业合作社的缺点：发展中可能引发合作社产权不明晰、财会制度和利益分配制度不健全等问题；金融风险问题；目前专业合作社大多停留在原料供给等一些低层次服务上，规模相对较小，服务内容单一，带动能力不强，合作层次不高。

二、根据企业法律制度可将企业分成业主制企业、合伙制企业和公司制企业

业主制企业、合伙制企业和公司制企业的区别如表2-1所示。

表 2-1　业主制企业、合伙制企业和公司制企业的区别

业主制企业（个人企业）	由一个人出资设立； 出资者就是企业主，企业主对企业的财务、业务、人事等重大问题有决定性的控制权； 独享企业的利润，独自承担企业风险，对企业债务承担无限责任
合伙制企业	由两人或数人约定，共同出资或以技术、智力、劳力等合作设立； 合伙人之间是一种契约关系； 分为普通合伙人和有限合伙人
公司制企业	公司具有法人资格； 公司资本具有联合属性

（1）业主制企业。它是由一个人出资设立的企业，又称个人企业。出资者就是企业主，企业主对企业的财务、业务、人事等重大问题有决定性的控制权。企业主独享企业的利润，独自承担企业风险，对企业债务负无限责任。从法律上看，业主制企业不是法人，是一个自然人。

（2）合伙制企业。它是由两人或数人约定，共同出资或以技术、智力、劳力等合作设立的企业。合伙企业的合伙人之间是一种契约关系，不具备法人的基本条件。但也有些国家的法典中明确允许合伙企业采取法人的形式。根据合伙人在合伙企业中享有的权利和承担的责任不同，可将其分为普通合伙人和有限合伙人。普通合伙人拥有参与管理和控制合伙企业的全部权利，对企业债务承担无限连带责任，其收益是不固定的。有限合伙人没有参与企业管理和控制合伙企业的权利，对企业债务和民事侵权行为仅以出资额为限承担有限责任，根据合伙契约中的规定分享企业收益。由普通合伙人组成的合伙企业为普通合伙企业，由普通合伙人与有限合伙人共同组成的企业为有限合伙企业。业主制企业和合伙制企业统称为传统企业。

（3）公司制企业。公司是指依公司法设立，具有资本联合属性的企业。国际上有关公司的概念，一般认为公司是根据法定程序设立，以盈利为目的的社团法人。因此，公司具有反映其特殊性的两个基本特征：公司具有法人资格；公司资本具有联合属性。这是公司区别于其他非公司企业的本质特征。

三、根据企业生产经营业务可将企业分为工业企业、农业企业、商业企业、物资企业、交通运输企业、金融企业等类型

（1）工业企业。它是从事工业品生产的企业，为社会提供工业产品和工业性服务。

（2）农业企业。它是从事农、林、牧、副、渔业生产的企业，为社会提供农副产品。

（3）商业企业。它是从事生活资料流通和流通服务的企业。

（4）物资企业。它是从事工业品生产资料流通或流通服务的企业。

（5）交通运输企业。它是为社会提供交通运输服务的企业。

（6）金融企业。它是专门经营货币或信用业务的企业。

除上述主要分类外，还有邮电、旅游企业等。

四、初创企业选择组织形式应遵循的基本原则

（1）税收考虑。不同的企业组织形式所对应的税收政策是不同的，而且税收政策对企业的影响是长期的，也是非常重大的，因此，应比较不同组织形式的税率和征收方法。

（2）承担责任。有些组织形式能够对业主及投资人提供一定程度的保护，如公司制企业的有限责任原则，就是对其个人财产的有效保护。选择组织形式时要权衡各种形式赋予业主的法律和经济责任，将责任控制在其愿意承担的范围内。个人独资企业的无限责任以及合伙企业的无限连带责任就为投资者的个人和家庭财产带来了风险。

（3）初创和未来的资本需求。不同企业形式在组建时的资本需求是不同的，业主应根据自己的资金情况选择。同时，不同形式的融资能力也不相同，在需要追加投资时的难易程度也是不相同的。个人独资企业的初创成本要求最低，但未来的再融资能力也最差；公司制企业的初始投资大，但能募集的资本也更多。

（4）可控性。在不同的企业形式下，企业主对企业的控制能力是不一样的，有的权力高度集中，而有的就相当分散。在个人独资企业中，企业主一人拥有经营决策权，合伙企业的每个合伙人都可以参与企业的管理；而在公司中，每个股东都有权力干预企业的经营。

（5）管理能力。企业主要评估自己的管理能力，如果自己不擅长管理，就应该选择能够将多种人才纳入企业内部的组织形式。个人独资企业基本上全部依赖于企业主的个人能力；合伙企业的合伙人就可以实现优势互补；而公司制企业中的经营权和所有权的分离，则可以让专业的管理者来经营企业。

（6）商业目标。企业主计划实现的企业规模和盈利水平也与企业的组织形式相关，而且随着企业的发展，其组织形式总是向着更为复杂、成本更高的方向转变。一个庞大的商业计划往往会诞生一个大规模、复杂的企业组织。

（7）延续性和产权变动问题。不同形式的企业的延续能力是不同的。在建立企业的时候，业主也应该预想将来企业的所有权转换、继承、买卖的问题。有的组织形式在发生所有权变动时所受的震动比较小，变动起来也比较容易、灵活，而有的组织形式的变动成本就很高。个人独资企业可能由于企业主的死亡而宣布结束，而公司制企业则不会这样。而且公司制企业可以通过股份的买卖实现产权的变动，非常简单、快捷，尤其是上市公司。

（8）组建成本。不同企业形式的设立成本是不同的，设立时的成本收益比也要考

虑在内。个人独资企业的创立几乎不要什么费用，而组建公司的成本是比较高的。

2.2　初创企业流程

创办一个企业，首先要想清楚经营什么，怎样经营。根据企业类型的不同，企业创办流程也有差异，比如农民专业合作社型企业，《中华人民共和国农民专业合作社法》对它就有专门的规定。一般创办企业注册都遵循以下流程，如图2-1所示。

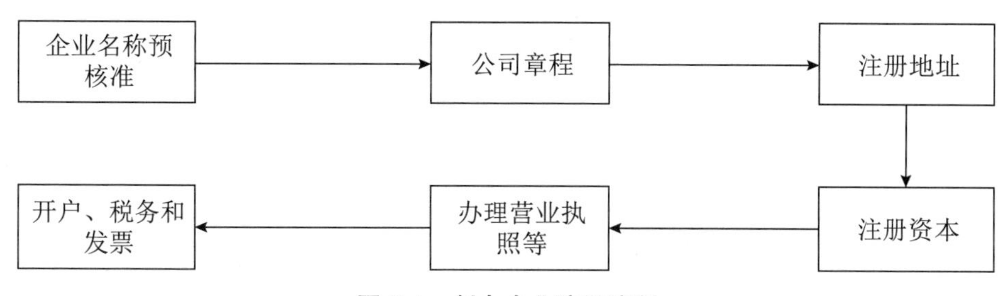

图2-1　创办企业注册流程

（1）企业名称预核准（工商管理局）。创业者想要成立公司，必须具备符合政策要求的公司名称。而我国公司注册不允许存在重名情况。所以，创业者在准备好企业名称后，还需及时前往工商部门提交核名申请，以查明该企业名称是否已被占用。需要说明的是，在公司核名时，创业者必须要事前对起名规则进行具体了解和把握，进而确保公司名称的选取符合相关政策要求，以免发生公司名称审核不通过而被工商部门驳回的情况。申请名称冠以“中国”“中华”“国际”“全国”“国家”字词的，需提交国务院的批准文件复印件。名称即品牌。例如，根据国家商标局的数据显示，截至目前，老干妈食品共申请了184件商标，“老干妈”商标是全类型注册的，并且还注册不少防御性商标，如“老千妈”“老乾妈”“老姨妈”“老妈干”“妈老干”“老干爹”“老干爸”“老干娘”“干儿子”“干儿女”“陶华碧老干娘”“陶华碧老亲娘”“陶华碧新干妈”“陶华碧老亲妈”等，作为中国食品加工行业佼佼者的，“老干妈”真的非常重视品牌保护。

（2）公司章程。公司章程是指公司依法制定的、规定公司名称、注册地址、经营范围以及经营管理制度等重大事项的基本文件，也是公司必备的规定公司组织及活动基本规则的书面文件。编写公司章程需要确保根据公司特点和需要来进行制定，并充分体现公司自治的原则。股份公司章程的最后需要所有股东签名。

（3）注册地址。根据我国相关政策的要求，创业者进行公司注册一般都需要使用商业办公场地。民用住宅不可用于注册公司。如果办公场地性质为“商住两用”，则可以选择其用于公司注册。另外，若创业者在创业初期面临资金短缺的困境，那么其也可以选择入驻创业园区或企业孵化器来获取免费注册地址。

（4）注册资本。关于注册资本数额，创业者最好还是结合自身经济实力并参考所在行业的其他公司的标准来进行综合考量，注册资本越高，代表责任越高；但若注册资本过小，也会在一定程度上影响企业形象。目前我国实行注册资本认缴制，创业者在注册公司时无须一次性缴清注册资本。

（5）办理营业执照等。为提高市场准入效率，2015 年 10 月 1 日起，国家将企业依次申请的工商营业执照、统一社会信用代码和税务登记证三证合为一证；“一照一码”则是在此基础上更进一步，通过“一口受理、并联审批、信息共享、结果互认”，实现由一个部门核发加载统一社会信用代码的营业执照。需注意的是，在营业执照办理完成后，应前往公安局指定的刻章社去刻公章、财务章。

（6）开户、税务和发票。凭营业执照、组织机构代码证、公财章、法人章等资料去银行开立基本账户。最好是在原来办理验资时的同一银行网点办理。

领取执照后，30 日内到当地税务局申请领取税务登记证。一般的公司都需要办理两种税务登记证，即国税和地税。在办理税务登记证时，必须有一个会计，税务局规定提交的资料需要会计资格证和身份证。最后根据企业的业务范围前往相应的国税或地税申请发票。注意每个月必须按时向税务申报，即使没有开展业务不需要缴税，但也要进行零申报，否则会被罚款。

2.3 初创企业股权设置

一、股权设置的基本原则

一般而言，如果创业者本人能集技术、市场、管理等于一身，通常自己就能单独进行创业。但随着社会结构的快速变革，技术的更新迭代，各行各业都越来越追求做事的熟练化、精细化、极致化，一个人因为知识、时间、经验等方面的原因通常无法做到大包大揽。所谓“一个篱笆三个桩，一个好汉三个帮”，群策群力、汇集大家的智慧往往更容易取得较大的成功。比如新东方“三剑客”、腾讯的马化腾和“四大金刚”、万通的“六君子”、阿里巴巴的“十八罗汉”等都是团队的智慧。可随之而来的问题就是，创业公司的合伙人如何进行股权分配、如何稀释股权、谁说了算、怎么退出等。合理的股权分配可以避免企业迅速失败，为企业获得持续成功奠定了重要基础，一个科学的股权结构需遵循以下原则。

（一）明晰合伙人的责、权、利

合伙人一起创业，每个人都扮演着对公司不同却很重要的角色，资金、资源、技术、营销、市场渠道等，每种贡献因为性质不同所以很难等价对比。因此，创始人在创业初一定要分清合伙人的责、权、利。一般合伙人之间的股权分配原则是“建立以公司价值为导向的基础上，量化合伙人的贡献”，目的是明晰每个合伙人长期的责任、权力和利益。权力和利益的分配需要导向能够长期为公司做贡献的合伙人，适当采取按年度、项目进度或者融资进度等方法逐步分配合伙人股权，保障公司稳定发展。

（二）把握控制权

为了更好地保障决策的效率，公司创始人或创始团队一定要保障对公司的控制权。在投资过程中，投资人会关注股权架构的合理性。在未来公司上市过程中，资本市场也要求股权架构明晰、合理。创业团队在每轮投资者进入时都需要提前思考、整体规划，为未来腾出时间和空间。多轮投资者进入而带来的股权稀释，会旁落公司的控制权，尤其在创业团队内部产生不同的声音时，投资人通常会成为“压死骆驼的最后一根稻草”。

（三）凝聚团队原则

21 世纪什么最重要、最具有竞争力——人才。对创业者而言，一个稳定、执行力强的团队是成功的关键，公司不断需要新鲜的血液来为公司带来持续的动力，需要区域、行业的人才为公司不断创造新的价值。要始终留出一部分股权池，吸引人才加盟，这种形成机制的长效激励，也能避免新老团队的磨合出现问题。

（四）利于融资及后期资本运作原则

在创业的整个过程中，创业的理想是能够顺利拿到风险投资，并走过A轮、B轮、C轮，最后进入创业板、中小板或主板，因为资金就是创业项目的血液。所以，在开始设计股权架构时，在结构上一定要考虑后面的一系列融资是否便利。

（五）设立防利益冲突的机制

（1）明确利益冲突机制。如果公司股权架构不合理，每个股东意见不一致或者没有一个超过 50% 的股东，那么公司的股东会、董事会在很长一段时间内无法形成有效的决议，导致公司生产经营困难，根据《公司法》172 条规定，10% 以上的股东是可以向法院申请公司解散的。因此，个人的股权架构如果不能控制公司的话，一定要考虑有可能会出现的情况，在公司章程里需明确利益冲突机制，避免由重大矛盾事件引起公司破产。

（2）股权退出机制。合伙人离婚、犯罪、去世的情况在创业过程中时有发生，这些都是导致合伙人退出的因素，因此创业团队应提前制定法律解决方案，以降低其对项目的影响。例如，在 2011 年土豆网即将赴美上市时，因为 CEO 王薇的离婚大战导致土豆网上市计划搁置，虽然土豆网最终上市成功，但由于错过了最佳时机而损失惨重，后来就有了坊间流传的“土豆条款”。

二、常见的股权架构类型

股权架构解决的不仅是分割股权比例的问题，还要对创业企业生存、发展所需对接的各种资源，如团队、技术、资本、渠道等，建立一套合理的安排机制，将这些资源合理地拼接利用起来，实现企业和各利益相关者之间的共赢局面，从而使得企业能够良性发展。因此，设计股权架构要根据企业的具体类型分析，进行多元化的架构设计。常见的股权架构有以下几种。

（一）一元股权架构

按各自出资分割股权、分享股权决策权及分红权，这是最简单、较传统的股权架构类型。

一元股权架构是指股权的股权比例、表决权（投票权）、分红权均一体化。采用该种股权架构，看似简单地解决了股权分配的难题，但由于股东之间的股权比例只能根据其出资来确定，对于初创企业的创始人而言，其对企业控制权的掌握也缺少了自主性和灵活性，甚至很容易因企业融资或因他人恶意争夺企业控制权，或因其他的意外变故而丧失了对企业的控制权。

在这种结构下，所有中小股东的权利都是根据股权比例而决定的。这是最简单的股权结构，需要重点避免的就是公司僵局的问题。

实际中存在几个表决权“节点”如下：

（1）一方股东持有出资比例达 33.4% 以上的；

（2）只有两位股东且双方出资比例分别为 51% 和 49% 的；

（3）一方出资比例超过 66.7% 的；

（4）有两股东且各方出资比例均分为 50% 的。

（二）二元股权架构

二元股权架构是指股权在股权比例、表决权（投票权）、分红权之间做出不等比例的安排，将股东权利进行分离设计。

比一元股权架构更灵活一些的，还有二元股权架构。二元股权架构在国外非常普遍，这种股权结构能帮助创始人和大股东在公司上市后仍能保持对公司的控制权。这种架构设计适合那些需要将分红权给某些合伙人，但将决策权给创始人的多个联合创始人的情况。

我国上市公司尚不允许采取这种二元股权架构，但是《公司法》第四十二条规定："股东会会议由股东按照出资比例行使表决权；但是，公司章程另有规定的除外。"实际上是为股东通过章程设定二元股权架构安排预留了空间。

（三）多元股权架构

在二元股权架构的基础上，将公司的股东分为多个类型，创始人、合伙人、员工、投资人、资源股东等。针对他们的权利进行整体性安排，以实现企业维护创始人控制权、凝聚合伙人团队、让员工分享公司财富、促进投资者进入等目标。相对于前两种股权架构来说，多元架构能充分考虑企业各类主体间的利益关系，以及各类主体对企业本身的贡献等多方因素，来指导股权的划分思路，因此在这种架构下划分股权能有利于公司整体的快速发展，而不是个别股东利益最大化，同时也符合企业治理的需求。

多元股权架构设计的思路主要有三大步骤：

第一步：将公司股权首先分出投资人和创始人的份额。

第二步：考虑将剩余的股权分给合伙人和员工，并且在合伙人和员工中，再根据个人对公司的贡献细分每个人应得的股份。

第三步：查漏补缺，查看前两步分得的股权是否有不合理之处，再进行合理调整。

企业股权设计不能一蹴而就，也不可能一劳永逸。股权设计将是一个在发展中不断完善的过程。

不同股权架构的特征如表 2-2 所示。

表 2-2　不同股权架构的特征

类　别	特　点
一元股权	最简单、较传统的股权架构； 易丧失对企业的控制
二元股权	更为灵活的股权架构； 在公司上市后仍能保持对公司的控制权
多元股权	能充分考虑企业各类主体间的利益关系，以及各类主体对企业本身的贡献等多方因素，指导股权的划分思路； 有利于公司整体的快速发展，而不是个别股东利益最大化； 符合企业治理的需求

三、股权设置中存在的法律风险

（一）股权设置过于集中引起的法律风险

在实践当中，有不少公司有一个主要的出资人，为了规避我国法律对于一人公司的较高限制，通常会寻找其他小股东共同设立公司。在这种情况下，大股东拥有公司的绝对多数股份，难免出现公司股权过分集中的情况。

股权过分集中，不仅对公司小股东的利益保护不利，对公司的长期发展不利，而且对大股东本身也存在不利。一方面由于绝对控股，企业行为很容易与大股东个人行为混同，在一些情况下，股东将承担更多的企业行为产生的不利后果；另一方面大股东因特殊情况暂时无法处理公司事务时，将产生小股东争夺控制权的不利局面，为企业造成无法估量的损害。

（二）平衡股权结构引起的法律风险

所谓平衡股权结构，是指公司的大股东之间的股权比例相当接近，没有其他小股东或者其他小股东的股权比例极低的情况。在设立公司过程中，如果不是一方具有绝对的强势，往往能够对抗的各方会为了争夺将来公司的控制权，设置出双方均衡的股权比例。如果这种能够对抗的投资人超过两个，所形成的股权结构就较为科学。但是如果这种能够对抗的投资人只有两个，则将形成平衡股权结构，导致公司控制权与利益索取权的失衡。股东所占股份的百分比，并不意味着每个股东对公司的运营能产生影响，尤其是一些零散的决策权，总是掌握在某一个股东手里。零散决策权必将带来某些私人收益。股东从公司能够获得的收益是根据其所占股份确定的，股份越高其收益索取权越大，就应当有对应的控制权。当公司的控制权交给了股份比例较小的股东，其收益索取权很少，必然会想办法利用自己的控制权扩大自己的额外利益。这种滥用控制权的法律风险是巨大的，对公司和其他股东利益都有严重的损害。同时，也容易形成股东僵局。

（三）股权过于分散

股份分散为现代公司的基本特征，在这种情况下，有关股东如何实现对公司的控制权就显得尤为重要。一些公司的股权形成了多数股东平均持有低额股权，形成了“股份人人有份、股权相对平均”的畸形格局。在众多平均的小股东构成的股权设置结构中，由于缺乏具有相对控制力的股东，各小股东从公司的利益索取权有限，参与管理的热情不高，公司的实际经营管理通过职业经理人或管理层完成，公司管理环节缺失股东的有效监督，管理层道理危机问题较为严重。另一种局面就是，大量的小股东在股东会中相互制约，公司大量的精力和能量消耗在股东之间的博弈活动中。

（四）隐名出资引起的法律风险

隐名投资是指一方（隐名投资人）实际认购出资，但公司的章程、股东名册或其他工商登记材料记载的投资人却是其他人（显名投资人）。在实际中，隐名出资或隐名股东的存在比较普遍，而其中的法律关系又比较复杂，涉及股东的权利行使和股东的责任问题。在股权设置方面，如果能将隐名出资问题处理妥当，将会有效降低出资过程中的法律风险，实现公司的设立目的。

2.4　初创企业政策

随着创业带动就业的活力不断显现，创新创业支撑高质量就业的作用越加明显。“双创”的活力一方面得益于社会各界锐意进取的精神，另一方面也得益于减税降费政策在支持“双创”中逐渐发挥的效力。为更好发挥税收助力“大众创业、万众创新”的作用，国家税务总局发布了新版《“大众创业、万众创新”税收优惠政策指引》。截至 2019 年 6 月，我国针对创业就业主要环节和关键领域陆续推出了 89 项税收优惠措施，其中企业初创期税收优惠共计 45 条。

企业初创期，除了普惠式的税收优惠，重点行业的小微企业购置固定资产，特殊群体创业或者吸纳特殊群体就业（高校毕业生、失业人员、退役士兵、军转干部、随军家属、残疾人等）还能享受特殊的税收优惠。同时，国家还对扶持企业成长的科技企业孵化器、大学科技园等创新创业平台、创投企业、金融机构、企业和个人等给予税收优惠，帮助企业聚集资金。

一、企业初创期税收优惠政策明细

1. 小微企业税收优惠

（1）增值税小规模纳税人销售额未超限额免征增值税。

（2）小型微利企业减免企业所得税。

（3）增值税小规模纳税人减免资源税等“六税两费”。

2. 重点群体创业就业税收优惠

（1）重点群体创业税收扣减。

（2）吸纳重点群体就业税收扣减。

（3）退役士兵创业税收扣减。

（4）吸纳退役士兵就业企业税收扣减。

（5）随军家属创业免征增值税。

（6）随军家属创业免征个人所得税。

（7）安置随军家属就业的企业免征增值税。

（8）军队转业干部创业免征增值税。

（9）自主择业的军队转业干部免征个人所得税。

（10）安置军队转业干部就业的企业免征增值税。

（11）残疾人创业免征增值税。

（12）安置残疾人就业的单位和个体工商户增值税即征即退。

（13）特殊教育学校举办的企业安置残疾人就业增值税即征即退。

（14）残疾人就业减征个人所得税。

（15）安置残疾人就业的企业残疾人工资加计扣除。

（16）安置残疾人就业的单位减免城镇土地使用税。

（17）长期来华定居专家进口自用小汽车免征车辆购置税。

（18）回国服务的在外留学人员购买自用国产小汽车免征车辆购置税。

3. 创业就业平台税收优惠

（1）国家级、省级科技企业孵化器向在孵对象提供孵化服务取得的收入，免征增值税。

（2）国家级、省级科技企业孵化器免征房产税。

（3）国家级、省级科技企业孵化器免征城镇土地使用税。

（4）国家级、省级大学科技园向在孵对象提供孵化服务取得的收入，免征增值税。

（5）国家级、省级大学科技园免征房产税。

（6）国家级、省级大学科技园免征城镇土地使用税。

（7）国家备案众创空间向在孵对象提供孵化服务取得的收入，免征增值税。

（8）国家备案众创空间免征房产税。

（9）国家备案众创空间免征城镇土地使用税。

4. 对提供资金、非货币性资产投资助力的创投企业、金融机构等给予税收优惠

（1）创投企业投资未上市的中小高新技术企业按比例抵扣应纳税所得额。

（2）有限合伙制创业投资企业法人合伙人投资未上市的中小高新技术企业按比例抵扣应纳税所得额。

（3）公司制创投企业投资初创科技型企业按比例抵扣应纳税所得额。

（4）有限合伙制创业投资企业法人合伙人投资初创科技型企业按比例抵扣应纳税所得额。

（5）有限合伙制创业投资企业个人合伙人投资初创科技型企业按比例抵扣应纳税所得额。

（6）天使投资人投资初创科技型企业按比例抵扣应纳税所得额。

（7）以非货币性资产对外投资确认的非货币性资产转让所得分期缴纳企业所得税。

（8）以非货币性资产对外投资确认的非货币性资产转让所得分期缴纳个人所得税。

（9）金融机构农户小额贷款利息收入所得税减计收入。

（10）小额贷款公司农户小额贷款利息收入免征增值税。

（11）小额贷款公司农户小额贷款利息收入所得税减计收入。

（12）金融机构向农户、小微企业及个体工商户小额贷款利息收入免征增值税。

（13）向农户、小微企业及个体工商户提供融资担保及再担保服务收入免征增值税。

（14）金融机构与小型微型企业签订借款合同免征印花税。

（15）减免账簿印花税。

二、其他政策

（1）2018 年财政部、税务总局联合印发《关于创业投资企业和天使投资个人有关税收政策的通知》（以下简称《通知》），根据《通知》，公司制创业投资企业采取股权投资方式直接投资于种子期、初创科技型企业满 2 年的，可以按照投资额的 70% 在股权持有满 2 年的当年抵扣该公司制创业投资企业的应纳税所得额。

扩展阅读 2.1

关于创业投资企业和天使投资个人有关税收政策的通知

（2）2019 年财政部发布《关于开展财政支持深化民营、小微企业金融和服务综合改革试点城市工作的通知》，民营和小微企业是我国经济社会发展不可或缺的重要力量。为贯彻落实党中央、国务院关于支持民营和小微企业发展的决策部署，更好发挥财政资金引导作用，探索改善民营和小微企业金融服务的有效模式，从 2019 年起，财政部联合科技部、工业和信息化部、人民银行、银保监会开展财政支持深化民营和小微企业金融服务综合改革试点城市工作，中央财政给予奖励资金支持。

扩展阅读 2.2

关于开展财政支持深化民营、小微企业金融和服务综合改革试点城市工作的通知

（3）针对2020年特殊情况，财政部印发《关于充分发挥政府性融资担保作用，为小微企业和“三农”主体融资增信的通知》，充分发挥政府性融资担保作用，更加积极支持小微企业和“三农”主体融资增信，帮助企业复工复产、渡过难关。

扩展阅读2.3

关于充分发挥政府性融资担保作用为小微企业和“三农”主体融资增信的通知

思考题

1. 根据性质的不同，企业可以分为哪些？
2. 简述初创企业创办的流程。
3. 简述初创企业的股权分配的基本原则。
4. 常见的股权架构类型是什么？
5. 股权设置中存在哪些法律风险？

扩展阅读2.4

四个人合伙开养猪场，如何设计股权分配方案？

即测即练

微课视频

第3章　初创企业商业模式

学习目标

1. 掌握初创企业商业模式的概念与特点。
2. 了解商业模式的内在逻辑和开发方法。
3. 明确商业模式的设计框架。
4. 了解商业模式的评价准则和选择方法。
5. 了解商业计划书的概念、功能和作用、类型、撰写目的。
6. 明确商业计划书的构成要素、结构特点。
7. 把握商业计划书撰写原则和内容。

案例导入

26岁的创业者的公司估值上亿

作为一个26岁的年轻人，很多人会认为甘宜哲是个“人生赢家”。带着北大学霸、刘强东七个创业学生之一等光环的他，同时也是一名颇受资本青睐的连续创业者。

他创办的城市共享住宿空间品牌“千屿 Islands”（以下简称“千屿”）在成立半年时间内，先后获得来自高榕资本、真格基金、华创资本、知新资本、零一创投以及梅花天使两轮共计数千万元融资，公司估值上亿元。

“民宿化的酒店、酒店化的民宿”

千屿成立于2017年7月，是一家分散式的标准化短租公寓供应商，用甘宜哲的话来讲，叫作“民宿化的酒店、酒店化的民宿”。相比于传统酒店行业的物业、运营、装修三大成本，千屿通过自己的一套体系，可以消除物业成本、将运营和装修成本分别降低至传统模式的80%和30%～40%。

对于这个“90后”创业者来说，除了瞬息万变的市场，团队协作和成长也是一个需要花心思的事情。千屿的团队中不乏酒店、公寓等行业从业数年的老将，CEO作为行业新手，如何管理、善用人才？甘宜哲选择了亲自参与每一个环节，把自己变成“懂行”的人，才能真正获得尊敬。

此外，人文关怀和物质激励，同样也至关重要。甘宜哲曾经在大年初二驱车至高管家中，看望生病的长辈。在融资过后，当问及用途，员工激励也早已提上日程。

如何解读千屿的商业模式

1. 轻资产、重运营和品牌

千屿在房源上采取轻资产策略，面向10间以上的物业资源持有者和投资人开放加盟合作，资源不限于民宅、公寓、酒店、资本等方式，千屿提供运营管理、供应链体系和品牌效应三方面输出。

2. 供应链自营

面对装修过程中常出现的物料耽误工期等问题，千屿签订了20多家供应商，并在武汉设立了面积达1 000平方米的仓库用于提前存放装修物料。根据装修方案，仓库可及时打包相应物料进行门对门运输，这在内部被称为“飞屋计划”。从施工到上线，“飞屋计划”可将工期控制在20天左右，并通过批量采购降低装修成本。

3. 智能化系统

借助互联网思维，千屿将前后端打通，用户端可以在线完成从入住到退房的一系列操作，省去了传统前台的功能；后台运营管理系统，可以通过房间状态进行人员智能化调配，人房比从传统酒店业的1∶0.26降至1∶0.12。

4. 两个“最小单元化”

在空间上，基于分散式模型，千屿将单体房间通过线上管理体系连接，并在相对集中空间形成单元模型，不仅降低了物业和运营成本，同时也使行业资源得到最大化利用。

（由作者根据相关资料改编）

思考题

甘宜哲成功的原因是什么？

3.1 商业模式的概念与特征

一、商业模式的基本问题

创业者在机会识别阶段，通过对产品和市场进行可行性分析，基本能明确具有市场潜力的产品或服务，对其品质和特征也有较为清晰的认识。但是，对企业如何通过创新产品或技术实现新企业的盈利，依然模糊不清，而市场经济中企业生存的根本是盈利。因此，为了理解创新产品如何才能实现盈利，需要厘清以下几个基本问题。

（1）什么样的产品价值链可以成功实现产品的商业化？

（2）新企业在这一价值链中将扮演什么角色？

（3）还需要哪些合作伙伴加入？他们将分别扮演什么角色？其获利点体现在哪儿？

（4）在即将建立的价值链中，顾客是谁？是否有充足数量的顾客愿意加入？

以上都属于商业模式的问题。在玛格丽塔的《什么是管理》一书中指出，一个企业如何赚钱的故事即商业模式，与所有经典故事相同的是，商业模式的有效设计和运行需要人物、场景、地点和情节。为了让商业模式的情节令人信服，必须准确安排人物，清晰认识人物的动机，最重要的是情节必须充分展示出新产品或服务如何为顾客带来价值和利益，同时又如何为企业创造利润。创新技术或者创新产品能否为顾客、企业、合作伙伴等创造价值，依赖于它对商业模式的选择，这不仅仅取决于技术本身的内在特征。许多创业企业的成功，并不完全在于技术创新性有多强，而在于其开发出了一套切实可行的商业模式。

有效创意包括如何同时为顾客、企业以及合作伙伴创造价值，而商业模式是新企业开发有效创意的重要环节。一方面，它是新企业技术创意的必要补充；另一方面，它是新企业启动筹集资金、整合优秀合作伙伴、雇用高素质员工等实际工作的前提。商业模式是新企业盈利的核心逻辑，只有开发出有效的商业模式，新企业才能吸引足够多的顾客、供应商等加入合作，创办出真正可行的成功新企业。

二、商业模式的概念

“商业模式”最开始是在商业领域非常流行。但是，各个不同行业的企业现在都非常依赖这一概念。不同学者对商业模式的定义有着不同的界定，综合现有的研究成果，本书认为的商业模式是企业通过整合资源和能力，进行战略规划，充分开发创业机会，以实现利润的内在逻辑。其实，商业模式并非单一的企业盈利方法或过程，应当多层次多角度去解读和领会商业模式的概念。

首先，商业模式体现在创业机会核心特征层面，即市场特征和产品特征的特定组合。创业者将要进入的市场是否有充分的吸引力，将要提供的产品是否能够获取充分的市场分析，这一组合是新创企业独特竞争优势的根本源泉，也是企业商业模式的构成基础。

其次，商业模式体现在创业机会的外围特征，即如何有效支持创业机会的核心特征，特别是创业团队和创业资源两个要素如何有效整合，来共同维系创业机会核心特征的有效开发方面。商业模式是否可行，取决于创业者所构思的商业逻辑是否能够有效推行，在这一推行过程中，必要的人力资源、资金资源、信息资源等资源要素都是必不可少的支持因素。

最后，商业模式还体现在创业的未来成长战略上。新创企业能成长为一个有市场影响力的成熟企业，其直接的影响因素是企业的成长战略，即创业者能否根据企业现有的产品特征、市场特征、创业团队、创业资源状况等制定有效的长期成长规划和市场竞争战略。因此，成长战略也是商业模式的重要构成部分。

三、商业模式的特征

受不同行业的差异、宏观、微观经济环境的共同影响，几乎所有单一的商业模式都不能保证在各种条件下产生优异的财务回报。即便如此，我们仍需解构商业模式的内在属性，提炼商业模式的属性框架，只有这样，才有利于现实商业模式的分析和创新商业模式的构建。比如当前很火的抖音 App，是一种诞生于移动互联网时代，以碎片化时间为基础的商业模式。自 2016 年 9 月抖音 App 上线以来，其用户增长和广告商的关注推动了整个短视频市场的增长，短视频市场在 2020 年超过了 300 亿元。抖音几乎成为现在网红所出现的网络必需品，从某种程度上来说，将虚拟世界变为了现实生活中的一部分，为用户特别是年轻群体带来了乐趣，很好地满足了现在年轻人的精神需求，从而带来了潜在的商业价值。实时上传和网友共享传播让抖音被大众熟悉的程度越来越高。智能算法推送功能可以轻易地获取用户的浏览记录，了解用户在哪一类的视频中参与评论或停留过久等，系统便会实时推送用户可能感兴趣的视频，从而用户在抖音上花费的时间越来越多，以此提高用户的黏合度。抖音的走红，打破了传统模式的屏障，借助独特的发展模式，向多元化发展迈进。从抖音爆炸式发展背后的商业发展模式中，我们可以看出成功的商业模式具备三个特征。

（一）全面性

商业模式是对企业整体经营模式的归纳总结。在企业层面，创业者必须关注企业的整体发展方案和发展目标，在各个不同的管理职能分类上设想可行的经营方案；在企业经营的基础层面，创业者需要制定必要的方案引导基层员工的操作。因此，商业模式的全面性反映了创业者是否对创业发展中遇到的各类问题进行了全面的思考，是否准备了相应的对策。缺乏全面性的商业模式或许在某一方面相当诱人，但是由于创业者忽略了支持其内在盈利性的某些要素，这种诱人的商业模式可能根本无法实现。

当然，全面性并不意味商业模式需要包含经营管理中所有琐碎的事务。商业模式需要提取更为重要的要素，进行归纳，这对企业的整体发展具备更强的指导意义。

（二）独特性

成功的商业模式应具有独特的价值，可以表现在创业者能够让客户用更低的价格获得同等的价值，或者用同样的价格获得更多的价值，或者向客户提供额外的价值，从而保证市场的占有率。例如，拼多多瞄准了三、四、五线城市人群，以低价的方式大量拉取用户。借助电商拼团、砍价等简单直接、病毒式的营销模式，再利用 QQ、微信流量的分享助攻，拼多多的各种砍价互助群应运而生，吸引了大批用户，最终拼多多在 2019 年成交额突破了万亿元大关。商业模式的独特价值的根本来源是创业者所拥有的独特资源和基于资源独特性所构建的发展战略，这一战略包括市场经营层面的竞争战略，包括独特的营销方案及分销渠道，也包括未来可行的公司层面发展战略。

（三）难以模仿性

成功的商业模式必然是难以模仿的，一个商业模式即使再全面、再独特，如果易于被他人模仿，也难以维系，因为迅速跟进的追随者很快就会使企业的盈利能力大大下降。因此，难以模仿的商业模式意味着企业的经营模式是可持续的，创业者不用太早陷入行业竞争的旋涡中，而是在一定时间内可以通过有效的手段维持企业的成长速度。

难以模仿的核心，首先在于企业的商业模式要充分发挥先行者的优势，让后进入者的获利可能性降至最低，这样追随者对模仿现有的商业模式的兴趣就不会很大。其次，为了实现难以模仿的商业模式，创业者也需要注重细节。只有执行到位，注重每一个细节，这一特定的商业模式才是竞争对手难以模仿的。当然，如果有可能，创业者也需要及时抓住知识产权保护的有力武器来防止他人的模仿。

全面性、独特性、难以模仿性，这三个基本属性构成了商业模式的基本属性特征。对于成功的商业模式来说，这三个属性之间的关系类似于通常意义上的“木桶效应”，任何一个层面存在短板都会对商业模式造成重大伤害。因此，创业者在准备创业时，尤其需要警惕那些在其他层面特别突出，但是在某一个层面上存在缺憾的商业模式。

3.2　商业模式的开发

一、商业模式的逻辑

（一）价值发现

明确价值创造的来源，这是对机会识别的延伸。对创业者所认定的创新，通过可行性技术分析，进一步明确和细化顾客所需要的产品和技术。创业者在对创新产品和技术识别的基础上，确定价值命题，是商业模式开发的关键环节。绕过价值发现的思维过程，创业者容易陷入“如果我们生产出产品，顾客就会来买”的错误逻辑，这是许多创业实践失败的重要原因之一。

（二）价值匹配

明确合作伙伴，实现价值创造。新企业不可能拥有满足顾客需要的所有资源和能力，即使新企业愿意亲自去打造和构建所需要的所有能力，也时常面临着很大的成本和风险。因此，为了在机会窗口期取得先发优势，并最大限度地降低机会开发的风险，几乎所有的新企业都要与其他企业建立合作关系，以更有效、更快地形成其商业模式。

（三）价值获取

价值创造的目标是通过制定竞争策略，拥有创新价值，这是新企业能够生存下来并获取竞争优势的关键，也是有效商业模式的核心逻辑之一。许多创业企业是新产品或新技术的开拓者，却不是创新利益的占有者，这种现象发生的根本在于这些企业忽视了获取价值这一点。而价值获取有两个途径：一是成为新企业选择价值链中的核心角色；二是最大程度保密自己的商业模式细节。对第一方面来说，价值链中每项活动的增值空间是不同的，占有了增值空间较大的活动，就占有了整个价值链价值创造的较大比例，这直接影响创新价值的获取。对第二方面来说，有效商业模式的模仿在一定程度上会侵蚀企业的已有利润，因此创业企业越能保护自己的创意不被泄露，就越能较长时间地获取创新效益。

扩展阅读 3.1

商业模式逻辑案例

总的来看，价值发现、价值匹配和价值获取是有效商业模式的三个逻辑性原则，在其开发过程中，不能忽略每一项思维过程。新企业只有认真遵循了这一原则，才能真正开发出同时为顾客、企业以及合作伙伴都创造经济价值的商业模式。

二、商业模式的开发方法

商业模式的开发可采用价值链分析方法。价值链是指产品如何从原材料阶段，经过制造和分销活动，从而到达最终用户手中的一系列转移活动链条。价值链由基础活动和辅助活动构成，基础活动包括产品制造、销售和售后服务，而辅助活动对基础活动提供支持。价值链上每项活动的合理性及有效性取决于其对产品价值的贡献，价值链分析被广泛应用于管理成本与价值、控制辅助性活动成本及企业差异化竞争战略等多个方面。

通过对比每项活动所耗费的费用和其创造的顾客价值，管理者一般能够识别出价值链上哪一项活动拥有进一步改善的空间及改善的空间有多大；同时，管理者也会发现某项活动之所以在企业内完成，可能只是因为历史原因造成的，如果分包，可能会削减成本、提高质量、为高峰期储备额外的生产能力，或使管理者能够把精力集中在具有高附加值的活动上。

价值链分析同样有助于识别机会，以对商业模式进行开发。随着市场竞争的日趋激烈，现在大多数产品或服务是在包含了很多企业而非单一企业的复杂供应链中被生产出来的。这样，价值链分析不再仅限于单一企业内的供应链活动，而是用来描述产品或服务在“价值网络” 或“价值体系”中的生产过程。因此，价值链更多地按照产品或服务来加以识别，而不是特定的企业。

创业者可以通过审视一个产品或服务的价值链，来发现价值链的哪个阶段能够以其他更有意义的方式增加价值。这种分析可以集中在以下几个方面：价值链的某项基础活动（如营销）；价值链某个部分与其他部分的结合处（如运营和外部后勤之间）；某项辅助活动（如人力资源管理）。无论集中于价值链的哪一种活动，创业者都要确定自己在整个价值链中的地位和角色，并进一步明确合作伙伴可以为新企业提供有效支持。

扩展阅读 3.2

商业模式的开发方法案例

三、商业模式的设计框架

为具有可行性的技术创意设计一套切实可行、具有独特竞争优势的商业模式，是所有创业者在创办企业前都必须做的一项工作。所以，在对商业模式的内涵具有一定了解的基础上，我们有必要学习如何具体设计它。著名商学教授兼作家加里•哈默尔认为，有效的商业模式必须包含四个关键要素：核心战略、战略资源、价值网络、顾客界面。只有充分掌握这些要素的重点和彼此间的整合及搭配关系，才能设计出独特的商业模式。新企业商业模式的设计框架内涵还涉及三个界面，包括顾客利益、构造、企业边界，以下介绍它们的各自内涵。

（一）核心战略

商业模式设计需要考虑的第一个要素是核心战略，它描述了企业与竞争对手进行竞争的方式，主要有企业使命、产品市场范围、差异化基础等基本要素。

1. 企业使命

企业使命描述了企业存在的原因，其商业模式预期实现的目标，换句话说，使命说明了企业优先考虑的事项和衡量企业绩效的标准。例如，戴尔公司的使命是成为世界上最成功的计算机公司，在其服务的市场上传递最佳的顾客体验。因此，戴尔将在 7 个方面满足顾客希望，即最高的品质、领先的技术、有竞争力的价格、口碑良好的服务及支持、迅捷的定制化能力、优异的企业公民形象、财务稳定。通过戴尔公司的使命陈述，很容易看出企业的意图。西南航空公司的使命：以热情、友善、自豪和充满企业精神的态度提供最高品质的顾客服务，这种陈述同样能清晰传达企业做什么及如何竞争的信息。

2. 产品和市场定位

一个好的商业模式应该明确企业所集中专注的产品和市场，因为产品和市场的选择直接影响企业赚钱的方式。例如，拼多多主打实惠，它照顾了购买需求从来得不到足够满足的那部分人。投资调研发现，拼多多有三类典型用户人群：①从没有过网购经验的人群；②未形成购买习惯的人群；③淘宝满足不了的人群。众多小市场汇聚成的概念和独特的营销模式使它迅速在网购市场占有一席之位。

3. 差异化基础

新企业与竞争对手在产品或市场上的差异化十分重要。从宏观层面来看，企业一般可以选择成本领先战略或差异化战略。采用成本领先战略的企业在产业内努力获取最低的成本，以此吸引顾客。而采用差异化战略的企业以提供独特而差别化的产品，视质量、服务、时间或其他方面为竞争基础。在大多数情况下，新创企业采用成本领先战略往往较困难，而差异化战略对新企业却十分重要，因为这是取得顾客认可的很好的方式。

（二）战略资源

企业目标的实现需要战略资源作为后盾，而差异化的竞争优势也是建立在企业所拥有的战略资源基础上。战略资源对创业机会、创业能力和服务于顾客的独特方式都存在很大约束，因而，商业模式必须展示企业的核心能力及关键资产的特征。

1. 核心能力

核心能力是创造产品或市场的独特技术或能力，对顾客的可获得利益有巨大贡献，且难于模仿，也是企业战胜竞争对手的优势来源，如索尼公司的小型化能力、戴尔公司的供应链管理能力及3M公司管理创新的能力等。企业的核心能力决定了企业从何获得最大价值。为了证明自己的核心能力，企业应当识别的技术如独特性、顾客价值、难于模仿、可向新机会转移。

2. 关键资产

关键资产是企业拥有的稀缺的、有价值的事物，包括地理位置、工厂、设备、专利、品牌、顾客数据、高素质员工与独特的合作关系。作为新企业，应该注重如何创新性地构建这些资产，为顾客创造更高的价值，一项特别有价值的关键资产是企业的品牌，如星巴克花了很大力气建立品牌形象，其他咖啡零售商要想获得同等的品牌认知需要付出极大的努力。另一项特别有价值的关键资产是顾客数据信息，如阿里巴巴拥有的关于中国供应商的需求和销售信息，是它推出的企业信用认证概念与电子商务搜索概念等的信息基础。因此，企业如何把自己的核心能力及关键资产综合起来以创造竞争优势，这是投资者评价企业时给予最多关注的。

（三）价值网络

企业一般不具备执行所有任务所需的资源，所以要与其他合作伙伴一起才能完成整个供应链中的各项活动，对新企业尤其如此。并且，在很多时候，企业独自做所有的事情并不明智，因为完成一项产品或交付一种服务涉及很多工作，对构建竞争优势来说不太重要。价值网络即公司为创造资源、扩展和交付货物而建立的合伙人和联盟合作系统。价值系统包括公司的供应商和供应商的供应商以及它的下游客户和最终顾客，还包括其他有价值的关系，如大学里的研究人员和政府机构。比如，中国移动在 2000 年 11 月正式推出短信业务，2012 年短信达 800 亿条，直接获得近百亿元的收入，在这一成功过程中，作为电信运营商，中国移动与其他内容提供商、系统与终端设备提供等伙伴之间的紧密合作起着重要作用。再比如，戴尔公司因其装配计算机的专业技术而具有差异化优势，但它却从英特尔公司购买芯片，戴尔虽然可以自己制造芯片，但它在这方面不具有核心能力。同理，戴尔公司依靠联合包裹服务公司与联邦快递公司递送产品。

企业的合作价值网络包括了供应商与其他伙伴。供应商是向其他企业提供零部件或服务的企业。在传统上，企业与供应商维持有限的关系，同时把它们看成竞争对手，需要某种零部件的生产商常常与多个供应商联系，以寻求最优价格。但是，随着战略环境的改变，企业逐渐抛弃了这种与供应商的短期关系，转而与之结成长期互利的合作伙伴。这种转变来源于竞争压力，它推动企业经理仔细审视价值链的上下游，从而发现节约成本、提高质量及改善市场进入速度的机会。经理们开始越来越多地关注供应链管理，因其贯穿产品供应链的所有信息流、资金流及物质流。可以说，企业管理供应链的效率越高，其商业模式的运作效率也越高。

大企业和新企业在进行供应链管理方面拥有不同的资源与能力条件。大企业前期良好的经营常常为新事业开发积累了财务资源及信誉资本，这为和优秀企业展开合作提供了有力保障。比如，中国移动的榜样力量让合作伙伴一开始就相信它对整个供应链的管理与协调能力，而新企业因为受较大的资源约束，常常具有较小的抗风险能力，因此在寻求优秀企业加入与合作过程中面临较大的障碍。在此情况下，创业者的一些特质与能力以及商业模式本身的市场潜力就显得尤为重要。比如创业者的洞察力，它能够较准确地识别出潜在供应商的需求与意愿，善于从别人的视角看世界，看看别人看重的是什么和如何设计自己的选择。还有创业者的应变能力，新企业遭遇优秀企业的拒绝是很常见的事情，这时创业者尤其要注重以一种在别人看来恰当的方式和其进行接触与沟通。当然，商业模式本身所具有的市场潜力是最根本的。

除了供应商，企业还需要其他企业来使商业模式有效运作，如战略联盟、合资企业、合作网络、社会团体和行业协会是这种合作关系的一些常见形式。普华永道的一项调查发现，超过半数的美国快速成长企业都组建了多元化的合作关系，以此来支持自己的商业模式有效运作。依这项调查来看，合作关系为这些被调查企业“带来了更多的创新产品、更多有益的机会和高成长率”。其原因大致在于：一是合作伙伴关系有助于企业保持敏捷性，集中于核心能力；二是可以获得规模经济，风险和成本共担，获取进入国外市场的途径，学习快速进入市场，孤立或阻碍竞争对手等。当然，在企业合作过程中要对一些负面影响进行科学谨慎的管理，如专有信息丢失、管理复杂化、财务和组织风险，依赖伙伴的风险以及决策自主权的部分丧失等。

（四）顾客界面

新企业针对特定的目标市场，构建友好的顾客界面是影响商业模式效果的重要因素。顾客界面是指企业如何适当地与顾客相互作用，以提供良好的顾客服务和支持，主要涉及顾客实现和支持与定价结构两方面。

1. 顾客实现和支持

顾客实现和支持描述的是企业产品或服务进入市场的方式，或如何让顾客体验到的方法，也指企业利用的渠道和提供的顾客支持水平。所有这些都影响企业商业模式的形式与特征。例如，亚马逊只通过互联网销售书籍，而巴诺书店则通过传统书店和网络两种途径来售书。再如，在计算机产业存在不同的顾客界面模式，戴尔公司通过网络或电话直接销售计算机，而惠普公司和 IBM 主要通过零售商店销售。企业愿意提供的顾客支持水平，也影响它的商业模式。有些企业将自己的产品和服务差异化，通过高水平的服务和支持向顾客提供附加价值。顾客服务包括送货和安装、财务安排、顾客培训、担保和维修、商品保留计划、便利的经营时间、方便的停车、通过免费电话和网站提供信息等。如前所述，戴尔公司拥有范围宽广的多层次服务内容，以便向公司客户提供其需要并且愿意为这些服务支付费用的支持。选择适当的服务种类，是戴尔商业模式的重要组成部分。

2. 价格结构

价格往往是顾客接受产品的首要因素之一，创业者对创新产品或服务的定价直接影响顾客对产品的评价，因此创业者必须使用合理的定价方法，制定有效的价格。不少专家指出，新企业的价格结构必须符合顾客对产品或服务的价值认知，即顾客能够接受的价格是顾客愿意支付的价格，而不是在产品成本基础上的一定比例的加成。比如在高科技产业中，60% ～ 80% 的毛利润比较普遍，售价 300 美元的英特尔芯片，其成本可能只有 50 ～ 60 美元。这种实际价格与产品成本之间的分离反映了顾客对芯片的认知价值。英特尔如果根据产品成本进行定价， 产品价格可能会很低，赚取的利润也会很少。专家们也认为，创业者一定要抵制以低价扩大市场份额的诱惑，原因在于这种方法产生的高销售量并没有创造高的营业利润。

新企业可以通过市场定位、品牌和其他营销要素影响顾客的价值认知。例如，麦当劳曾经设计过一项非常成功的广告活动，广告语中有这样一句话：今天您应该在麦当劳休息一下。这则广告强调了在麦当劳就餐享受的最大收益是不用辛苦地在家做饭，从而引起顾客的共鸣。

（五）顾客利益

顾客利益是连接核心战略与顾客界面的桥梁，代表着企业的战略实际能够为顾客创造的利益。首先，企业的核心战略要充分显示为顾客服务的宗旨。例如，企业的产品与市场定位必须集中在未得到充分满足的顾客需求，企业使命必须是在特定市场提供卓越的顾客服务，并且还要注重提供与众不同的产品与服务，这样顾客才能转而购买企业的产品等。例如，星巴克的企业使命是要建成世界一流的高品质咖啡店，在成长的同时毫不妥协地维持企业的原则，即六项决策标准：①在咖啡的购买、烘烤和保险运输方面采用最高标准；②在任何时候都让顾客满意；③提供良好的工作环境，以尊重和尊严对待彼此；④容纳多样性是星巴克做生意的重要元素；⑤以积极的态度为社会和环境做出贡献；⑥认识到受益对未来的成功很重要。可见，星巴克的企业使命传达了十分明确的顾客倾向。其次，在构建顾客服务和支持系统以及进行产品定价的时候，也一定要考察这些是否与企业核心战略一致。若一味追求产品低价的恶性竞争策略，显然没有真正从顾客受益的角度考虑问题，并且也不具有长期的战略意义。相反，若企业提供了切实满足顾客需要的新奇产品或服务，索要远远高于产品生产成本的价格也是正确的竞争策略。因而顾客利益是企业制定核心战略和构建顾客服务体系时必须遵守的原则，它涉及企业生存的根本。

（六）构造

构造是连接核心战略和战略资源的界面要素，主要是指两者间的有效搭配关系。

首先，战略资源是核心战略的基础。企业缺乏资源，难以制定与实施战略目标。企业产品与市场的选择必须紧紧围绕核心能力与关键资产，越来越多的证据表明，这样可以使企业受益。这主要在于若企业把自身的核心能力与资源集中在价值链中较小的环节，就较容易成为特定市场的专家，提供更高品质的产品与服务，为企业创造更高的利润。很多成功的创业企业在这方面做出了榜样。

其次，核心战略要充分挖掘企业战略资源的优势，一方面是创造更多企业价值的需要，另一方面也是有效构建竞争障碍的途径。企业通过关键资源的杠杆作用对已有模式的不断创新，会让跟进者的模仿变得更加困难。

（七）企业边界

企业边界是连接企业战略资源与价值网络的界面，其内涵是企业要根据所掌控的核心能力与关键资源来确定自身在整个价值链中的角色。传统的企业边界观点是建立在成本收益原则基础上的，一种产品是企业自己生产还是从市场购买取决于产品的边际成本，产品的边际成本等于交易成本，这便称为企业的边界。但随着市场竞争的日益激烈，产生了现代企业边界观点，它把企业为什么存在和企业应该有多大的基础问题归为企业竞争能力的问题，其中企业的核心能力和关键资源决定了企业应该做什么。企业只有围绕其核心能力和关键资源开展业务才可能建立起竞争优势。特别是新企业，创建之初往往面临较大的资源和能力约束，专注于自己所长是竞争成功的关键。

商业模式的设计框架如图 3-1 所示。

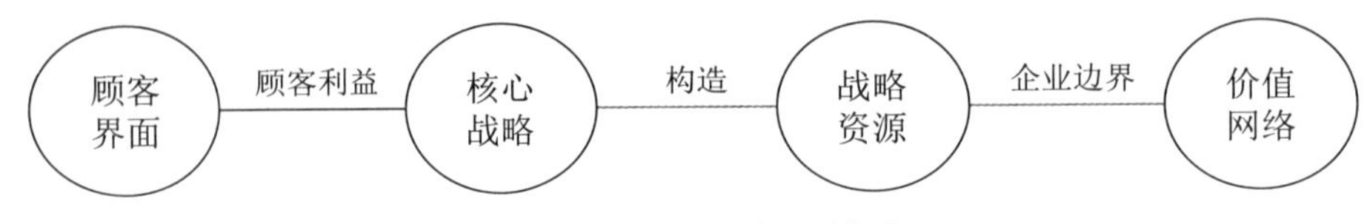

图 3-1　商业模式的设计框架

总而言之，开发与设计新企业的商业模式时，要正确思考和解决新企业的核心战略、战略资源、价值网络、顾客界面等问题，同时正确处理它们之间存在的顾客利益、构造和企业边界等方面的关系。优秀的商业模式总是能从整体角度审视自己，做到企业核心战略和战略资源高度一致，真正为顾客带来实惠与便利，创造企业利润的同时，也能使合作伙伴获得足够多的利益。

3.3　商业模式的选择

一、商业模式的影响因素

任何企业都有成功的梦想，任何成功的企业都有成功的模式，因此每一个新办的企业或处于困境中的企业都应该找到属于唯一的、自己的、成功的商业模式，而并非简单地复制。在选择商业模式时要考虑以下几个主要影响因素。

（一）智力资本

智力资本是企业经济主要要素之一。企业不但是出售产品的组织，更是出售智慧的组织。企业必须告别旧的生产要素，发展新的生产要素，尤其是智力资本。而在智力资本中，人力资本特别重要。因此，企业必须注重人力资源的开发与培育。微软公司就十分注重人才引进，微软招聘的是“盖茨团队”，一般只录用应征者中的 2% ～ 3%，只挑选最优秀的人加盟，并且为他们提供相应的工作与机会，让他们充分发挥聪明才智。微软还有一套让人才脱颖而出、适应人才成长的组织机制，他们的唯一目标是促进技术的发展与提高创新产品的能力，把产品推向市场并让产品受消费者的欢迎。

（二）知识的信息化和价值化

在信息时代，商业模式必须特别注重知识的信息化与价值化，否则，商业模式会因为知识的封闭、贬值而过时。知识的信息化是指通过科技将知识分门别类、组织归档，成为共享信息，而知识的价值化是指通过信息技术构建知识交流、利用的管理机制。知识经济下的管理目的是如何通过科技产生智力资本，因此对企业而言，其竞争力重点是知识如何为企业创造经济价值，其交流模式是动态实时的交流和沟通。知识的信息化与价值化对企业降低成本并提供更多的顾客让渡价值十分重要。沃尔玛斥巨资建立全球最大的私人卫星系统，并与 3 800 家供货商联网，就是为了能使企业及时掌握销售情况、市场需求及供应商供货情况，实现快速反应，在不发生缺货的前提下实现零库存，加速资金周转，提高效率，最终降低交易成本，以此提供更高的价值。

（三）管理的沟通

在新型的商业模式中，企业知识资本将跨部门共享，知识管理带来的开放平台及公共数据库信息流通，将打破工业时代以来的组织功能界限。因此，美国苹果公司较早提出“集成经营” 的概念，就是强调通过管理沟通整合聚变，突出协同和创新，不断聚合出新的市场竞争能力，以主动适应知识经济和科技日新月异的发展要求，获得新的企业发展机会。史蒂文 • 乔布斯为苹果公司制定的转向战略，就一再强调建立“苹果生态联盟系统”，提出要像生态链那样集成企业产销群体，充分发挥供应商、销售商等协作者的积极性。

（四）企业成本

商业模式重塑的目标是要极大地降低交易成本。具体可以采用如下方法。

（1）以战略联盟的方式降低成本。联盟成员之间相互合作，联合研究开发新产品、采购销售、推销新产品、售后服务等。联盟方式如采取合资、相互持股、特许连锁经营等方式。建立联盟可以集中各成员的优势，发挥巨大的规模效应，降低研究开发、开拓市场、推广商品、销售与服务等的成本，提高企业的抗风险能力。比如惠普和康柏并购就是为了降低运营成本。如今，很多企业都在借助合作伙伴，进行 24 小时生产运作，寻求最佳资金来源地、最具成本效益的生产地及最能赚取利润的销售地。

（2）研究比竞争对手更好的控制支出方法，使企业永远保持竞争优势。比如沃尔玛一直以来在 “最低的支出对销售比”方面排名第一，它一直遵循三个定价原则：每天低价；降低费用；特价。

（3）注重价值链的成本分析，运用价值链来降低成本。价值链是一个公司的全部运作过程，价值链上各项活动之间都有密切的联系，因此，从供应商的选择到产品的设计、生产流程的确定、产品的生产销售，都要加以重视，切实地对成本进行实时监控和信息反馈。

二、商业模式的评价原则

一个具有吸引力的成功商业模式，通常需要具备某些能够创造价值和竞争优势的特点，而这些特点常常影响创业企业的成功与否，也是商业模式评价不可忽略的重要因素。在评价商业模式时，应遵循的基本原则有以下几个方面。

（一）适用性原则

适用性也可称作个性，是商业模式的首要前提。因企业自身情况千差万别，市场环境变幻莫测，商业模式必须突出一个企业不同于其他企业的独特性。这种独特性体现在怎样为自己的企业赢得顾客、吸引投资者及创造利润。严格来说，一个企业的商业模式应当仅适用于自己的企业，而不能被其他企业原封不动地照搬照抄。所谓的商业模式，最终展现的是企业的制度与最终实现方式。从这个意义上说，模式没有好坏之分，只有是否适用的区别。适用的就是好的，适用较长久的就是更好的。

（二）有效性原则

有效性是商业模式的关键要素。在经济全球化、信息化的今天，无论哪个行业或企业，都不可能有一个单一的、万能的、特定的商业模式，以保证自己在各种条件下均产生优异的财务结果。一个成功的商业模式不一定体现在技术上的突破，也可能是对某一环节的改造，对资源的有效配置，并高效管理、风险控制及统筹规划的结果。因此，评价商业模式的好坏，最根本的一点是它的有效性。根据埃森哲咨询公司对 70 家企业的商业模式所做的研究分析，这种有效性应当具有如下三个特点。

（1）能够提供独特价值。有时候，这个独特价值可能是新的思想，而更多的时候，它往往是产品或服务的独特性组合。这种组合要么可以向客户提供额外的价值，要么可以让客户能用更低的价格获得同样的利益，或是用同样的价格获得更多利益。

（2）难以模仿。企业通过确立自己与众不同的商业模式，如无与伦比的实力、对客户的悉心照顾等，以提高行业的进入门槛，从而保证利润来源不受侵犯。

（3）脚踏实地。换句话说，就是实事求是，即把商业模式建立在对客户行为的准确理解与把握上。

（三）前瞻性原则

前瞻性是商业模式的灵魂所在。商业模式与企业的经营目标相联系，一个好的商业模式要与企业长远的经营目标相结合。商业模式实际上就是企业为达到自己的经营目标而选择的运营机制。企业的运营机制反映了企业持续达到其主要目标的最本质的内在联系。企业以盈利为目的，它的运营机制必然突出确保其成功的独特能力及手段——吸引客户、雇员与投资者，在保证盈利的前提下向市场提供产品与服务。但是，仅仅如此是不够的，因为这只是商业模式的“现在式”，而商业模式的灵魂与活力则在于它的“将来式”，即前瞻性。换句话说，企业必须在动态的环境中保持自身商业模式的灵活性，及时修正、快速适应。总之，就是具有长久的适用性与有效性，以达到持续盈利的目的。

三、商业模式的选择

（一）常见的八种创业盈利模式

1. 鲫鱼模式

鲨鱼是大海里一个十分凶狠的动物，很不好相处，许多鱼类都是它们攻击的目标，但有一种小鱼却很例外，鲨鱼不但不吃它，反倒为它提供食物，这种鱼便是鲫鱼。鲫鱼的生存方式是依附于鲨鱼，鲨鱼游到哪儿，它就跟到哪儿。这种生存方法及生存哲学，运用在创业中就是找到与大行业或大企业的共同利益，主动结盟，将强大竞争对手转化为依存伙伴，借梯登高，借船出海，以达争取利润的第一目标，让企业快速壮大。

扩展阅读 3.3

鲫鱼模式的盈利方法

这种模式的本质在于，大企业有通畅的产品流通渠道，有广大的客户群体，但中小企业无论在资金、技术，还是在人才等方面，都存在着很多的先天不足。若中小企业能找到与大企业的利益结合点，与大企业结成联盟，就可以有效弥补自身的短板，自然就可以分享大企业的利润大餐。“印鱼战术”对中小企业来说，可借鉴程度较高，是一种有效的盈利模式。

小企业和大企业、创业企业和成熟企业，最理想的状态是既有经营上的联系，又有资本纽带关系，但不是被人控股，不是挂靠或下属关系。小企业在依托大企业时，它仍旧保持独立，应拥有较大的经营自主权，可能的话，尽量同时托庇于多家大企业或成熟企业，则可以取得“东方不亮西方亮”的效果，显著提高企业的生命值。

2. 专业化模式

专业化就是专精一门，即俗话说的“一招鲜，吃遍天”。在一个充满诱惑的年代，要静下心来专精一门是不容易的。

为什么专业化模式可以成为一种盈利模式？最简单的一种解释是，由于精深且专业提高了门槛，别人不容易进来竞争，而专业化的生产，其组织形式比复合式生产要简单得多，管理也相对容易。在市场营销方式上，一旦市场打开，后期几乎不需要有更多的投入。成本降低的另一面就是利润的大幅度提高。而在通常情况下，专业化生产最后一般都会形成独占性生产，至多是几个行业寡头同台竞争，行业间比较容易协调，从业者较易形成相互保护默契，有利于保持较高的行业平均利润。这是一个封闭式或半封闭式的市场，不同于开放市场上的产品，一旦见到有利可图，大家便蜂拥而入，利润迅速摊薄，成本迅速攀升，本来有利可图的产品很快变成鸡肋，人人都觉得食之无味，但又觉得弃之可惜。

经测算，普通生产者生产的产品如果利润是 15%，那么，一个专业化生产者生产的产品，它的边际利润一般可达 60% ～ 70%。一个企业在进行专业化生产时，其大多数成本都用在解决方案的开发与创意阶段，一旦方案成立，就可不断复制，且依照自己的意愿，确定一个较高的市场价格，由于厂家是唯一的或少数能提供该解决方案（或产品）的，所以市场对厂家的高定价根本无力反抗。

专业化模式的另一种方式是以简单化带动大规模，迅速降低行业平均利润，让小规模生产者根本无利可图，因而不敢也不愿与其同台竞争。

专业化利润的另一个来源是专家，不仅有研发方面的专家，还有生产与组织管理、市场营销方面的专家。专业化生产，反复重复的过程，有利于迅速培养专精于一个环节的专业人员。这里所说的专家与人们通常意义上所理解的专家不同，但这是一种更能产生利润的专家。一般而言，这种专家型员工会比普通员工给企业多带来 10% ～ 15% 的利润，这就是专业化生产独有的好处。

3. 利润乘数模式

通过已经广为市场认同的形象或概念进行包装生产，可以产生良好的效益，这种方式类似于做乘法。利润乘数模式是一种强有力的盈利模式，关键在如何对所选择的形象或概念的价值进行正确的判断。

利润乘数模式的利润来源非常广泛，可以是一个卡通形象，也可以是一个有价值的信息，或是一种技巧，甚至是其他任何一种资产，而利润化的方式，则是不断地重复叙述它们、使用它们，同时还能赋予它们种种不同的外部形象，如世界上最著名的一只狗——史努比狗、世界上最昂贵的一只猫——凯蒂猫、世界上最受欢迎的一只熊—— 维尼熊等卡通形象，都是利润乘数模式最经典的案例。

史努比狗、凯蒂猫、维尼熊之类的卡通形象是如何让企业实现利润的呢？仔细研究不难看出，使用对人们所熟知的卡通形象，可以让企业降低产品研发或开发成本，缩短研发或开发的时间。最关键的一点是，通常大多数研发都生产不出任何有价值的适应市场的终端产品，而使用这些形象则不存在这个问题。借助为人们所广泛熟知的形象，可以使产品更迅速地深入市场，降低企业风险，提高企业的成功率。

这是创业成功的一条捷径，但也存在诸多问题。如上所述，此类形象或概念授权的一般范围都比较广，产品线往往拉得很长，因此需要注意以下几点：①应清楚容易接受该形象或概念的人群集中在哪些地方，并关注这些人的喜好。②由于同质产品的泛滥，需要将产品极度个性化，并保持这种个性化。不然就要有能力创造出一种别具一格、别人难以模仿的经营方式。此外，还可以有一个选择，就是将产品迅速铺满某一个细分化的市场，不给后来者提供机会，但前提是需要有相当大的投入。③借助于某一流行形象或概念进行产品生产与市场营销，在国外已经十分成熟，但对于国内的企业经营者来说还是一个十分陌生的领域。这需要专门的人才，还要有一些专门的或独特的手法。④流行形象或概念大多属于“易碎品”，应对它们精心呵护，尽可能避免将其应用于可能威胁其形象或概念的产品中去。

4. 独创产品模式

这里的独创产品是指具有独特的生产工艺、配方、原料、核心技术，且有长期市场需求的产品。基于该模式的独占性原则，掌握它的企业将获得非常高的利润。

独创产品模式，实际上也成为很多创业企业在创业之初大力借助的模式，“独创”的魅力可以带来的高额利润早已不是什么秘密。但是独创产品模式并非进入利润区的“万能钥匙”，它也有以下几个方面的局限性。

（1）独创，即意味着“前无古人”，因此常常需要很高的研发费用及很长的研发时间。

（2）独创，即意味着市场认知度不高，意味着打开市场、获取市场认同需花费很多的费用。

（3）尽管事前可能做过很细致的调查，但一个独创产品在真正进入市场之前，是很难测出市场是否最终会接纳它。常常发生的情况是：花了很多钱和很大的力气做出产品，结果却不被市场认同。因此，依靠独创产品打开市场具有很大的风险性。

（4）因为对产品缺乏细致的了解和认知，国家有关部门很难对某一种独创性产品提供完善的保护，生产者将面临很多带有恶意的市场竞争，这种竞争往往会使始创业者陷入困境。

保护与延长独创性产品的生命周期，延长利润生产周期的办法有如下几个方面：①提高专利意识，积极寻求国家有关部门的保护。②增强保密意识，让竞争者无机可乘。③进行周期性的产品更新，提高技术门槛，让后来者难以进入。④让企业与产品更加人性化，增强消费者的忠诚度。⑤在产能或投入不足的情况下，积极进行授权生产或技术转让，使产品迅速铺满市场，不给后来者机会。最后一点一般不为经营者所注意，但却是一种非常有效的办法。

5. 策略跟进模式

策略跟进即跟随强者，不同于“跟风”的盲目性。策略跟进模式需要经营者对自己做出正确评估，并在分析清楚自己的优势、劣势后，对未来走向做出判断。

在马拉松比赛中，经常可以看到运动员会形成“第一方阵”和“第二方阵”。一个有趣的现象是：最后取得冠军的常常是开始位居“第二方阵”的运动员。因为“第二方阵”的运动员在大部分赛程中都处于“跟跑”的位置。因此可以清楚地看见“第一方阵”

运动员的一举一动，并根据其变化很好地把握赛程，调整自己的节奏。并且，作为“第二方阵”的成员，他们所承受的心理压力也相对较小，又因一直处于引弓待射、蓄而不发的状态，积蓄的体能有利于在最后冲刺阶段爆发。因此，“第二方阵”中的运动员获得冠军并非偶然。

从利润角度讲，“跟跑”者向来比跑在前面的要省力，因此利润率也相对要高。在商业活动中，每一个商业行为都有成本的代价，拣取胜利果实等于将成本最小化，从而也就等于获得了最大化的利润。“跟跑”哲学是一种应变哲学，绝不是懦夫哲学，甘当“第二方阵”的目的是在次位上充分谋求利益，避免自身劣势，充分发挥优势。

6. 配电盘模式

配电盘模式，简单地说，就是吸引供应商和消费者两方面的关注目光，为供应商和消费者提供沟通渠道或交易平台的中介企业，并从中获取不断升值的利润。但这个模式对于操作者来说要求很高，而且前期的投入成本很大，风险也很高。

许多供应商与客户发生交易，双方的交易成本很高，这就会导致一种高价值的中介业务出现，这种业务的作用类似于配电盘，其功能是在不同的供应商与客户之间搭建一个沟通的渠道或交易的平台，以降低买卖双方的交易成本。而提供中介业务的企业和身在配电盘中的供应商都可以获得较高的回报。这种方式在北方也叫“拼缝”，即弥补供需双方的缝隙，撮合双方交易，以此作为中介的企业也可以从中获得不菲的利润。

配电盘模式对创业企业来说是值得借鉴的模式，因为它有很大的市场空间及强烈的市场需求。绝大多数初创企业在市场开拓上都会存在困难。一些创业者有好的产品却找不到合适的消费者，而一些消费者有消费需求却找不到合适的产品，通过配电盘，可以将二者连接在一起，让初创企业直接面对他们的消费者，大大提高达成交易的可能性。

据统计，在单位时间内，运用配电盘模式可能做成的生意数量会达传统运作模式的2倍或3倍。而配电盘模式的运用，等于集合了供应商与客户之间的力量，因此宣传成本、运作成本都得到很大幅度地下降，因而单位时间和单位努力程度所带来的利润也是传统模式的7～10倍。

7. 产品金字塔模式

为了满足不同客户对产品风格、颜色等各方面的不同偏好，考虑个人收入上的差异化因素，以达客户群及市场拥有量的最大化，一些企业不断推出高、中、低各个档次的产品，从而形成产品金字塔。在塔的顶部，是高价位、小批量的产品，靠精益求精获取超额利润；在塔的底部，是低价位、大批量的产品，靠薄利多销赚取利润。

8. 战略领先模式

战略领先是指企业在某一创新领域内带有全局性的重大谋划，具有长期性、层次性、风险性、依从性等特点，包括成本领先战略、产品领先战略、技术领先战略等。起步领先不等于永远领先，也不能确保永远盈利。因为很快就会有后来者参与激烈的竞争，所以应适时改变竞争策略。从一个静态到一个动态的飞跃，可以确保从起步时的飞跃领先到战略上的始终领跑，致使利润源源不断。

（二）低成本创业的五种成功模式

1. 边打工边创业

这种方式一般是利用自己的专业经验与所在企业的厂商资源，在上班之余进行创业尝试及增加收入，风险系数小，但应处理好本职工作和创业之间的关系。

选择这种创业模式的建议：第一，应知道自己发展的主次，在企业打工，除了养家糊口，也是个人能力与资历的增长，因此重心是完成好本职工作，推进个人能力与职业发展的进程。第二，不要占用任何上班时间；客户并非你所在打工企业的竞争对手；不泄露任何公司的商业秘密，保持自己的职业操守及信用对将来个人发展有不可估量的作用。

2. 依靠商品市场创业

专业的商品市场（如服装批发市场、眼镜批发市场等）都会为租户代办个体工商执照，只需一次性投入半年或一年租金、店内货品的进货费，因此投入在3万～5万元。并且依靠人气旺盛的商品市场，风险也较小。

选择这种创业模式的建议：第一，一定要找人气旺的市场，虽然它可能比经营较差的市场租金要高，但人流量是该商品市场内创业存活的最基本条件。第二，同样的市场也有生意好与差的区别，因此需要对自己经营的产品比较熟悉，如熟悉该商品的进货渠道，能以更低价格进货、熟悉该类商品消费者的喜好等。

3. 在大卖场租个场地创业

这种方式有点类似代理销售，不过必须眼光独到，风险比较大，但是回报非常可观。这种方式比较适合有营销经验的人员采用。

选择这种创业模式的建议：第一，用所代理或销售产品的生产厂家相关证明（卫生许可证、厂商证明等）同卖场办理手续，否则不能进卖场。第二，风险比较大，一定要对市场行情有所把握，并且注意产品的销售季节和保质期。第三，考虑本地人对该产品的接受程度，最好做个简单的调查。

4. 加盟连锁创业

现在有很多小的饰品店、冷饮店等，加盟的费用不高。加盟连锁一定要看准，而且要早点介入，成功的可能性才比较大。

选择这种创业模式的建议：第一，选择行业门槛低但回报高的产业，如房产中介。第二，选择新兴产品，一旦竞争产品增多，营业额下降时，马上转向，如小饰品店等。第三，投资不宜过大，找利润高、投入少的小产品加盟，没有经验的人不要加盟大的连锁项目，一定不能太相信加盟企业的“无经验一样经营”“全程营销辅导”的谎言。

5. 工作室创业

提到工作室，很多人可能望文生义，以为就是一个工作的地方，比公司小一些。实际上，“工作室”是指有一定能力的人承接相应的业务，以获得相应报酬的一种工作模式。

选择这种创业模式的建议：第一，个人要有比较好的专业技能，因为性价比是在市场中胜出的关键，价格再便宜的作品让人不满意也不可能维持经营。第二，刚开始必须通过各种关系，主动开展业务，与一些有需求的客户挂上钩，才能将自己的作品卖出去。

以上的创业模式只是个人低成本创业的最简单模式，因风险小、投入少而适合普通的创业人群，但需强调的是任何创业行为都会存在一定风险，在创业前进行系统地分析和有针对性的知识补充、能力培训等将会大大提高创业成功的概率。

（三）新兴的创业模式

随着时代的发展，创业方式正不断发生着变化，特别是IT行业的崛起令创业模式层出不穷，以下是几种新兴的创业模式。

1. 网络创业

目前网络创业主要有两种形式：一是网上开店，在网上注册，成立网络商店；二是网上加盟，以某个电子商务网站门店的形式经营，利用母体网站的货源及销售渠道。

优势：成本少、门槛低、风险小、方式灵活，特别适合首次创业的创业者。比如淘宝、易趣、阿里巴巴等知名商务网站，有较完善的交易系统、交易规则、支付方式及成熟的客户群，每年还会投入大量的宣传费用。加盟这些网站，创业者可“近水楼台先得月”。并且，政府重视网上创业，会给予很多的优惠政策及措施。

2. 加盟创业

连锁加盟凭借非常多的优势成为极受青睐的新的创业方式。目前，连锁加盟有直营、委托加盟、特许加盟等形式，根据商品种类、店铺要求、技术设备的不同，投资金额从6 000元到250万元不等，以满足不同需求的创业者。

优势：利益共享、风险共担。创业者只需支付一定的加盟费，就能借用加盟商的金字招牌，还可利用现成的商品及市场资源，长期得到专业指导与配套服务，也能降低创业风险。

3. 兼职创业

兼职创业是指在工作之余再创业，如教师、培训师可选择兼职培训顾问；编辑、撰稿人可选择媒体、创作方面发展；业务员可兼职代理其他产品销售；会计、财务顾问可代理作账、理财；设计师可自己开设工作室；翻译可兼职口译、笔译；策划师可兼职广告、品牌、营销、公关等咨询；律师可兼职法律顾问和事务所，等等。

优势：兼职创业对上班族来说，既不用放弃本职工作，又能充分利用在工作中积累的商业资源及人际关系创业，可实现鱼和熊掌兼得的梦想，并且进退自如，大大减少了创业风险。

4. 团队创业

一个由市场、研发、技术、融资等各方面组成、优势互补的团队创业，是创业成功的法宝，特别是高科技创业企业。如今，创业纯粹追求个人英雄主义的行为已经不适应现代社会经济发展了，团队创业成功的概率会远远高于个人独自创业。

优势：同心协力，集各自优势的一群人共同创业，其产生的群体智慧及能量将远远大于个体。

5. 概念创业

概念创业，即凭借点子、创意、想法创业。当然，这些创业概念必须标新立异，至少在准备进入的行业或领域是个创举，唯有这样才能抢占市场先机，才能吸引投资商的目光。并且，这些超常规的想法还必须具有可操作性，而不是天方夜谭。

优势：概念创业具有点石成金的作用，特别是本身没有很多资源的创业者，可利用独特的创意获得各种资源。

6. 内部创业

内部创业是指一些有创业意向的员工在企业的支持下，承担企业内部某些业务或项目，与企业分享成果的创业模式。创业者不用投资就可获得丰富的创业资源，因具有“大树底下好乘凉”的优势，这类模式受越来越多创业者的关注。

优势：员工在企业内部创业，可获得企业多方面的支援，同时，企业内部所提供的创业环境较为宽松，即使创业失败，创业者所需承担的责任也较小，从而大大减轻了心理负担。

7. 大赛创业

大学生创业大赛移植于美国的商业计划竞赛，此类竞赛旨在为参赛者展示项目、获得资金提供平台，因此被形象地称为创业“孵化器”。 从国内的情况看，创业大赛也扶植了一批大学生企业，如清华大学王科、邱虹云等组建的“视美乐”公司，上海交大罗水权、王虎等创建的“上海捷鹏”等。

优势：创业大赛不但为大学生创业者的闪亮登场提供了舞台，而且提供了锻炼能力。对大学生来说，创业大赛是创业的“试金石”，通过此平台，可了解创业程序，储备创业知识，积累创业经验，接触和了解社会。

创业模式类型如表 3-2 所示。

表 3-2 创业模式类型

常见的盈利模式	低成本的创业模式	新兴的创业模式
印鱼模式 专业化模式 利润乘数模式 独创产品模式 策略跟进模式 配电盘模式 产品金字塔模式 战略领先模式	边打工边创业 依靠商品市场创业 在大卖场租个场地创业 加盟连锁创业 工作室创业	网络创业 加盟创业 兼职创业 团队创业 概念创业 内部创业 大赛创业

3.4 商业计划书

一、商业计划书的基本概念

（一）商业计划书的概念

1. 计划

计划作为管理流程中的一项重要职能，是组织根据自身的能力和所处的环境，制定出组织在一定时期内的奋斗目标，通过计划的编制、执行、检查、协调，合理安排组织中各方面的经营和管理活动，并优化配置组织的各种资源，取得合理的经济效益和社会效益的管理职能。商业计划的主要功能包括为企业指引方向、帮助企业发现机会和威胁、合理经济地进行管理、提供控制标准等。

2. 商业计划书

商业计划书是对拟进行的商业活动，如投资、创业等活动，进行前期计划的一种书面文件。在创业活动中，商业计划书可称为创业策划书，是由创业者准备的一种书面文件，该文件描述了创建一个新企业所需要的所有相关的内部和外部因素，通常是由生产、营销、财务和人力资源这类功能计划所构成的结合体。

商业计划书是一份全方位描述企业发展的文件，是企业经营者经营能力的体现，是企业拥有良好融资能力、实现跨越式发展的重要条件之一 。一份完备的商业计划书，不仅是企业能否成功创业的关键因素，同时也是企业发展的核心。

（二）商业计划书的功能和作用

从字面上看，商业计划书本身也是计划的一种。因此，商业计划书也都具有计划的特定功能和作用。但是，由于商业计划书的特定作用对象和出现阶段，商业计划书有其独特的功能，在撰写方面也需要注意其独特之处。

商业计划书的应用对象通常是尚未创立而准备创立的企业，或是刚刚创立不久的企业。从创业过程的整体视角来看，商业计划书的撰写是一个承上启下的步骤，对一份典型的商业计划书来说，它是对新企业创立之前的所有准备工作的总结及整理；对创业者来说，必须在对创业机会、创业团队、创业资源、商业模式等方面进行综合性的认识之后，才可能有一份非常良好的商业计划书。此外，有效的商业计划书也可作为企业下一阶段经营规划的有效指导，新创企业的成长管理活动，包括融资、战略、营销、人力资源等各个方面的管理措施，都可以在商业计划书的指导下进行，因此，商业计划书的撰写对创业过程意义重大。

（三）撰写商业计划书的目的

1. 审视企业情况

商业计划书是从书面上对企业或创业团队的整体状况进行审视。在很多情况下，这一举措是无可代替的。尤其是在正式创业前，创业者最好能够撰写一份正式的商业计划书，以系统地回顾企业所拥有的资源和优劣势。将计划形成正式的书面文件，更需要注重内在的逻辑，这样创业者或创业团队就会不断地思考曾经的创业设想是否合理、准备是否充分。基于此，创业者的商业模式会进一步细化，未来的战略规划也会更加清晰。此时，企业计划书的撰写是其他形式的交流、讨论、思考、沟通所不能代替的。

2. 规划未来战略

在创业行动尚未开始的时候，创业者就应对企业的未来战略规划进行设想，虽然未来的市场环境变化可能随时发生，但是创业者至少应当指出新创企业的可能战略方向与相应的配套支持。为了防止在市场环境变动的时惊慌失措，提前准备好战略规划是非常必要的。

商业计划书为战略的整合与设想提供了一套有效的模板。企业为什么形成战略？其相应的战略支持与影响因素是什么？通过系统化的撰写过程，创业者对于创业的设想将会更为清晰。

3. 获取创业资源

创业资源获取是撰写商业计划书的直接目的。考虑正式规范与工作程序，创业者必须向资源提供方提供一份翔实的商业计划书，来说明创业项目的可行性，体现自身的诚意。资源提供方也愿意通过书面的材料，结合面谈来了解和审核创业者或创业团队。否则，在合作洽谈时，因缺少书面材料依据而只是通过创业者口头交流，必然会降低对方对自己的评价。

（四）商业计划书的分类

编写商业计划书的直接目的是获取资源，因此，根据获取资源的类型，商业计划书可分为以下类型。

1. 针对资金资源的商业计划书

这一类商业计划书主要用于面向投资者，特别是募集资金的风险投资者。面向投资者的商业计划书是最重要的一类商业计划书。投资者评估投资项目首要的评估依据就是商业计划书。如求职自荐书一样，一份简练而有力的商业计划书能让投资者对投资项目的运作和效果心中有数。投资者只有从商业计划书中获得所需的项目经营信息后，才会做出是否投资的决策。这一类型的商业计划书在撰写过程中要注意以投资者需求为出发点。一份能够吸引投资者注意力的商业计划书，必须说明创业者的项目有足够大的市场容量和较强的持续盈利能力，有一个完善、务实和可操作的项目实施计划，有完全具备成功实施项目素质能力的管理团队并且具备项目运营的成功保证，最后还应对风险投资的退出机制做出安排和计划。

2. 针对人才资源的商业计划书

这类商业计划书是为了吸引人才资源的。在最初准备创业时，创业者常常是从身边的亲朋好友中寻找创业伙伴。这种方式可以在很大程度上降低交易成本，而且有利于创业初期资源的整合，但是一旦企业做大，或者随着创业者的商业模式逐渐成熟，创业者便会尝试从更大范围的人群中寻找新的合作伙伴。此时，一份结构清晰、前景良好的商业计划书对吸引创业团队成员相当有用。这类商业计划书不仅要清晰地阐明企业的商业模式及未来发展规划，而且要对如何吸纳新的合作伙伴、如何针对这些合作伙伴分配利益及权限做出说明。

3. 针对政策资源的商业计划书

对于国内的创业活动来说，政府部门所制定的支持性政策具有重要意义。只有在政策允许和鼓励的条件下，高科技企业才能获得更多的国内外人才、贷款和投资、各种服务与优惠等。这一类型的商业计划书类似于传统的项目可行性分析书，在商业计划书中，应当强调企业的项目投资可行性，尤其要着重关注企业的社会收益和社会成本，只有项目的社会影响较为良好、符合政府的区域总体发展趋势，才有可能成为政府部门关注和政策支持的对象。

4. 针对网络资源的商业计划书

这一类型的商业计划书主要是针对企业大型客户群体、原材料供应商、行业协会等可能合作的对象。在创业过程中，有效的合作关系对创业者的帮助是非常强大的。为了有效获得这些合作关系，必要时，创业者也往往需要向合作伙伴提交商业计划书，阐明自身的优劣势以及双方进一步发展合作关系的有利之处。基于这一要求，商业计划书就要有针对性地指出具体的合作方案以及合作双方可能获取的利益。

无论是哪种类型的商业计划书，创业者都应该在计划书中清晰地阐明企业的现有资源、能力和企业未来的发展模式。假如不能做到这一点，无论在吸收哪个方面的资源时都会遇到障碍。

二、商业计划书的撰写

（一）商业计划书的构成要素

为了清晰地传递创业者的主张与企业的发展规划，不管是哪一类型的商业计划书，都必须阐明一些关键要素，且这些关键要素缺一不可。这些要素包括以下几项。

1. 产品

这一要素是指企业所提供的核心产品或服务。在商业计划书中，应提供所有与企业的产品或服务有关的细节。作为一个创业者，对自己所提供的产品有信心，同时还应该把这一信心传达给他人。只有投资者对产品也产生了兴趣，他们才愿意进行投资。为了传达这种信心，创业者应尽量给出清晰的证据来论述产品的价值。对创业者来说，产品和属性特征非常明确，但其他人却不一定清楚它们的含义。制订商业计划书的目的不仅是要投资者相信企业的产品会在市场上产生革命性的影响，而且也要使他们相信企业有实现它的能力。商业计划书对产品的阐述，是要让投资者感觉投资这个项目是值得的。

2. 市场

这一要素主要是指创业者所要面临的行业市场特征。创业者的行动总是要在一定的市场上进行，产品需在市场上卖出，创业者的营销行动及战略企划也需要依托于一定的市场范围与条件来进行。商业计划书要为投资者提供创业者对目标市场的深入分析与理解，要细致分析经济、地理、职业和心理等因素对消费者选择购买本企业产品这一行为的影响，只有市场前景广阔、成长性良好的项目，才有可能真正吸引投资者。当然，这些关于市场状况的分析与前瞻，同样需要充分的论证说明，而不是创业者的主观判断，这样才有可能真正赢得投资者的关注。

3. 创业团队

创业团队是创业成功的首要保证。创业机会能够得到持续开发并转化为一个成功的企业，其关键的因素就是要有一支强有力的管理队伍。若团队成员拥有较高的专业技术知识、管理才能及多年工作经验，那么对投资者的吸引力也会更大。在很多情况下，创业者是首次创业，大多数团队成员也没有相应的管理经验，此时，创业者需要据实说明这一情况，而不能做无谓的夸大，不真实的说明只会带来适得其反的结果。当然，即使是创业团队成员本身没有太多闪光之处，创业者也应说明他们对创业活动要进行充分准备，如创业的意志与决心，以表明团队成员的凝聚力及奋斗精神。

4. 企业经营状况

这一要素主要是针对已经创立的企业，若创业者是在创业之前撰写商业计划书，那么这一要素可以不用涉及。创业者需要介绍企业创立以来，企业的经营状况是如何的，以展示企业的良好经营历史和一定的发展潜力。若在企业的历史经营中，企业曾经获得某些独特的资源，或者与某些重大的合作伙伴有过良好的合作关系，这些都足够成为商业计划书中的亮点。

5. 市场开拓方案

这是企业竞争战略中最为重要的一环。一般来说，投资者都很关注创业者将如何准备销售自己的产品。在产品部分，虽然创业者可能将自己的产品轮廓勾画得非常美好，但是这些产品能否被市场上的客户接受还是未知数。若市场开拓方案不到位，甚至存在较大的失误，即使产品质量再好再有吸引力，也难以实现预先的销售目标。这对创业活动的推进是致命的，投资者的投资也会付诸东流。因此，创业者应明确阐述自己将如何推进产品的销售活动，这些预期的方案和措施是否行得通。

6. 企业成长预期

虽然商业计划书是提供给投资者的指南性文件，但投资者更关心的是企业的未来发展状况是什么样子，他们所投入的资金能否及时回收。因此，创业者需要展望企业的未来发展。给出这些成长预期的同时，创业者需给出预测根据，必须让投资者相信，所有关于企业发展的预测都是以事实为依据的，而非闭门造车。

（二）商业计划书的特征

从商业计划书的构成要素可以看出，商业计划书具有以下几个特征。

1. 客观性

客观性是商业计划书的重要特点。对论证的每个关键要素，创业者都必须依据充分的市场调研数据和客观的分析结果，而不是创业者的主观判断。这些依据让商业计划书具有真实性，可信程度很高，也能使商业计划书的调整和改进（如必要的话）立足于一个真实可信的基础之上。商业计划书的客观性来自实践，来自一线的大量信息和素材，这是商业计划书具有可操作性和实战性的基础，也是商业计划书吸引投资者的基本前提。

2. 实践性

实践性是指商业计划书的可操作性。商业计划书不但是对各方面创业准备的综合归纳整理，而且是对未来创业成长的预期和规划。所以，商业计划书的分析结果必须是实实在在能够在实践中运用的。只有在实践运作中，商业计划书的企业成长预期价值才能实现，若只是为了获取资源炮制了一份“看起来很美”的商业计划书，这便是毫无价值的。当然，在创业初期，对未来实践经营的细节进行设想也是不现实的，但是项目运作的整体思路或战略设想应是清晰的，具有切实的可操作性。即使在实战的过程中可能做出调整，但项目的鲜明商业特点和主导思想是不应，也不能随意变化的。

3. 条理性

商业计划书本质上是一份提交给投资者的投资指南，与一般的商业文件不同。为了展现企业的优势和发展机会，创业者需要把严密的逻辑思维融汇在客观事实中体现或表达出来。应当在商业计划书中展现创业者如何通过项目的市场调研、分析、开发，生产的安排、组织、运作等管理活动，把所提出的战略规划付诸实施，把预想的企业成长变成切实的商业利润。论证过程应条理得当，切忌华而不实，不能为了追求华丽的效果而失去内在的逻辑。

4. 创新性

商业计划书最鲜明的特点是它的创新性。这种创新性是通过其开拓性表现出来的。对现有经营模式的简单模仿，是难以吸引投资者的目光的。对于创业者来说，商业计划书应当从创新项目、创新技术、创新材料、创新营销渠道等方面进行开拓，如果能够从整体上提出一个全新的商业模式会具备更强的吸引力。这种新项目、新内容、新的营销思路和运作思路的整合，才是商业计划书最本质的特征，也是商业计划书不同于一般项目建议书的根本之处。

（三）商业计划书的撰写原则

1. 目标清晰明确

该原则与商业计划书的阅读对象密不可分。不同的阅读对象有不同的关注重点，应充分考虑这些关注点如何在商业计划书中得以体现，切忌用通用模板写出的商业计划书去应对各种需求。

2. 关键要素齐全

商业计划书是对新创企业的全面总结，因此，全面性是商业计划书的一个重要的要求。企业的基本情况、市场分析、产品情况、创业团队等方面内容都必须涵盖。对任何一个关键要素的回避都会使得商业计划书不完整，也会让投资者产生如创业者准备不够充分或者可能在隐瞒什么情况的印象，这些都会降低投资者的投资兴趣。

3. 语言精练务实

商业计划书是一份商业报告，而不是文学作品。撰写者需要完成的是如何用直观朴实的语言把所要传递的信息准确地传递出去。在此过程中，语言切忌夸张或者含糊。语言夸张的弊端是显而易见的，一旦投资者对某个细节部分的撰写因过于夸大而提出质疑，他就会对整个商业计划书的真实性产生怀疑。语言精确也是一个必要的要求，商业计划书中尽可能不要采用“可能”“好像”这类的词汇，每一个论据、每一项判断是怎样的状态，应当如实说明。撰写者若没有把握，也应当实实在在地写出来。

4. 形式同样重要

在很多情况下，我们虽然都知道内容重于形式这一道理，但显而易见的是，一份重点突出、编排得当、清晰整洁的商业计划书对阅读者来说，在心理亲近程度上无疑会更胜一筹。不愿意在完善商业计划书的细节上花时间的人，也很难让投资者相信他会在企业管理工作中更加专注。

创业计划书的特征及撰写原则如表 3-3 所示。

表 3-3　创业计划书的特征及撰写原则

创业计划书的特征	创业计划书的撰写原则
客观性	目标清晰明确
实践性	关键要素齐全
条理性	语言精练务实
创新性	形式同样重要

（四）商业计划书的结构

商业计划书通常有许多现成的通用模板，这些模板的特点不一，但在内部结构上，往往有一些共同的地方。通常，一份典型的商业计划书可以分为以下几个方面：封面或封页、内容表和目录、摘要、企业简介、市场分析、产品说明、创业团队、营销计划、生产经营计划、研发计划、财务分析、风险分析、投资者的退出方式。

（五）商业计划书的撰写内容

1. 摘要

商业计划书的摘要是风险投资者阅读商业计划书时首先要看到的内容，因而，摘要绝不仅仅是商业计划书的前言部分，而是商业计划书的精华和核心内容所在。如果风险投资者在阅读摘要时没有看到闪光点，换言之，如果创业者没有在摘要部分立刻吸引住投资者的目光，那么即使后续部分写得再动人，这份商业计划书通过的可能性也非常小。因此，通过摘要，创业者应该能够使得投资者，特别是风险投资家马上理解企业的商业模式，快速掌握商业计划书的重点，然后做出是否愿意花时间继续读下去的决定。在摘要部分，应该重点向投资者传达以下几点信息：创业项目的行业市场发展是蓬勃向上的；创业项目的产品是具备独特价值的；创业发展规划和商业模式具有科学根据和充分准备；目前的创业团队是坚强有力、协调良好的；完全可以为创业行动全力付出；创业的成长规划和财务分析是客观实际的；投资者的投资回报是客观而有吸引力的。

摘要是商业计划书的精华部分，在撰写商业计划书的摘要时，商业计划书的重要特征也要在摘要部分得以体现。为了把摘要写得更出色，要求创业者首先应完成对整个商业计划书的主体工作，从中提炼出整个计划书的精华所在，最后才能动笔写商业计划书的摘要部分。在动笔之前，创业者对整个商业计划书已经有了清晰准确的理解，摘要的重点更为突出，逻辑也更为清晰。同时，应该注意的是，撰写摘要时一定要文笔生动，风格要开门见山，夺人眼目，这样可以使读者立即抓住重点。在篇幅上，摘要一般一两页即可，切忌烦琐冗长、行文含蓄晦涩，让人难以琢磨。

商业计划书的摘要主要包括以下几项内容：

（1）公司概述；

（2）研究与开发情况；

（3）产品或服务描述；

（4）管理团队和管理组织情况；

（5）行业及市场简述；

（6）营销策略；

（7）融资说明；

（8）财务计划与分析；

（9）风险因素阐述；

（10）退出机制陈述。

2. 企业简介

企业简介通常是商业计划书正文的第一个部分，在获取资源之前，创业者首先要进行自我介绍，让投资者认识自己。在很多情况下，创业者即使还没有建立实际的企业，创业者也应当介绍自己的创业设想和企业未来的发展规划。如果企业已建立，那么应当向投资者尽可能简明扼要但又全面地介绍企业的发展历史及经营现状，告诉投资者尽可能多的关于新创企业和所在行业的基本特征。具体而言，可以从以下几个方面加以阐述：

（1）企业概述，企业的地址、电话和联系人等信息；

（2）企业所从事的主要业务介绍；

（3）企业所属行业介绍；

（4）企业发展历史与经营现状；

（5）企业未来发展规划，指出关键的发展阶段以及主要的推动力；

（6）企业组织结构设置；

（7）企业的所有制性质，如果是隶属于一个大型企业的子公司，则应该阐明它们之间的具体关系。

3. 市场分析

1）目标市场定位

目标市场是企业关注的真正终端市场。创业者应该细分目标市场，并且分析到底能够实现多少的销售总量、销售收入、市场份额及销售利润。在撰写商业计划书时，创业者应重新认真审视创业机会。若创业者在创业机会识别阶段未能认真定位市场的话，那么在商业计划书的撰写过程中，这一步骤是不可避免的。创业者可以采用以下几类标准来细分市场：

（1）按地理区域、人口分布、人口密度、城镇大小、气候等地理环境因素细分；

（2）按消费者年龄、性别、民族、职业、家庭状况、文化程度、经济收入、宗教信仰等人文特征细分；

（3）按消费者的生活方式、商品知识、购买数量、购买频率、对营销方式的感应程度等购买心理特征细分；

（4）按消费者寻求的产品特定效用细分。

创业者可同时选择几种标准进行市场细分，选择其中的一个或几个为目标市场，在此过程中，要根据企业的目标、产品、优势和劣势、竞争者的战略等因素来分析目标市场的合理性。如果创业者已经掌握了一些订单或合作意向书，此时应该直接展示给商业计划书的阅读者，因为这些材料可以证明创业者的产品确实具有广阔的市场前景，并且已经找到了直接客户。需注意的是，市场细分不是越细越好。企业的目标市场要保证其足够大，以让企业能够盈利。同时，目标市场不能太小，否则投资者会对产品的市场前景产生疑虑，因为企业价值的增长往往只有在市场潜力同等巨大时才可能实现。

2）行业市场分析

在选定目标市场后，下一步就是进行该行业市场竞争特征的分析，市场分析的理论和方法经过多年的发展，已达一定水平。创业初期一般可以从如下几个方面分析：

（1）该行业发展程度和未来趋势是怎样的，处于行业生命周期的早期还是成熟期；

（2）该行业的总销售额以及利润率能达到怎样的规模，未来的发展趋势是怎样的；

（3）决定其发展的重要因素——国家的整体经济走向、政策导向、社会文化变迁、技术发展等其他要素；

（4）企业在行业内部拥有的网络关系，如与上下游企业、同行业经营者、客户群体、行业协会等的关系；

（5）在市场上活动的所有经济主体的概况，如竞争者、供应商、销售渠道和顾客等；

（6）进入该行业的障碍，可能的跟随进入者。

在进行市场层面分析时，一定要以充分的数据资料为基础，在撰写这一部分时，很多创业者往往附上实际调研、调查问卷和数据分析结果（常附在商业计划书的最后面），以说明行业市场的分析是基于实际数据的理性分析，而不是臆断。

3）竞争对手描述

竞争对手分析可以从如下几个方面展开：

（1）哪些企业是或者可能会成为提供类似产品的主要竞争者；

（2）竞争者的基本情况和竞争战略是怎样的；

（3）竞争者的财务状况和发展潜力如何；

（4）与竞争者相比，自身的优势和不足之处体现在哪些方面；

（5）创业者将以怎样的态度来应对竞争，能在多大程度上承受竞争者所带来的压力。

为了充分阐明潜在竞争者的优势和劣势，应当对最主要竞争者的销售水平、收入状况、市场份额、目标顾客群、分销渠道和其他相关特征等做出合理估计。与自身状况进行比较时，可以采用图表等形式来更直观地说明，要让投资者确信，企业的竞争战略是合理的，企业具有足够的竞争优势应付所面临的市场竞争。如果竞争者确实很强，无法超越，也不应该避而不谈，有时候有兴趣的投资者往往能够帮助创业者解决一定的竞争压力。

4. 产品（服务）说明

关于产品特征的描述，应该从两个方面重点考虑：一是产品的独特性，二是产品的创新性。如果创业者或核心技术研发人员拥有产品技术专利，也应当予以展示，这样可以充分证明创业者的产品能够有效防止他人盗用和模仿。具体而言，对于产品特征的描述可以从以下几个方面进行：

（1）产品的基本信息，包括名称、品牌、特征及性能用途等；

（2）市场是已有或将有产品；

（3）与同类产品相比，产品独特性表现在哪些方面；

（4）产品的价位如何，这一价位是否合理；

（5）产品的市场前景和竞争力如何；

（6）让顾客购买产品的关键性因素如何；

（7）产品的技术含量如何；

（8）产品是否拥有知识产权保护措施。

在产品说明部分，应尽可能详细地说明产品的特征。如果产品本身还存在不完善之处，也应当给予必要的说明，并且指出下一步可能的改进方向，使得投资者看到创业者在产品开发方面的努力，那么即使产品不完善，投资者会和创业者一起寻找解决方案。如果企业有好几种产品或服务，那么最好分成几个独立的部分进行描述。对每一个产品进行必要的介绍，同时针对主要产品进行更为深入和详细的分析。

5. 创业团队 / 管理团队

1）管理层展示

管理层展示的内容可以分为以下几个方面：

（1）管理团队成员基本信息（年龄、性别、籍贯等）；

（2）管理团队成员的工作经历；

（3）管理团队成员的行业经验；

（4）管理团队成员的教育背景；

（5）管理团队成员在产品设计与开发、财务管理、市场营销等方面的经历；

（6）管理团队成员的职业道德、能力与素质；

（7）关键雇员介绍；

（8）咨询顾问、会计师、律师、金融专家及其他人士。

2）团队分工和支持系统

创业团队分工和支持系统可以从如下几个方面介绍：

（1） 企业的主要股东介绍，如股东名称、直接或间接持股比例以及相应的控制权限；

（2）管理团队是如何分工的，依据什么分工；

（3）具体项目的负责人（如果存在一个特别重要的项目）；

（4）在一些特别经营区域内是否加强管理队伍；

（5）团队成员薪酬制度（用数据说明）；

（6）企业决策机制和冲突管理机制。

对管理团队成员的介绍既不能夸张，也不要过于谦虚，要实事求是地对其以往业绩做出描述，可以采用图表等方式对团队成员的情况进行对比分析。同时，在展示创业团队时，最关键之处是要强调其在专业技术、能力素质等方面的互补性，教育背景或者工作经历太单一都不利于吸引风险投资。

6. 营销计划

营销是一个涉及从产品或服务的创意产生到实现销售再到售后服务全过程的管理，也可以理解为在创业者创业团队有创业动机之时就有了初步的营销意向。在创业初期的营销计划一般可以“P”为基本范本进行安排：产品（product）规划、渠道（place）规划、促销（promotion）规划和价格（price）规划。

1）营销规划

（1）企业的总体营销计划设置；

（2）营销机构和营销人员配置；

（3）市场渗透与开拓计划设置；

（4）一般的销售程序介绍；

（5）预期的销量与发生时间；

（6）市场营销中意外情况的应急对策。

2）分销渠道设置

（1）主要阐述当期的销售渠道构成以及实现方案；

（2）销售队伍配置以及管理方法；

（3）销售渠道建设中可能遇到的问题以及解决方案；

（4）销售渠道发展方向和各阶段目标。

3）广告展示

（1）企业将如何让企业的目标顾客群知道企业将要推出的产品；

（2）企业将采用哪种类型的广告攻势；

（3）企业是参加行业会展，还是独立开设产品展销会；

（4）企业用于产品推广的费用支出是多少，是否对企业造成了巨大的资金压力；

（5）企业在推广产品上将采用怎样的措施；

（6）企业预期的产品推广效果是怎样的，如果效果不佳是否存在应对策略。

4）产品定价策略

（1）产品的价格；

（2）制定价格的依据；

（3）与同类或者功能相似的产品相比，价格是偏高还是偏低，分析这种差距的依据；

（4）消费者是否对价格敏感；如果价格发生变动，将会在多大程度上影响销量；

（5）产品价格未来的变动趋势是怎样的，为什么。

7. 生产经营计划

生产经营过程是企业的产品和服务的基本形成过程，也是企业竞争的基础。创业企业的生产经营计划是一个从零开始建设产能的过程，主要阐述创业者新产品的生产制造及经营过程。这一部分非常重要，风险投资者从这一部分要了解生产产品的原料如何采购，供应商的有关情况，劳动力和雇员的情况，生产资金的安排以及厂房、土地等。内容要详细，细节要明确。这一部分是以后投资谈判中对投资项目进行估值时的重要依据，也是创业者所占股权的一个重要组成部分。生产经营计划主要包括以下内容：

（1）厂房和生产设施配置；

（2）基础设施（水、电、通信、道路等）需求；

（3）现有的生产设备以及将要购置的生产设备；

（4）原材料需求和供应；

（5）生产工艺流程介绍，是否已经具备一定的成熟度；

（6）生产过程中的关键环节介绍；

（7）新产品的生产经营计划；

（8）未来可能的生产能力调整（压缩或者扩张）；

（9）生产经营的成本分析；

（10）品质控制和质量改进能力；

（11）生产过程需要什么样的人力资源（基层员工和管理人员）。

8. 研发计划

研发计划主要介绍投入研究开发的人员和资金计划及所要实现的目标，主要包括以下内容：

（1）未来的技术发展趋势；

（2）公司的技术研发力量；

（3）已用于研发的费用总额；

（4）研发的计划发展方向和目标；

（5）研发计划与企业整体规划的结合程度；

（6）研发的具体任务设置；

（7）研发新产品的成本预算及时间进度。

9. 财务分析与融资需求

财务分析包括过去的历史数据、今后的发展预测和投资计划。历史数据和发展预测主以财务报表（现金流量表、资产负债表、损益表）以及年度的财务总结报告书的形式体现，风险投资者将会期望从财务分析部分来判断创业企业未来经营的财务损益状况，进而判断自己的投资能否获得预期的理想回报。

1）历史财务数据

（1）3 年以来的资产负债表；

（2）3 年以来的损益表；

（3）3 年以来的现金流量表；

（4）常用的财务指标及相关分析；

（5）财务状况分析，特别是针对不良的财务表现需要指出其原因和解决方法。

2）未来的财务规划

（1）未来 3 ～ 5 年企业运营所需费用；

（2）预计的融资数额；

（3）未来 3 ～ 5 年的运营收入状况预测；

（4）未来 3 ～ 5 年的财务状况预测（财务报表展示）。

3）融资需求

融资需求的相关问题包括资金需求计划（为实现公司发展计划所需要的资金额，资金需求的时间性）、资金用途（详细说明资金用途，并列表说明）和融资方案（公司所希望的投资人及所占股份的说明，资金其他来源，如银行贷款等）。融资需求主要考虑以下几方面的问题：

（1）融资方式选择；

（2）融资抵押和担保情况；

（3）融资条件（是否拥有特别的条款）；

（4）资金注入方式，是否分期注入；

（5）投资者对企业经营管理的介入，是否拥有一定的控制权和决策权。

10. 风险分析

风险分析要详细说明项目实施过程中可能遇到的风险，提出有效的风险控制和防范手段，包括技术风险、市场风险、管理风险、财务风险、其他不可预见的风险。

1）技术和市场经营方面的风险

（1）市场不确定因素，即在市场开拓中可能遇到的障碍；

（2）生产不确定因素，即在生产中可能遇到的问题；

（3）技术发展不确定因素，即在技术研发方面可能遇到的困难。

2）管理团队方面的风险

（1）管理经验不足。管理团队成员可能很年轻，或是这个行业的新手，缺乏相关管理经验。

（2）经营期限短。如果企业刚刚成立不久，经营历史短暂也会造成各方面资源的匮乏。

（3）对企业核心人物的依赖增加管理团队的风险，即企业过分依赖核心领导者或者拥有关键技术的工程师，使企业丧失独立性。

3）财务方面的风险

（1）可能发生的现金流危机。企业的现金周转可能存在较大不确定性。

（2）企业是否有足够的清偿能力。企业如果遇上麻烦，不得不做清算，那么投资是否能回收足够资金。

（3）资源不足。企业的计划如果出现偏差且影响企业的资源积累，企业可能会缺乏足够的能力以维持长久经营。

（4）其他方面的风险

这是指除了上述三个方面以外的可能风险，如一些政策方面的不确定性，以及一些突发的事件，创业者都需要尽可能地予以阐述。

11. 投资者的退出方式

对于提交给投资者的商业计划书，如何保障投资者资金的安全退出是投资者所关注的重要问题。在阅读了前面所探讨的一系列的市场分析和营销策略等方面的分析之后，投资者必然要关注他将获得多少投资回报以及其投资资金如何退出。因此，这一部分中必须对企业未来上市公开发行股票、出售给第三者或者创业者回购投资者股份的可能性给予说明。为了使得投资者能够放心地把资金注入新创企业，所论述的退出方式应当详细具体，同时应用客观数据来说明投资者可能获得的投资收益。这一部分可以尝试从以下几个方面论述：

（1）投资者可能获得的投资回报；

（2）公开上市可能，上市后公众会购买企业股份，投资人所持有的股份就可以售出；

（3）兼并收购可能，通过把企业出售给其他公司，投资者也能够收回投资；

（4）偿付协议，如果企业未来难以上市，也不准备被收购，那么创业者将按照怎样的条款回购投资者手中的。

三、商业计划书的应用

（一）陈述商业计划书

目前，各地的大学生创业孵化园区或各地各级政府会为大学生或社会创业人士提供一些创业项目的展示机会，如创业计划大赛让他们可以将其商业计划陈述出来。一般情况下，创业者被要求在一段限定的时间范围内陈述其商业计划中的亮点。创业者应将重点和精华集中在这样一个好的机会中充分展示，着重提出市场计划的概要和付出努力的结果（销售额和利润），并摘要陈述可识别的风险以及创业者打算如何去处理它们。

（二）商业计划书的使用和执行

商业计划书设计的目的之一，即为了在创业初始运行期指导创业者的行为。战略执行中很重要的一点是要设立执行过程的控制点，有必要的话，还需为实现这种控制进行更详细的计划。

对创业者来说，商业计划书绝不能在财务资金到位、企业开始运作后就被束之高阁，而不按照它去执行。内外部环境如果发生变化，需对商业计划书进行及时的修改和完善。

商业计划失败的原因可能包括以下几点：

（1）创业者设定的目标不合理；

（2）目标不可测量；

（3）创业者没有全身心地投入到企业中去；

（4）创业者没有商业计划方面的经验；

（5）创业者意识不到企业的劣势和潜在威胁；

（6）产品或服务没有锁定目标消费者群体。

扩展阅读 3.4

即食泡菜项目商业计划书

思考题

1. 什么是商业模式？如何理解商业模式的概念？商业模式的特征有哪些？

2. 商业模式的逻辑性是什么？

3. 商业模式的分析方法是什么？
4. 如何设计一个清晰可行的商业模式？
5. 如何对商业模式进行评价？
6. 你认为商业计划书有哪些核心内容？
7. 简述商业计划书的特征。
8. 根据商业计划书的撰写目的，分析完成一份商业计划书应做好哪些基础工作。

第 4 章　初创企业的管理

学习目标

1. 理解新创企业的法律形式。

2. 理解创办企业的途径。

3. 掌握新创企业的组织结构的含义、内容、基本类型和设计原则。

4. 了解新创企业的人力资源管理中的工作分析、人力资源规划、员工招聘、培训与开发、薪酬与福利、绩效考评和劳动关系。

5. 掌握新创企业的市场营销管理含义、过程和策略。

6. 明确初创企业的财务管理理念、资金控制和财务战略。

案例导入

实体零售业遭遇重创，名创优品为何能横空出世

随着互联网技术的广泛应用，网络零售成为零售业一种蓬勃发展的新渠道，实体零售的困境早已受国家政策层面的重点关注。2018 年我国商品零售总额达 33.8 万亿元，同比增长 8.9%，其中网络零售市场规模持续扩大，总额突破 9 万亿元，同比增长 23.9%；实体零售总额达 24.8 万亿元，占比 73.4%，同比降低了约 3 个百分点。必须承认的是，网络零售占据了越来越多的市场份额，而实体零售想要逆转突围，必须寻找新的机遇。但是快速增长的门店数量、不断扩张的海外市场、日新月异的市场环境，无不使名创优品的管理面临巨大压力，它又是如何突破实体零售道路上必经的重重关卡？

名创优品的门店与其他国内外大牌相邻，首选在 Shopping Mall、商业街、大型商场、地铁临近等繁华地段。在店铺装潢上，名创优品以简洁整齐的风格为主，主打暖色柔和的灯光，从店外就可以一眼看到绝大多数店内的商品，能吸引往来顾客的目光。在产品定位上，名创优品依然专注生活小百货，从日用清洁、化妆品到文具、玩具、零食等，品种数量超过 2 万个，价格 10 元起。此外，名创优品还采用了更加国际化的中、英、日三种命名方式，所有商品也配有三种语言的产品介绍。除了这些外在形象的升级，名创优品配备了自己的产品设计师团队，不断优化原始的供应链体系，砍掉中间环节，直接从上游数以千计的供应商下大额订单取货，换取更低的成本价格，保证“物美价廉”的原始基因。

不光注重对内升级，名创优品也同样重视对外营销。从 2015 年起，名创优品就开始着手在全世界范围内参与各类与产品设计相关的比赛、展览，进一步提升品牌形象。名创优品曾与可口可乐、芝麻街、HelloKitty、故宫宫廷文化等全球知名 IP 合作推出联

名产品，时刻将品牌形象与年轻消费者喜爱的爆款 IP 绑定。截至 2019 年年底，名创优品已成功进驻了 70 多个国家和地区，全世界门店超过 3 900 家。

但是，需求存在不确定性，名创优品还缺乏有效信息的获取能力，其希望构建基于市场驱动的数字化供应链体系，用来弥补供应链上的信息鸿沟，解决名创优品运营卓越的问题。

基于市场驱动的数字化供应链体系是由智能供应链和执行供应链构成，前者解决决策问题，而后者解决的是执行力问题。结果是每个门店都有个性化的管理策略、配货模型、陈列规则等，真正实现“千店千面”。为此，名创优品基于“人、货、场”的新零售战略，主要借助 AI 技术的应用，全方位打造实体门店新零售转型方案，主要体现在人员实时监测、货品实时监管、交易场景实时监控的数字化能力，对人、货、场进行精细化管理。2019 年 6 月，经过近半年的不懈努力，名创优品信息科技中心终于迎来了市场驱动的数字供应链项目的第一期在全国上线。

在供应链管理方面，名创优品在全球实现了供应链管理的敏捷部署，将供应商生命周期纳入考核体系，对关键节点进行异常报警。同时优化国内总部与海外市场分仓供应链，提高了总部与子公司之间单据流通效率。通过多部门系统之间的交互协同，跟单职能实施系统化后，效率提升了 40%。在物流管理方面，名创优品搭建了全球通用的物流业务流程末班，实现了仓库模式、仓内结构、业务流程等方面的标准化。以名创优品广州仓为例，经过数字化部署后，每日单仓正常入库金额均高于以往峰值。

2020 年 6 月，距离市场驱动的数字化供应链第一次上线已经过去近一年。名创优品数字化转型第一期项目终于从 0 到 1 走出了第一步，项目大体上的框架已经逐步搭建完整，整体运行也进入了相对平稳的阶段。

（作者根据有关资料改编）

思考题

试分析名创优品创业成功的原因是什么?

4.1　初创企业设计

一、企业的法律形式

创业者在创立企业时，可以选择不同的企业组织形式。按照财产的组织形式和所承担的法律责任的不同，企业的法律形式可分为个人独资企业、合伙企业和公司制企业。前两种属于自然人企业，出资者承担无限责任；后者属于法人企业，出资者承担有限责任。

一、个人独资企业

个人独资企业（sole proprietorship）是由一个自然人投资，财产为投资人个人所有，投资人以其个人财产对企业债务承担无限责任的经营实体。

（一）个人独资企业应具备的条件

根据法律规定，设立个人独资企业应当具备以下五个条件。

（1）法律、行政法规定禁止从事营利性活动的人，不得作为投资申请人申请设立个人独资企业；

（2）有合法的企业名称；

（3）有投资人申报的出资；

（4）有固定的生产经营场所和必要的生产经营条件；

（5）有必要的从业人员。

（二）个人独资企业的优势和劣势

个人独资企业的优势和劣势比较如表4-1所示。

表4-1 个人独资企业的优势和劣势比较

企业类型	优　　势	劣　　势
个人独资企业	（1）注册手续简单，费用低。个人独资企业的注册手续最简单，获取相关的注册文件比较容易，费用比较低。 （2）决策自主。企业所有事务由投资人说了算，不用开会研究，也不用向董事会和股东大会做出说明。企业主可以根据市场变化情况随时调整经营方向。 （3）税收负担较轻。由于企业为个人所有，企业所得即个人所得，因此只征收企业所得税而免征个人所得税。 （4）企业主独资经营制约因素较少，经营方式灵活，注册资金比较随意	（1）信贷信誉低，融资困难。由于注册资金少，企业抗风险能力差，不容易取得银行信贷，同时面向个人的信贷也不容易。 （2）无限责任。这是最大的劣势，一旦经营亏损，除了企业本身的财产要清偿债务外，个人资产也不能幸免，加大了投资风险。 （3）可持续性低。投资人对企业的任何事务都具有绝对的决策权，其他人没有决策权，这增加了个人的责任。如果投资人发生意外事故或者犯罪、转业、破产，企业本身就不可能存在。而且，个人决策也有武断的一面，带有很强的主观随意性，不利于企业的未来发展。 （4）财务有限。企业的全部家当就是个人资产，财务有限，很难有大的发展。 （5）缺乏企业管理。这是个人独资企业的一个大问题。没有专业的管理团队，企业较难有好的发展空间

二、合伙企业

合伙企业（partnership）是由各合伙人订立合伙协议，共同出资，合伙经营，共享收益，共担风险，并对合伙企业债务承担无限连带责任的营利性组织。中国最高立法机构已表决通过，按照修订后的合伙企业的生产经营所得和其他国家有关税收的规定，由合伙人分别缴纳所得税。修订后的《合伙企业法》规定，有限合伙企业的合伙人最多不能超过 50 人。法律还规定，有限合伙企业由普通合伙人和有限合伙人组成。普通合伙人对合伙企业债务承担无限连带责任，有限合伙人以出资额为限承担有限责任。

（一）合伙企业的设立条件

根据法律规定，设立合伙企业应当具备五个条件：

（1）有两个以上的合伙人，且都是依法承担无限责任者；

（2）有书面的合伙协议；

（3）有各合伙人实际交付的出资；

（4）有合伙企业的名称；

（5）有经营场所和从事合伙经营的必要条件。

法律、法规禁止从事营利性活动的人，不得成为合伙企业的合伙人，如国家机关、学校、医院、部队等机构的人员。合伙人可以用货币、实物、土地使用权、知识产权或者其他财产权出资。对货币以外的出资需要评估作价的，可以由全体合伙人协商确定，也可以由全体合伙人委托法定评估机构进行评估。经全体合伙人协商一致，合伙人也可以用劳务出资。

合伙协议是合伙企业成立的依据，也是合伙人权利和义务的依据，必须以书面形式订立，且经过全体合伙人签名、盖章方能生效。合伙人依照协议享有权利，并承担责任。经全体合伙人协商一致时，可以修改或者补充合伙协议。

签订合伙协议时，需要写明以下事项：

（1）合伙企业的名称和主要经营场所的地点；

（2）合伙目的、合伙企业的经营范围；

（3）合伙人的姓名及其住所；

（4）合伙人出资的方式、数额和缴付出资的期限；

（5）利润分配和亏损分担办法；

（6）合伙企业事务的执行；

（7）入伙与退伙协议；

（8）合伙企业的解散与清算；

（9）违约责任。

（二）合伙企业的优势和劣势

合伙企业的优势和劣势如表 4-2 所示。

表 4-2　合伙企业的优势和劣势比较

企业类型	优　　势	劣　　势
合伙企业	（1）注册手续简便，费用低 （2）有限合伙承担有限责任，易吸引资金和人才 （3）税收较低。和独资企业一样，只需要缴纳个人所得税	（1）无限责任 （2）易内耗。合伙人之间一旦有嫌隙，企业决策就难以达成一致意见，容易互相推诿，业务开展困难 （3）合伙人财产转让困难——法律要求严格，向外转让必须经全体合伙人同意

三、公司制企业

所谓公司制企业，是指在中国境内设立的有限责任公司和股份有限公司，两者均为企业法人。有限责任公司，股东以其出资额为限对公司承担责任，公司以其全部资产对公司的债务承担责任；股份有限公司，其全部资本分为等额股份，股东以其所持股份对公司承担责任，公司以其全部资产对公司的债务承担责任，公司股东作为出资者按投入公司的资本额享有所有者的资产收益、重大决策和选择管理者等权利。公司享有由公司投资形成的全部私人财产权，依法享有民事权利，承担民事责任。以上两种形式的企业为中国现有公司制企业的重要组成部分，它们的概念和运作形式虽然各具法律规定，但是有三点是相同的：①无论何种经营方式，都以营利为目的；②必须合法经营，从事商业牌照内指定的经营范围；③两者都要以企业的资产承担债务关系。

（一）有限责任公司

1. 有限责任公司的设立条件

（1）股东符合法定人数。法定人数是指法定资格和所限人数两重含义。法定资格是指国家法律、法规和政策规定的可以作为股东的资格。法定人数是《中华人民共和国公司法》（以下简称《公司法》）规定的设立有限责任公司的股东人数。《公司法》对有限责任公司的股东限定为 2 ～ 50 人。

（2）股东出资达法定资本的最低限额。公司必须有充足的资金才能正常运营。股东没有出资，公司就不可能设立。股东可以用货币出资，也可以用实物、工业产权、非专利技术、土地使用权作价出资。有限责任公司全体股东或者有限公司全体发起人的货币出资金额，不得低于公司注册资本的 30%。

（3）股东共同制定章程。制定有限责任公司章程是设立公司的重要环节。公司章程由全体出资者在自愿协商的基础上制定。经全体出资者同意，股东应当在公司章程上签名、盖章。

（4）拥有公司名称，建立符合有限责任公司要求的组织机构。设立有限责任公司，除其名称应符合企业法人名称的一般性规定外，还必须在公司名称中标明“有限责任公司”或“有限公司”。建立符合有限责任公司要求的组织机构，是指有限责任公司组织机构的组成、产生、职权等符合《公司法》规定的要求。

（5）有固定的生产经营场所和必要的生产经营条件。

2. 有限责任公司的优缺点

有限责任公司的优缺点如表 4-3 所示。

表 4-3　有限责任公司的优缺点

公司类型	优　　点	缺　　点
有限责任公司	（1）设立程序简便 （2）便于股东对公司的监控，公司秘密不易被泄露 （3）股权集中，有利于增强股东的责任心	（1）只有发起人以集资方式筹集资金，且人数有限，不利于资本大量集中 （2）股东股权的转让受严格的限制，不利于用股权转让的方式规避风险

（二）股份有限公司

1. 股份有限公司的设立条件

（1）发起人符合法定的资格，达到法定的人数。发起人的资格是指发起人依法取得的创立股份有限公司的资格。股份有限公司的发起人可以是自然人，也可以是法人，但其中须有过半数的发起人在中国境内有住所。设立股份有限公司，必须达到法定的人数，应有 5 人以上的发起人。国有企业改建为股份有限公司的，发起人可以少于 5 人，但应当采用募捐设立方式。规定发起人的最低限额，是设立股份有限公司的国际惯例。如果发起人的最低限额没有规定，发起人太少则难以履行发起人的义务，同时少数发起人可能损害其他股东的合法利益。对发起人的最高限额则无规定。

（2）发起人认缴和向社会公开募集的股本达到法定的最低限额。股份有限公司须具备基本的责任能力，为保护债权人的利益，设立股份有限公司必须要达到法定资本额。

发起人可以用货币出资，也可以用实物、工业产权、非专利技术、土地使用权作价出资。发起人以货币出资时，应当缴付现金。发起人以货币以外的其他财产权出资时，必须进行评估作价，核实财产，并折合为股份，且应当依法办理其财产权的转移手续，将财产权由发起人转归公司所有。

（3）股份发行、筹办事项符合法律规定。股份发行、筹办事项符合法律规定，是设立股份有限公司所必须遵循的原则。股份的发行是指股份有限公司在设立时为了筹集公司资本，出售和募集股份的法律行为。这里讲的股份的发行是设立发行，是在设立公司的过程中，为了组建股份有限公司，筹集组建公司所需资本而发行股份的行为。设立阶段的发行分为发起设立发行和募集设立发行两种。发起设立发行是指由公司发起人认购应发行全部股份的行为；募集设立发行是公司发起人只认购公司应发行股份的一部分，其余部分向社会公开募集，并由社会公众认购该股份的行为。股份有限公司的资本划分为股份，每一股的金额相等。公司的股份采取股票的形式，股份的发行实行公开、公平、公正的原则，且必须同股同权、同股同利。同次发行的股份、每股的发行条件、发行价格应当相同。以发起方式设立股份有限公司的，发起人以书面认定公司章程规定及发行的股份后，应缴纳全部股款。

以募集方式设立股份有限公司的，发起人认购的股份不得少于公司股份总数的35%，其余股份应当向社会公开募集。发起人向社会公开募集股份时，必须依法经国务院证券管理部门批准，并公告招股说明书，制作认股书，由依法批准设立的证券经营机构承销，签订承销协议，同银行签订代收股款协议，由银行代收和保存股款，向认股人出具收款单据。招股说明书应写明下列事项：发起人认购的股份数；每股的票面金额和发行价格；无记名股票的发行总数；认股人的权利、义务；本次募股的起止期限及逾期未募足时认股人可以撤回所认股份的说明。

（4）发起人制定公司章程，并经创立大会通过。股份有限公司的章程，是股份有限公司重要的文件，其中规定了公司最重要的事项。它不仅是设立公司的基础，也是公司及其股东的行为准则。因此，公司章程虽然由发起人制定，但以募集设立方式设立股份有限公司的，必须召开由认股人组成的创立大会，并经创立大会决议过。

（5）拥有公司名称，建立符合股份有限公司要求的组织机构。名称是股份有限公司作为法人必须具备的条件。公司名称必须符合企业名称登记管理的有关规定，股份有限公司的名称还应标明“股份有限公司”字样。股份有限公司必须有一定的组织机构，对公司实行内部管理和对外代表公司。股份有限公司的组织机构是股东大会、董事会、监事会和经理。股东大会是由股东组成的公司权力机构，公司的一切重大事项都由股东大会做出决议；董事会是执行公司股东大会决议的执行机构；监事会是公司的监督机构，依法对董事、经理和公司的活动实行监督；经理由董事会聘任，主持公司的日常生产经营管理工作，组织实施董事会决议。

（6）有固定的生产经营场所和必要的生产经营条件。自有房产的提交房屋产权证复印件；租赁房屋的提交租赁协议复印件以及出租方的房屋产权证复印件。有关房屋未取得房屋产权证的，属城镇房屋的，提交房地产管理部门的证明或者竣工验收证明、购房合同及房屋销售许可证复印件；属非城镇房屋的，提交当地政府规定的相关证明。出租方为宾馆、饭店的，提交宾馆、饭店的营业执照复印件。使用军队房产作为住所的，提交《军队房地产租赁许可证》复印件。

将住宅改变为经营性用房的，属城镇房屋的，还应提交《登记附表—住所（经营场所）登记表》及所在地居民委员会（或业主委员会）出具的有利害关系的业主同意将住宅改变为经营性用房的证明文件；属非城镇房屋的，提交当地政府规定的相关证明。

2. 股份有限公司的优缺点

股份有限公司的优缺点如表 4-4 所示。

表 4-4　股份公司的优缺点

公司类型	优　　点	缺　　点
股份有限公司	（1）可迅速聚集大量资本，可广泛聚集社会闲散资金形成资本，有利于公司的成长 （2）有利于分散投资者的风险 （3）有利于接受社会监督	（1）设立的程序比较严格、复杂 （2）公司抗风险能力较差，大多数股东缺乏责任感 （3）大股东持有较多股权，不利于小股东的利益 （4）公司的商业秘密容易被泄露

（三）有限责任公司与股份有限公司的比较

有限责任公司和股份有限公司都属于公司制的企业，它们既存在相同之处，也存在很大的异同，如表 4-5 所示。

表 4-5　有限责任公司和股份有限公司比较

<table>
<tr><th colspan="2">项　　目</th><th>有限责任公司</th><th>股份有限公司</th></tr>
<tr><td colspan="2">共同点</td><td colspan="2">（1）股东都对公司承担有限责任，有限责任的范围都以股东对公司的投资额为限
（2）股东的财产和公司的财产是相分离的，股东只以其对公司的投资额承担责任
（3）对外都是以公司的全部资产承担责任</td></tr>
<tr><td>不同点</td><td>成立的条件和募集资金的方式</td><td>（1）股东符合法定人数
（2）股东出资达到法定资本最低限
（3）股东共同制定公司章程
（4）有公司名称，建立符合有限责任公司要求的组织机构
（5）有固定的生产经营场所和必要的生产经营条件</td><td>（1）发起人符合法定人数
（2）发起人认缴和向社会公开募集的股本到法定资本最低限
（3）股份发行、筹办事项符合法律规定
（4）发起人制定公司章程，并经创立大会通过
（5）拥有公司名称，建立符合股份有限公司要的组织机构
（6）有固定的生产经营场所和必要的生产经营条件</td></tr>
</table>

续表

项　目		有限责任公司	股份有限公司
不同点	股东人数限制	有限责任公司有最低限和最高限的限制	股份有限公司只有最低限的限制
	转让股份的难易程度	有限责任公司转让股东出资的限制较多	股份有限公司除对发起人、公司董事、监事、经理的股份转让有限制外，其他转让比较自由
	形式	在有限责任公司中，股东的股权证明是出资说明书，它是不能转让、流通的	在股份有限公司中，股东的股权证明是股票，它是公司签发的证明股东所持股份的见证，可以自由转让流通
	财务状况公开程度	有限责任公司由于人数有限，财务会计报表可以不经注册会计师的审计，也可以不存档和公告，只要按规定送交各股东即可	股份有限公司由于股东人数众多，很难分送，因此会计报表必须要经过注册会计师的审计并出具报告，还要存档以便股东查阅；如是经募集设立方式成立的，还要公告务会报告
	股东会、董事会权限大小和两权分离程度	在有限责任公司中股东会的限较大，董事一般由股东自己兼任，所有权和经营权的分离程度较小	在股份有限公司中，由于人多且分散，召开股东会比较困难，所以股东会的权限有限，董事会的权限较大，所有权和经营权的分离程度也比较大

4.2 新创企业的途径

对于创业者而能言，新创企业的途径包括创办新企业、特许经营及收购现有企业。设立企业从事经营活动，必须在工商行政管理部门办理登记手续，领取营业执照；如果从事特定行业的经营活动，还须事先取得相关主管部门的批准文件。创业者需要了解《中华人民共和国企业登记管理条例》（以下简称《企业登记管理条例》）、《中华人民共和国公司登记管理条例》（以下简称《公司登记管理条例》）等工商管理法规。设立特定待业的企业，还有必要了解有关开发区、高科技园区、软件园区（基地）等方面的法规及有关地方规定，这样有助于选择创业地点，以享受税收等优惠政策。

我国实行法定注册资本制。如果创业者不是以货币资金出资，而是以实物、知识产权等无形资产或股权、债权等出资，创业者还需要了解有关出资、资产评估等法规规定。在企业设立后，需要办理税务登记，需要会计人员处理财务，这其中涉及税法和财务制度，创业者需要了解相关规定。企业还需要聘用员工，这其中涉及《劳动法》和社会保险问题，所以也需要了解劳动合同、试用期、失业保险等诸多规定。

一、创办新企业

（一）新企业名称设计

企业及产品的名称对顾客的选择和企业竞争有直接影响，因而对新企业的发展也至关重要。所以，在成立新企业前，需要精心设计企业的名称。一个响亮的企业名称，容易引起顾客美好的联想，对于提高产品的知名度与竞争力大有裨益。例如，“万宝路”“可口可乐”“美的”“联想”“Sony”等脍炙人口的企业名称都给消费者留下了深刻和美好的印象。

1. 企业命名的基本要求

企业名称是一个企业区别于其他企业或组织的特定标准。总体上来说，新企业的名称要有高度的概括力和强烈的吸引力，做到“名正言顺”。“名正”是指企业名称首先要合法，需要遵守《企业名称登记管理规定》和《企业名称登记管理实施办法》，到工商行政管理部门申请注册。“言顺”是指企业名称要顺口响亮，从传播的角度尽可能朗朗上口。具体来说，企业命名要符合以下要求：

（1）企业名称具有唯一性、不可扩展性的特点，所以企业名称应该强化标志性和识别功能，避免雷同；

（2）企业名称重要的特点之一是可区别性，所以应该避免无特征的企业名称，要突出名称的个性；

（3）从广义上说，企业的名称系统既包括企业名称，也包括产品名称、企业域名、企业商标和品牌名称等，所以这些名称应该注意统一性；

（4）企业名称要注意天时、地利、人和。天时就是要注意挖掘企业名称的时代内涵，地利就是企业起名要拓展企业名称的历史潜能，人和就是企业名称要开发名称的文化底蕴。企业名称尽量要顺口、顺耳、顺眼、顺当。“顺口”就是易读易拼，“顺耳”要求名称易认易听，“顺眼”表现为易写易看，“顺当”则要求名称易记易传。

2. 企业命名的方法和途径

企业名称的命名技巧和常用的方法较多，这里简单介绍几种。

（1）段式命名法。这具体包括“一段式命名法”（姓氏，如周记）、“二段式命名法”（姓氏 + 行业，如王氏车行）、“三段式命名法”（地名 + 序号 + 行业，如河南第三棉纺厂）和“四段式命名法”（行政区划 + 字号 + 行业 + 组织形式，如大连义利食品有限公司）。

（2）吉利命名法。用字图吉利、读音讨口彩，如兴隆有限公司、鑫盛车行等。

（3）幽默命名法。借用幽默的词汇或民间口语化用词作为名称，如傻子瓜子、大脚鞋店、傻哥靓炒等。

（4）历史或人名命名法。借用突出著名的历史事件，或者借用古人名、创始人等名人效应命名，如孔府家酒、丰田汽车、戴尔电脑、希尔顿饭店、李宁体育用品等。

（5）典故命名法，如狗不理包子、全聚德饭庄、过桥米线等。

（6）价格命名法。其主要是暗示价格幅度，如十元店、一元店等。

此外，常用的企业命名法还有联想命名法、对象命名法、特征命名法、专用字命名法等。企业名称来源除了创业者自己命名外，还可以通过对外征求、借助于广告公司或命名公司及电脑公司等途径实现。

3. 企业名称系统管理

企业的名称系统包括企业名称、产品名称、企业域名、企业商标和品牌名称等。产品命名方法有效能命名法（如减肥茶）、成分命名法（如人参蜂王浆）、工艺命名法（如二锅头）、外形命名法（如蝙蝠衫）、比喻命名法（如长寿面）等。品牌名称是某一企业生产的产品中某一品种的标识，企业可以拥有多个品牌，如宝洁公司的海飞丝、飘柔和潘婷等。另外，知名度高的品牌还可以进行适当的扩展，如海尔的品牌已从冰箱逐步扩充至电视、手机、电脑甚至医药等多个领域。常用的品牌命名方法有象声命名法（如娃哈哈）、双关命名法（如富康汽车）、谐音命名法（如盖天力）、创词命名法（如索尼）、数字命名法（如999胃泰）等。此外，随着信息化的不断发展，企业网络域名也日趋重要，企业要注意域名的编码规则、域名的一般格式、域名的申请途径、域名的法律保护及域名的命名方法等。

（二）企业选址

1. 创业选址的重要性

从世界各地新创企业成功和失败的经验来看，选址的重要性不言而喻。在众多开业不到两年就关门的企业中，由于选址不当所导致的企业失败数量占总量的50%以上。这是因为企业竞争力的内容具有复杂性和多层次性，一家新创企业的持续竞争力必然受该地区商业环境质量的强烈影响。可以想象，倘若没有高质量的交通运输基础设施，新创企业就无法高效地运用先进的物流技术；假如当地的司法系统不能公平迅速地解决争端，新创企业就难以有效和正常地运作。另外，社会治安、企业税率优惠、社区文化等商务环境因素也都深刻地影响着新创企业。

从深层次上看，选址对于创业成功的重要性还在于区域竞争优势的独特性和集聚等效应。迈克尔•波特认为，各个地域中存在的“知识”“关系”及“动机”通常具有难以被其他地域竞争对手所模仿的特性。在一个发达的经济区域中，比地理位置优劣对商务环境更具影响力的因素是，该地区是否形成了具有竞争力的“团簇”（或称集群），这种团簇“构成了企业竞争中最为重要的微观经济基础”。在比较了新创企业集聚的成本和收益之后，波特认为，集聚的正效应要远大于负效应。

2. 影响创业选址的因素

新企业选址是一个较复杂的决策过程，涉及的因素比较多。归纳起来，影响选址的因素主要有五个方面，即经济因素、技术因素、政治因素、社会文化因素和自然因素。

1）经济因素

在关联企业和关联机构相对集中地区的新企业容易成功。波特在研究了全球产业竞争力的“钻石模型”后指出，某一领域内相互关联的企业和机构在选址上进行集中后可以形成所谓“团簇”，这是一个地区经济竞争力的标志。若一家企业有幸建在一个好的企业聚集区，区内的各家企业间就会产生竞争与合作两种关系。一方面，竞争对手之间展开激烈的竞争以求在竞争中胜出并保住市场；另一方面，相关行业间的企业及地方机构间还存在广泛的合作关系，一群具有竞争力的企业和一系列高效运转的机构共同实现该地区的繁荣。因此，新企业在选址时都应考虑将自己建在一个好的产业“团簇”中。

2）技术因素

新技术对高科技创业企业的成功是显然的，但技术本身的进步却更加难以预测。从某种意义上说，技术市场的变化是最为剧烈和最具不确定性的因素。因此，为了能够了解和把握技术变化的趋势，许多企业在创业选址时，常常考虑将企业建在技术研发中心附近，或建在新技术信息传递比较迅速、频繁的地区。例如，美国加州的硅谷在 20 世纪 50 年代以后逐渐成为美国电子工业的基地。不仅是高科技创业企业的“摇篮”，而且以电子工业为基础所形成的“高科技风险企业团簇”被认为是“新世纪产业集群的典范”。

3）政治因素

政府对市场的规制也是值得创业者重视的一个方面，创业者应该提前评价已存在和可能出现的影响产品或服务、分销渠道、价格及促销策略等的法律法规问题，将企业建立在政府支持该产业的区域。投资者在国外建厂时，更应该考虑不同国家的政治环境，如国家政策是否稳定、有无歧视政策等。

4）社会文化因素

由于生活态度的不同，人们对安全、健康、营养及对环境的关心程度也不同，这些都会影响创业者所生产产品的市场需求。

5）自然因素

为了新企业的正常和健康运转，选址显然需要考虑地质状况、水资源的可利用性、气候的变化。

上述各种因素对不同的行业企业来说有不同的考虑侧重点。比如，制造业需侧重考虑原料与劳动力等生产因素，服务业则需侧重考虑顾客消费水平、市场竞争状况等市场因素。

3. 选址的步骤

一个科学而行之有效的选址过程，一般遵循市场信息的收集和研究、多个地点的评价、最终厂址的确定等步骤。

1）市场信息的收集和研究

在企业创业的早期阶段，不只是选址阶段，信息对创业者来说都是非常重要的。有研究表明，市场信息的使用会影响企业的绩效，而市场信息与选址决策衔接相随的关系更是显而易见。因此，根据已经列出的影响选址的五个因素，创业者自己或借助专业的中介机构收集市场信息是出色完成选址决策的第一步。

2）多个地点的评价

通过对市场上各种信息的收集、汇总、整理及初步的定性分析后，创业者应该已经得出若干个新企业厂址的候选地，这时便可以借助科学的、定量的方法进行评价。目前，最常用的选址评价方法有量本利分析法、综合评价法、运输模型法、重心法和引力模型法等。量本利分析法只是从经济角度进行选址的评价，而影响选址的因素是多方面的，不一定完全能用经济利益来衡量，所以采用多因素的综合评价方法较为常见。多因素评价先为不同的因素赋以权重，再为不同选择下的各因素打分，最后求出各方案的加权平均值以得出最佳方案。当选址对象的输入与输出成本是决策的主要变量时，运输模型法则是一个很好的决策方法。

3）确定最终地点

创业者依据已经汇总整理的市场信息，根据其所要进入的行业的特点及自己企业的特征，借助以上一种或几种方法进行评估，最终完成选址决策，从而迈出创业至关重要的第一步。

（三）企业注册

企业法人登记注册的主要事项包括企业法人名称、住所、经营场所、法定代表人、经济性质、经营范围、经营方式、注册资金、从业人数、经营期限、分支机构。

1. 注册流程

1）企业名称预先核准

企业法人只准使用一个名称。企业法人申请登记注册的名称由登记主管机关核定，经核准登记注册后在规定的范围内享有专用权。企业名称一般由以下 4 个部分依次组成：企业所在地行政区划名称、字号（商号）、行业（或经营）特点、组织形式，如中国东海化工股份有限公司。企业只准使用一个名称，在某一个工商行政管理局辖区内，冠以同一行政区划名称的企业不得与登记注册的同行业企业名称相同或近似。

我国在公司登记工作中实行公司名称预先核准制。预先核准的公司名称保留期为 6 个月。预先核准的公司名称在保留期内，不得用于从事经营活动，不得转让。申请公司名称预先核准时应由创建公司的代表或其委托的代表人向登记主管部门提出名称预先核准的申请，并提交如下文件：有限责任公司的全体股东或者股份公司的全体发起人签署的公司名称预先核准申请书；全体股东或者发起人指定代表或者共同委托代理人的证明；国家市场监督管理总局规定要求提交的其他文件。设立股份有限公司，由全体发起人指定的代表或者共同委托的代理人向公司登记机关申请名称预先核准；设立有限责任公司，由全体股东指定的代表或者共同委托的代理人向公司登记机关申请名称预先核准。

2）办理工商营业执照

企业法人办理开业登记，应当在主管部门或者审批机关批准后 30 日内，向登记主管机关提出申请；没有主管部门、审批机关的企业申请开业登记，由登记主管机关进行审查。登记主管机关应当在受理申请后 30 日内，做出核准登记或者不予核准登记的决定。

申请企业法人开业登记，应当提交下列文件、证件：组建负责人签署的登记申请书；主管部门或者审批机关的批准文件；组织章程；资金信用证明、验资证明或者资金担保；企业主要负责人的身份证明；住所和经营场所使用证明；其他有关文件、证件。

申请企业法人开业登记的单位，经登记主管机关核准登记注册，领取《企业法人营业执照》后，企业即告成立。企业法人凭据《企业法人营业执照》可以刻制公章、开立银行账户、签订合同，进行经营活动。登记主管机关可以根据企业法人开展业务的需要，核发《企业法人营业执照》副本。

2. 工商注册的基本条件

根据《中华人民共和国企业法人登记管理条例施行细则》规定，具备企业法人条件的全民所有制企业、集体所有制企业、联营企业、在中国境内设立的外商投资企业（包括中外合资经营企业、中外合作经营企业、外资企业）和其他企业，应当根据国家法律法规，申请企业法人登记。

申请企业法人登记，应当具备下列条件（外商投资企业另列）：有符合规定的名称和章程，有国家授予的企业经营管理的财产或者企业所有的财产，并能够以其财产独立承担民事责任；有与生产经营规模相适应的经营管理机构、财务机构、劳动组织以及法律或者章程规定必须建立的其他机构；有必要的并与经营范围相适应的经营场所和设施；有与生产经营规模和业务相适应的从业人员，其中专职人员不得少于 8 人；有健全的财会制度，能够实行独立核算，自负盈亏，独立编制资金平衡表或者资产负债表；有符合规定数额并与经营范围相适应的注册资金，国家对企业注册资金数额有专项规定的按规定执行；有符合国家法律法规和政策规定的经营范围；法律法规规定的其他条件。

申请营业登记，应当具备下列条件：有符合规定的名称；有固定的经营场所和设施；有相应的管理机构和负责人；有经营活动所需要的资金和从业人员；有符合规定的经营范围；有相应的财务预算。

3. 不同的法律形式登记注册

1）个人独资企业的注册

申请设立个人独资企业，可以由投资人或者其委托的代理人向个人独资企业所在地的登记机关提交设立申请书、投资人身份证明、生产经营场所使用证明等文件。委托代理人申请设立登记时，应当出具投资人的委托书和代理的合法证明，以及国家市场监督管理总局规定提交的其他文件。

2）合伙企业的注册

设立合伙企业，应当由全体合伙人指定的代表或者共同委托的代理人向企业登记机关提交全体合伙人签署的设立登记申请书、全体合伙人的身份证明、全体合伙人指定代表或者共同委托代理人的委托书、合伙协议、全体合伙人对各合伙人认缴或者实际缴付出资的确认书、主要经营场所证明、国务院工商行政管理部门规定提交的其他文件。全体合伙人决定委托执行事务合伙人的，应当向企业登记机关提交全体合伙人的委托书。执行事务合伙人是法人或者其他组织的，还应当提交其委派代表的委托书和身份证明。合伙企业设立分支机构，应当向分支机构所在地的企业登记机关申请登记，领取营业执照。

合伙企业的营业执照签发之日，为合伙企业的成立日期。合伙企业领取营业执照前，合伙人不得以合伙企业名义从事经营活动。

3）有限责任公司的注册

设立有限责任公司，应当由全体股东指定的代表或者共同委托的代理人向公司登记机关申请设立登记。设立有限责任公司，应提交如下文件：公司法定代表人签署的设立登记申请书；全体股东指定代表或者共同委托代理人的证明；公司章程；依法设立的验资机构出具的验资证明，法律、行政法规另有规定的除外；股东首次出资是非货币财产的，应当在公司设立登记时提交已办理其财产权转移手续的证明文件；股东的主体资格证明或者自然人身份证明；写明公司董事、监事、经理的姓名、住所的文件以及有关委派、选举或者聘用的证明；公司法定代表人任职文件和身份证明；企业名称预先核准通知书；公司住所证明；国家市场监督管理总局规定要求提交的其他文件。法律、行政法规或者国务院规定设立有限责任公司必须报经批准的，还应当提交有关批准文件。

除上述必备文件外，还应提交打印的股东名录和董事、经理、监事名录各一份。根据规定的步骤程序，提交申请材料，领取《受理通知书》，缴纳登记费并领取执照。

4）股份有限公司的注册

设立股份有限公司，应当由董事会向公司登记机关申请设立登记。申请设立股份有限公司，应当提交下列文件：公司法定代表人签署的设立登记申请书；董事会指定代表或者共同委托代理人的证明；公司章程；依法设立的验资机构出具的验资证明；发起人首次出资是非货币财产的，应当在公司设立登记时提交已办理其财产权转移手续的证明文件；发起人的主体资格证明或者自然人身份证明；载明公司董事、监事、经理姓名、住所的文件以及有关委派、选举或者聘用的证明；公司法定代表人任职文件和身份证明；企业名称预先核准通知书；公司住所证明；国家市场监督管理总局规定要求提交的其他文件。以募集方式设立股份有限公司的，还应当提交创立大会的会议记录；以募集方式设立股份有限公司公开发行股票的，还应当提交国务院证券监督管理机构的核准文件。法律、行政法规或者国务院规定设立股份有限公司必须报经批准的，还应当提交有关批准文件。

二、特许经营

特许经营是一种商业组织形式，其中已经具有成功产品或服务的企业（特许授权）将其商标和企业经营方法授权给其他企业（特许加盟商）使用，并由此换取加盟费和特许权使用费。相对建立新企业和收购而言，取得某种商品或在某个市场进行经营的特许经营权是创业者进入市场风险最小的一种方式。

（一）特许经营的内涵

1. 特许经营的定义

特许经营是指使供应商（特许人）能够确保经营商（受许人）在双方一致认可的条件下，销售某种特定产品或服务的分销系统。在大多数情况下，受许人会被授予在某一特定区域分销和销售商品或服务的权利。受许人是企业的所有者，并且需要支付特许人一定的费用或销售佣金。因此，特许经营是一种混合型创业活动，即企业家拥有自己的企业，但该企业同时从属于某一特许经营组织。

特许经营由三个要素组成：特许总部；特许分店；规定了转让包含全套经营方式、管理技巧、无形资产在内的协议。

特许经营是以经营权的转让为核心的一种经营方式，归纳起来具有以下特点。

（1）特许经营可由一个特许人和多个受许人组成。各受许人彼此之间没有横向联系，只与特许人保持纵向联系；特许人与受许人之间既非隶属关系、控股公司与子公司关系，也非代理关系、合伙人关系，而是一个商标、服务标志、经营管理与技术诀窍等知识产权所有人与希望在经营中使用这种产权的个人或企业之间的一种法律和商业关系，一种互利合作、共求发展的关系。在法律地位上，它们是平等的、自负盈亏的民事主体。

（2）特许经营的基础是特许人和受许人之间建立在互惠互利基础上的契约关系。特许经营体系是通过特许人与受许人一对一地签订特许合同而形成的，双方的权利、义务在合同条款中有着明确的规定。例如，各受许人拥有财产所有权、享有人事和财务自主管理权，在经营业务上接受特许人的督导，并负有向特许人支付特许使用费、指导费的义务等。

（3）特许权核心是特许人向受许人出售的技术专长、管理经验和经营之道。特许人为受许人提供全方位的服务，包括选址、培训、帮助融资和提供产品及营销计划。但特许公司拥有商标、服务标志、独特概念、专业、商业秘密、经营诀窍等有形资产与无形资产的产权，并将部分产权（如使用权）转让给受许公司以换取一定的收入。

（4）特许经营是特许人和受许人通过协议组成的分工合作体系。作为竞争核心的经营管理体系，它是一个有机的系统，以特许经营理念为核心，包括一系列要素（如商标、商号、知识产权、营业场所和区域等）和过程（如采购、广告、定价）。

2. 特许经营的分类

现在主要存在产品与商标特许经营、经营模式特许经营两种不同的特许经营体系。产品与商标特许经营是特许授权给特许加盟购买其产品和使用其商标名称的一种安排。这种方法往往能够将单一制造商与零售（或分销）网络连接起来。例如，通用汽车公司建立了一个零售商网络，它们销售通用汽车，并可以在营销活动中使用通用的商标。产品与商标特许经营主要适于在相对自治方式下经营。

经营模式特许经营是更为流行的特许经营方法。在这类特许经营中，特许授权商通过培训、广告和其他帮助等形式将一种经营模式提供给特许加盟商。快餐业、便捷储物、网络服务提供和咨询服务是这类特许经营的主要例子。

此外，按照不同的划分标准，特许经营还有许多种类型，而且不同的类型也往往意味着双方的任务。

（二）特许经营体系的设计

特许经营体系的设计包含四个方面。

1. 特许商和加盟商的关系设计

首先，要确立加盟模式。特许商通常要在设立区域主加盟商、区域的开发商、普通的加盟商还是采用承包加盟商四种关系模式中进行选择。这几种模式之间的选择涉及公司的战略发展、品牌的影响力、资源和控制能力。同一品牌在不同的时期和不同的区域可能要采取不同的模式。

其次，要寻找特许商与加盟商间的结合性因素。从根本上说，加盟商有希望独立的倾向，而特许商有希望加盟商留在体系中的愿望。要解决这两者之间的矛盾，使系统能够长期稳定地存在，特许商必须寻找将特许商和加盟商结合在一起的结合性因素。

另外，还要建立加盟商的甄选标准。选择加盟商的前提是符合公司的扩张战略，即不会在没有计划的情况下超区域发展加盟商。企业在对扩张区域内选择加盟商的性格类型、加盟主体的法律身份、个人的资信状况等都应该综合考虑。选择加盟商还需要注意的一个问题是对加盟商标准的严格执行。

2. 项目经济环境的设计

项目经济环境的设计主要涉及加盟费、市场营销基金、保证金的确立，以及对于加盟商的初期投资、加盟商的损益预测、特许商开展项目的损益预测等的计算。项目经济环境的设计绝不能拍脑袋决定，而需要通过建立项目财务预测模型，将上述费用算出来。

3. 项目法律环境的设计

法律环境的输出就是特许经营合同。特许经营合同主要反映了项目经济环境设计的结果，如合同期的长短就需要考虑加盟商的投资回收期。而专营区域的大小要以足以支撑一家门店正常经营的足够的目标顾客所在地来进行划分。需要注意的是，特许经营合同通常不是一份合同，而是一组合同，包括供货合同、房屋租赁合同、知识产权授权合同、门店员工聘用合同、与供应应商的合同等。

4. 加盟总部组织结构设计

（1）除了经常提及的市场部、财务部、信息系统部和行政部等部门外，有几个部门是特许经营所特定的：扩张部门，也称开发部。从门店的扩张规划、商业调查、门店选址到加盟商的招募、门店的筹建都是这个部门的职责。这个部门是特许经营中技术性最强的。

（2）培训部门。其职责是策划在何时何地、以怎样的频次为什么层次的员工进行什么内容和培训。这是特许经营的核心部门之一。

（3）监控部门。它的主要职能是通过各种方法来确保各种层次的一致性在门店中得以体现，以使品牌的统一性能够得到加强。

（4）加盟关系部。除了能够使加盟商获得足够的收益外，同时需要与加盟商建立良好的关系，这就是加盟商关系部的主要职能。

三、收购现有企业

创业者看好并确定要进入某一市场，在有资金有技术却无市场渠道时，通过收购一家运营中的企业，利用其创业平台，借助其在技术、市场、产品管理及企业文化等方面的特长，快速实现个人的创业梦想，这也是一种常见的市场进入模式。

（一）收购的含义

收购是指买方从卖方企业购入资产或股票以获得对卖方企业的控股权，该公司的法人地位并不消失。收购是企业资本经营的一种形式，既有经济意义，又有法律意义。收购的经济意义是指一家企业的经营控制易手，原来的投资者丧失了对该企业的经营控制权。收购的实质是取得控制权。从法律意义上讲，收购是指持有一家上市公司发行在外的股份的 30% 时发出要约收购该公司股票的行动，其实质是购买被收购企业的股权。收购的方式主要包括吸收式收购、控股式收购、购买式收购、公开收购、杠杆收购等。

（二）收购企业的优缺点

1. 收购企业的优点

收购一家在市场上崭露头角的企业而非创业者白手起家新建一家企业作为创业的平台具有一定的普遍性。收购现有企业比较建立新企业的好处体现在以下几个方面。

（1）收购一家理想企业可以帮助创业者快速获取被收购企业的市场经营优势。通过收购能够取得被收购方现有的资源能力条件，这些优势条件既包括原来公司在技术、市场、专利、产品管理等方面的特长，也包括其中较为优秀的运作能力及组织能力等。

（2）收购一家理想企业可以实现合理的避税。企业可以利用税法中亏损递延条款来达到避税目的，减少纳税义务。

（3）收购一家理想企业可以通过利用原有企业的原料来源、生产能力、销售渠道和已占领的市场，大幅度地降低发展过程中的不确定性，减低投资风险和成本，同时大大缩短投入产出的时间差。

（4）收购一家理想企业可以有效地降低进入新行业的障碍。

（5）收购一家理想企业可以充分利用学习曲线效应，节约创业者的时间和精力。

2. 收购企业的缺点

虽然收购可以为创业者带来许多好处，但收购也不是没有风险，它也存在某些缺点和不足。创业者收购另一家企业的过程中及过程后主要会面临以下几类并购风险。

（1）经营风险，是指被收购企业在收购后业绩并没有预期的那么好。

（2）多付风险，是指尽管被收购企业运作很好，但高收购价格使买主无法获得一个满意的投资回报。这些情况既会影响投资者和债权人对企业的评价，又会限制企业未来的运作。

（3）财务风险，是指通过借债为收购融资，制约了买主为经营融资并同时还债的能力。在短时间内，这种风险将使企业由于缺乏足够的资金而痛失好的投资机会；从长期来看，这种风险将对企业长远规划的实现造成威胁。

千里之堤，溃于蚁穴，对任何一类风险防范的懈怠，都有可能使收购活动功亏一篑。

（三）收购企业的类型

收购企业是一项较大工程，涉及创业者和目标企业方方面面的事情。因此，在收购企业前，应该了解收购的类型，从而明确收购的方式。

1. 按照支付方式分类

按照支付方式，收购主要有两种类型：资产收购和股份收购。资产收购是指买方购买另一家公司的部分或全部资产。股份收购则是指买方直接或间接购买另一家公司的部分或全部股份，从而成为被收购公司的股东，相应地承担公司的债务。在股权收购的情况下，按照收购方所获得的股份数量（比例），收购又可以分为三种情况：一是参股收购，即收购方仅购得被收购公司的部分股权，收购方仅以进入被收购公司的董事会为目的。二是控股收购，即收购方购得被收购公司达到控股比例的股权，即达到控股股份。所谓控股股份，理论上是指持有投票权的股票（普通股）的 51%，但在被收购公司有相当大的规模而股权又比较分散的情况下，往往控制了 30% 左右的股权，有时甚至 25% 就足以有效地控制整个公司，达到控股的目的。三是全面收购，即收购方购得被收购公司的全部股份，被收购公司成为收购公司的子公司。第二种收购行为和第三种收购行为是创业者比较青睐的方式。

2. 按收购双方行业关联性分类

按照收购双方行业关联性，收购可分成三类：横向收购、纵向收购和混合收购。

（1）横向收购是指同属于一个产业或行业，生产或销售同类产品的企业之间发生的收购行为。实质上，横向收购是两个或两个以上生产或销售相同相相似产品的公司间的收购，其目的在于消除竞争、扩大市场份额、增加收购公司的垄断实力或形成规模效应。

（2）纵向收购是指生产过程或经营环节紧密相关的公司之间的收购行动。实质上，纵向收购是处于生产同一产品、不同生产阶段的公司间的收购，收购双方往往是原材料供应者和产成品购买者，所以对彼此的生产状况比较熟悉，有利于收购后的相互融合。

（3）混合收购又称复合收购，是指生产和经营彼此没有关联的产品或服务的公司之间的收购行为。

3. 按持股对象是否确定分类

按持股对象是否确定分类，收购主要包括要约收购和协议收购。

要约收购是指收购人为了取得上市公司的控股权，向所有股票持有人发出购买该上市公司股份的收购要约，收购该上市公司的股份。收购要约要写明收购价格、数量及要约期间等收购条件。

协议收购是指由收购人与上市公司特定的股票持有人就收购该公司股票的条件、价格、期限等有关事项达成协议，由公司股票持有人向收购人转让股票，收购人支付资金，达到收购的目的。

4. 按收购者预定收购目标公司股份的数量分类

按照这种方法，收购可以分为两类：部分收购和全面收购。

部分收购是指投资者向全体股东发出收购要约，收购占一家上市公司股份总数一定比例（少于 100%）的股份而获得公司控制权的行为。目标公司股东可以根据这一比例来出售自己的股份。

全面收购是指计划收购目标公司的全部股份或收购要约中不规定收购的股份数量。

法律规定其为全面收购的，收购者必须依要约条件购买全部受要约人承诺的股票。

5. 按目标公司董事会是否抵制分类

按照目标公司董事会的态度，收购主要包括善意收购和恶意收购。

善意收购，又称友好收购，是收购者事先与目标公司经营者商议，征得同意后，目标公司向收购者提供必要的资料，并且劝其股东接受公开收购要约、出售股票，从而完成收购行动的公开收购。

恶意收购，又称敌意收购，是指收购者在收购目标公司股票时，虽然该收购行动遭目标公司的反对，但收购者仍要强行收购，或者收购者事先未与目标公司协商而突然提出收购要约的行为。

（四）收购的标准和程序

1. 收购企业遵循的标准

收购虽然是创业的一种理想方式，但创业者实行收购策略的前提是必须已经物色了一家理想的目标公司。理想的目标公司的标准是什么？创业者在选择目标公司时又应该遵循怎样的标准呢？

（1）倘若目标公司管理层的管理效率低下，表现在公司的盈利能力、营运能力、真实绩效、增长能力等方面较差，这种情况下收购者比较容易得到公司股东的支持。

（2）倘若目标公司的财务资源有限、流动性差、财务杠杆水平比非目标公司高、资本扩张能力较弱，这说明目标公司的反收购能力比较差，增加了创业者收购成功的可能性。

（3）倘若目标公司的资产规模相对较小，其要求的收购资金自然也少，这在起初的融资问题上可以为创业者提供很大的缓冲。

（4）倘若目标公司的股权较分散，最大股东持股比率虽不高，但是股权流动性较好，这种情况下才有可能实现“牵一发而动全身”的目标。

2. 收购企业的程序

按照以上标准并参考专业咨询机构的意见选定目标公司后，便可进行收购活动。收购企业是一项较大工程，涉及创业者和目标企业方方面面的事情。收购企业包括四个阶段，即购买调查、风险评估、谈判签约和接管整合。

（1）购买调查阶段。企业根据其发展战略的需要制定出购买策略，并初步设计出有关目标企业的情况（如所属行业、企业规模、生产能力、科研水平、市场份额等），据此进行目标企业的搜寻，寻求购买目标，并对可供选择的目标企业进行初步调查。

（2）风险评估阶段。这一阶段的主要任务是对目标进行综合的分析评估，设计相应的购买方案，对购买范围、程序、成本等进行筹划。

（3）谈判签约阶段。通过分析、筛选、修订购买方案，最后确定具体可行的购买实施方案，并以此为基础制作收购意向书，与目标企业进行谈判。

（4）接管整合阶段。双方签订购买协议、办理相关的接管手续后，接下来的工作就是在业务、人员、技术等方面对目标企业进行整合。购买后的整合是企业购买程序的最后一环，也是决定购买成败的关键环节。

在以上的四个购买阶段中，知识产权的相关问题主要体现在调查阶段对目标企业知识产权类型与法律状态的调查、评估阶段对知识产权价值的评估及整合阶段对知识产权保护体系的整合。

4.3　新创企业的组织结构设计

对于新创企业来说，能否顺利地实现其目标，能否促使组织成员在实现组织目标的过程中做出贡献，很大程度上取决于组织结构的完善程度。因此，组织结构的设计就成为组织工作中的关键一环。

一、组织结构的含义和内容

（一）组织结构的含义

组织结构是组织内的全体成员为实现组织目标，在管理工作中进行分工协作，通过职务、职责、职权及相互关系构成的结构体系。组织结构的本质是成员间的分工协作关系，也是人们的职、责、权关系，因此组织结构又可称为权责结构。

（二）组织结构的内容

1. 职能结构

职能结构即完成组织目标所需的各项业务工作及其比例和关系。比如，一个企业有生产、技术、人力资源、营销等不同业务职能，各项工作任务都为实现企业的总体目标服务，但各部分的权责分配大有不同。

2. 层次结构

层次结构即各管理层次的构成，又称组织的纵向结构。例如，企业纵向层次大体可分为董事会、总经理、各职能部门、基层部门、班组等组织结构层次。

3. 部门结构

部门结构即各管理或业务部门的构成，又称组织的横向结构，如企业的生产部、采购部、技术研发部等。

4. 职权结构

职权结构即各层次、各部门在权力和责任方面的分工及相互关系，如董事会负责决策、经理负责执行和指挥、各部门相互协作等。

二、组织结构设计的原则

组织结构设计合理与否可以通过一定的标准来评价，这些评价标准就是组织设计时必须遵循的原则。

1. 目标一致性原则

组织结构的设计和组织形式的选择必须有利于组织目标的实现。任何组织都有其特定的目标，组织及其每一部分都应该与其特定的组织目标相联系，组织的设计与调整都应以其是否对实现组织目标有利为衡量标准。按此原则，组织设计要以事为中心，设计职务，建立机构，配备人员。

2. 专业化分工与协作原则

组织结构应能充分反映为实现组织目标所必要的各项任务和工作分工，以及相互之间的协调。为此，要做到分工合理，协作明确。一般地，分工越细，专业化水平越高，责任越明确，效率也越高，但也带来了机构增多、协作困难和协调工作量大等问题；分工太粗，机构减少，但专业化水平也低。因此，进行组织设计时，要根据需要合理确定分工。组织设计中管理层次的分工、部门的分工和职权的分工，以及各种分工之间的协调，都是专业化分工与协作原则的体现。

3. 统一指挥原则

统一指挥是指一个下级只接受一个上级的命令和指挥，同时下级只对这个上级负责。该原则要求上下级之间要形成一条纵向连续的等级链，一个下级只有一个上级领导，一个项目只能由一个人负责，一般上级不能越级指挥。

4. 管理幅度原则

管理幅度是指一个上级管理者能够直接有效地管理下属的人数。任何管理者的时间和精力都是有限的，所以管理人员有效地监督、指挥其直接下属的人数也是有限的。不同的管理者，应该结合工作的性质及被管理者的素质等具体情况来确定适合本组织的管理幅度，以便既能做到统一指挥，又能便于组织内部信息的沟通。

5. 权责对等原则

职权与职责必须对称或相等。在进行组织设计时，既要明确每一部门的职责范围，又要赋予完成其职责所必需的权力，两者必须协调一致。

6. 集权与分权相结合的原则

为了保证有效的管理，处理好集权和分权的关系，要求对组织中的重大决策及全局性的管理问题实行集权，对于局部性日常管理问题实行分权，这样才能加强组织的灵活性和适应性。

7. 精干高效原则

这一原则是衡量组织结构合理与否的主要标准。在满足组织目标所要求的业务活动需要的前提下，力求减少管理层次，精简机构和人员，提高管理效率。

8. 弹性结构原则

组织生存的环境是不断变化的，目标也必须随之不断调整，这就要求组织结构既要有相对的稳定性，又要根据组织长远目标、组织内外部环境条件的变化做出相应的调整。也就是说，组织结构要具有一定的弹性以适应变化。

三、组织结构的基本类型

在进行组织结构设计时，管理者可从一些常用的组织结构设计类型中进行选择。

（一）直线型组织结构

直线型组织结构是最古老、最简单的组织结构形式，适用于小型企业组织或应用于现场的作业管理。该结构的特点是组织中各种职务按垂直系统直线排列，各级主管人员对所属下属拥有直接职权，每个下属只接受一个上级的指令，并只能向一个直接上级报告。直线型组织结构具有结构比较简单、权力集中、责任分明、命令统一、联系快捷、决策迅速等优点。直线型组织结构的缺点是：要求主管人员知晓多种知识技能，亲自处理各种业务；在组织规模较大的情况下，所有的管理职能都集中由一人承担，而这个人往往会由于个人的知识及能力有限而感到难于应付，顾此失彼，因此可能发生较多事故；造成部门之间的协调能力较差。

1. 职能型组织结构

这一组织形式最早由泰勒提出。该结构的特点是，在组织中设置一些职能部门，分管组织的某些职能管理业务，各职能部门在自己的业务范围内有权向下级单位发布命令和指示，直接指挥下属。

职能型组织结构的优点是分工较细，责任明确，能够充分发挥职能机构的专业管理作用，减轻上级主管负担。职能型组织结构的缺点是由于各个职能部门都拥有指挥权，因而容易形成多头领导、协调困难。

2. 直线职能型组织结构

这是一种综合直线型和职能型两种类型的组织特点而形成的组织结构形式。它最早由法约尔提出。该结构的特点是，设置了两套系统，一套是按命令统一原则组织的直线指挥系统，另一套是按专业化原则组织的职能系统。直线部门的管理人员担负着实现组织目标的直接责任，并拥有对下属的指挥权；职能部门的管理人员是直线指挥人员的参谋，主要负责提供建议和信息，他们只能对下级机构进行业务指导，而不能进行直接指挥和命令。这样就保证了整个组织的统一指挥和管理，避免了多头指挥和无人负责的现象。

直线职能型组织结构的优点：既保证了统一指挥和管理，又避免了多头领导和无人负责的现象；既保持了直线型组织结构实行的直线领导、统一指挥的优点，又保持了职能型组织结构的职能管理专业化的优点；既避免了直线型组织结构管理粗放的缺点，又避免了职能型组织结构造成的多头领导的弊病。

直线职能型组织结构的缺点：各职能部门自成体系，横向联系少，协调比较困难；参谋部门与直线部门之间的目标不易统一，彼此间易产生不协调或矛盾，致使上级主管协调工作量增大。

3. 事业部型组织结构

事业部型组织结构形式最初由美国通用汽车公司的斯隆创立，故又称为“斯隆模型”。事业部型组织结构是现代大公司广为采用的一种重要的组织形式，它适用于产品多样化经营的组织，并尤为适用于市场环境复杂多变或所处地理位置分散的大型企业与巨型跨国公司。事业部型组织结构的管理原则是“集中决策，分散经营”。在该种组织形式中，企业按产品类别、地区或经营部门分别成立若干事业部。该项产品或地区的全部业务，从产品设计制造一直到销售，全由事业部负责。各事业部独立经营，单独核算，具有相对独立的利益和自主权。企业的最高管理层是企业的最高决策机构，其职责是研究和制定公司的总目标、总方针、总计划及各项策。

事业部型组织结构的优点：组织高层主管摆脱了具体的日常事务，有利于集中精力做好战略决策和长远规划，提高管理灵活性和适应性；有利于发挥事业部的主动性和积极性；有利于发展产品专业化；有利于培养和训练管理人才。

事业部型组织结构的缺点：机构重复，造成管理人员的浪费；协作较差，各事业部独立经营，相互协调困难，不能有效地利用企业的全部资源；内耗大，各事业部主管人员考虑问题往往从本部门出发，忽视整个组织的利益。

4. 矩阵型组织结构

矩阵型组织结构是由纵横两套管理系统组成的组织结构，一套是纵向的职能领导系统，另一套是为完成某一任务而组成的横向项目系统。也就是说，该结构既有按职能划分的垂直领导系统，又有按项目划分的横向领导系统。有的企业同时有几个项目需要完成，每个项目要求配备不同专长的技术人员或其他资源。为了加强对项目的管理，每个项目在总经理或厂长领导下由专人负责。其中，工作小组或项目小组一般由不同背景、不同技能、不同知识、不同部门的人员所组成。组成工作（或项目）小组后，小组成员为某个特定的项目任务而共同工作。

矩阵型组织结构适合以项目为生产主体的、需要对环境变化做出迅速而一致反应的组织使用。比如，咨询公司和广告代理商就经常采用矩阵型组织结构设计，以确保每个项目按计划要求准时完成。在复杂而动荡的环境中，采取人员组成灵活的产品管理小组形式，可以大大增强组织对外部环境变化的适应能力。

矩阵型组织结构的优点：将组织的纵向联系和横向联系很好地结合起来，有利于加强各职能部门之间的协作和配合，有利于及时沟通并解决问题；具有较强的机动性，能根据特定需要和环境的变化，保持高度民主的组织适应性；把不同部门、具有不同专长的专业人员组织在一起，有利于互相启发、集思广益，有利于攻克各种复杂的技术难题，保证圆满地完成工作任务；在发挥人的才能方面具有很大的灵活性。

矩阵型组织结构的缺点：在资源管理方面存在复杂性；稳定性差，小组成员是由各职能部门临时抽调组成的，任务完成以后都要回原职能部门工作，容易使小组成员产生临时观点，不安心工作，从而对工作效果产生一定负面影响；权责不清，由于每个成员都要接受两个或两个以上的上级领导的指挥，隐藏着职权关系的混乱和冲突等威胁，容易造成管理秩序混乱，使组织工作丧失效率性。

5. 多维立体组织结构

多维立体组织结构是直线职能型、矩阵型、事业部型和地区、时间结合为一体的复杂组织结构形态。它从系统的观点出发，建立多维立体的组织结构。

多维立体组织结构主要包括三类管理机构：一是按产品划分的事业部，是产品利润的中心；二是按职能划分的专业参谋机构，是专业成本的中心；三是按地区划分的管理机构，是地区的中心。

多维立体组织结构可使上述三个方面的机构协调一致、紧密配合，为实现组织的总体目标服务。多维立体组织结构适用于多种产品开发、跨地区经营的跨国公司或跨地区公司，可以为这些企业在不同产品、不同地区增强市场竞争力提供组织保证。

4.4　新创企业的人力资源管理

新创企业人力资源管理是指根据创业企业发展战略的要求，有计划地对人力资源进行合理配置，通过对创业企业中员工的规划、招聘、培训、绩效考核、薪酬发放等一系列过程的管理，调动员工的积极性、发挥员工的潜能、为创业企业创造价值、确保企业目标的实现。因此，新创企业要做好人力资源的规划制定、招聘和选拔、培训与开发、绩效管理、薪酬管理、劳动关系管理等环节的工作。

一、工作分析

（一）工作分析的定义

工作分析是对组织中某个特定职务的设置目的、任务或职责、权力和隶属关系、工作条件和环境、任职资格等相关信息进行收集与分析，并对该职务的工作做出明确的规定，且确定完成该工作所需的行为、条件、人员的过程。工作分析的结果是形成工作说明书和工作规范。

（二）工作分析的过程

工作分析是对工作的一个全面评价过程。这个过程可以分为四个阶段：准备阶段、调查阶段、分析阶段和完成阶段。

1. 准备阶段

准备阶段是工作分析的第一个阶段，主要任务是了解情况，确定样本，建立关系，组成工作小组。

2. 调查阶段

调查阶段的主要任务是收集工作分析的信息。通过搜集有关工作活动、工作对员工行为的要求、工作条件、工作环境、工作对员工个人的要求等方面的信息，进行实际的工作分析。

3. 分析阶段

分析阶段的主要任务是对有关工作特征和工作人员特征的调查进行全面的总结分析。

4. 完成阶段

这个阶段的主要任务是依据前三阶段所得的材料编制工作说明书与工作规范。工作说明书指明了工作的内容是什么，工作规范则指明了需要雇用什么样的人来从事这一工作。

（三）工作说明书和工作规范

工作分析只是人力资源管理活动的起点，为了便于应用在工作分析中得到的数据，需要把这些数据综合整理并制成表格，形成书面文件，即工作说明书。它指明了任职者实际在做什么、如何做及在什么样的条件下做该工作。工作规范说明了任职者为了圆满完成工作所必须具备的知识、技术、能力及经验等。工作说明书和工作规范是工作分析的最终成果。

1. 工作说明书的编写

工作说明书的编写并没有一个标准化的模式，根据应用需要的不同，工作说明书的侧重点也有所不同，但大多数工作说明书都应该包括以下几项内容。

（1）工作标识。工作标识主要包括工作名称、工作地位、工作部门、工作地点、工作分析时间等。这些资料的目的是把这项工作和那些与之相似的工作区别开来。

（2）工作概述。这部分应当描述工作的总体性质，列出工作的主要功能或活动。

（3）工作联系。这部分说明任职者与组织内及组织外的其他人之间的联系情况。

（4）工作职责。这部分要把每一种工作的详细职责列举出来，并用一到两句话分别对每一项任务进行描述。

（5）工作的绩效标准。这部分内容说明员工在执行每一项任务时被期望达到的标准，工作的绩效标准应具体而明确。

（6）工作条件。工作条件主要包括噪声水平、危害条件、湿度或热度等。

2. 工作规范的编写

工作规范可以单独编写，但通常都把它编写为工作说明书的一部分。工作规范要说明一项工作对承担这项工作的员工在教育、经验和其他特征方面的最低要求，而不应该是最理想的工作者的形象。建立工作规范时要综合考虑以下三个方面：①某些工作可能面临着法律上的资格要求；②职业传统；③被认为是胜任某一工作应该达到的标准和具备的特征。

二、人力资源规划

（一）人力资源规划的定义

人力资源规划是指为了实现企业的战略目标，根据企业的人力资源现状，科学地预测企业在未来环境变化中的人力资源供求状况，并制定相应的政策和措施，从而使企业的人力资源供给和需求达到平衡，并使企业和个人都获得长期的利益。

（二）人力资源规划的程序

人力资源规划的制定大体可分为以下四个步骤。

1. 收集研究相关信息

信息资料是制定人力资源规划的依据。 一般情况下，与人力资源规划有关的信息资料包括三个方面：经营战略、经营环境、人力资源现状。分析企业现有的人力资源状况是制定人力资源规划的基础。

2. 人力资源供求预测

在收集和研究与人力资源供求有关的信息之后，就要选择合适的预测方法，对人力资源的供求进行预测，即了解企业对各类人力资源在数量和质量上的需求，以及能满足需求的企业内部、外部人力资源供给情况，得出人力资源的净需求数据。在进行供给预测时，内部供给预测是重点，外部供给预测应侧重于关键人员。人力资源供求预测具有较强的技术性，是人力资源规划中的关键部分。

3. 人力资源规划的制定

这是一项具体而细致的工作，包括制订人力资源总体规划和各项业务计划，并确定时间跨度。根据供求预测的不同结果，对供大于求和供小于求的情况分别采取不同的政策和措施，使人力资源达到供求平衡。同时，应注意各项业务计划的相互关系，确保它们之间的衔接。

4. 人力资源规划的执行

执行人力资源规划是人力资源规划的最后一项工作，主要包括三个步骤：实施、审查与评价、反馈。

三、员工招聘

（一）员工招聘的概念

员工招聘就是企业采取一些科学的方法寻找、吸引应聘者，并从中选出企业需要的人员予以录用的过程。它包括征召、筛选和录用三个阶段。

（二）员工招聘的程序

招聘程序是指从出现职位空缺到候选人正式进入公司工作的整个过程。这个过程通常包括识别职位空缺、确定招聘策略、征召、筛选、试用、招聘评估等一系列环节。

1. 确定职位空缺

根据企业的人力资源规划，在掌握有关各类人员的需求信息、明确哪些职位空缺的情况后，人力资源管理部门要考虑招聘是否是最好的方法。如果确实需要招聘解决，则进行下一步。

2. 制定招聘策略

招聘策略是为了实现招聘计划而采取的具体策略，具体工作包括招聘地点的选择、招聘来源和方法的选择、招聘时间的确定、招聘预算、招聘的宣传策略等。

3. 人员的筛选和评价

筛选候选人是招聘过程的一个重要组成部分，其目的是将不合乎职位要求的求职者排除掉，最终选拔出最符合企业要求的人员。职位说明书是筛选的基础，即以职位说明书中所要求的知识、技术和能力来判断候选人的资格。

4. 录用与试用

对经过筛选合格的求职者，应做出录用决策。通知被录用者可以通过电话或邮件、信函进行，联系时要讲清企业向被录用者提供的职位、工作职责和月薪等，并讲清楚报到时间、报到地点及报到应注意的事项等。对决定录用的人员，在签订劳动合同以后，要有 3 ～ 6 个月的试用期，如果试用合格，试用期满便按劳动合同规定享有正式合同工的权利和责任。

5. 招聘评估

这是招聘工作的最后一项工作。一般来说，评估工作主要从人员的数量、质量、招聘效率等方面来进行，包括招聘成本和效益评估、招聘工作评估两项内容。如果对招聘工作进行及时评估，就可能找到招聘工作中可能存在的问题，从而适时地对招聘工作进行修整，提高下一轮招聘的效率 。

四、培训与开发

（一）培训与开发的含义

培训与开发是指组织根据发展和业务需要，通过学习、训练等手段进行的，旨在改变员工的价值观、工作态度和工作行为，提高员工的工作能力、知识水平、业务技能，并最终改善和提高组织绩效的，有计划、有组织的培养和训练活动或过程。

（二）员工培训工作的过程

在培训实践中，各类组织都强调把员工培训视作一项系统工程，采用系统的方法组织培训活动，从而开发了一种员工培训系统模型。该模型把培训系统细分为若干环节，并明确界定了每个环节的基本内容。这些环节主要包括确定培训需求、设定培训目标、拟定培训方案、实施培训方案、培训效果评价与反馈等。

五、薪酬与福利

（一）薪酬的含义

薪酬是员工因向其所在单位提供劳动或劳务而获得的各种形式的酬劳或答谢。其实质是一种公平的交易或交换关系，是员工在向单位让渡其劳动或劳务使用权后获得的报偿。

（二）薪酬设计的基本流程

制定科学合理的薪酬制度是企业人力资源管理的难点所在，其基本流程有如下几点。

1. 制定薪酬的原则和策略

制定企业的薪酬原则和策略要在企业各项战略的指导下进行，要集中反映各项战略的需求。薪酬策略作为薪酬设计的纲领性文件要对以下内容做明确规定：对员工本性的认识，对员工总体价值的认识，对管理骨干即高级管理人才、专业技术人才和营销人才的价值估计等核心价值观的认识；企业基本工资制度和分配原则；企业工资分配政策与策略，如工资拉开差距的分配标准，工资、奖金、福利的分配依据及比例标准等。

2. 岗位设置与职位分析

进行薪酬设计的第一步是确定每个工作职位的具体内容。职位分析是薪酬体系中的重要环节，反映了公司管理者和员工对某一职位的期望。只有使用职位分析，管理者才能在市场上与其他公司进行比较，一方面明确该职位在市场的职能定位，另一方面确定市场对该职位的定价。

3. 职位评价

职位评价重在解决薪酬的对内公平性问题。它有两个目的：一是比较企业内部各个职位的相对重要性，得出职位等级序列；二是为进行薪酬调查建立统一的职位评估标准，消除不同公司间由于职位名称不同或即使职位名称相同但实际工作要求和工作内容不同所导致的职位难度差异，使不同职位之间具有可比性，为确保工资的公平性奠定基础。职位评价是职位分析的自然结果，同时又以职位说明书为依据。

4. 薪酬调查与薪酬定位

薪酬调查重在解决薪酬的对外竞争力问题。薪酬调查可以通过咨询公司进行，也可自己组织力量开展薪酬调查。通过调查，要了解和掌握本地区、本行业的薪酬水平状况，特别是竞争对手的薪酬水平，同时要参照同行业同地区其他企业的薪酬水平，及时制定和调整本企业对应工作的薪酬水平及企业的薪酬结构。

5. 薪酬结构设计

通过工作分析和薪酬调查确定了公司每一项工作的理论价值，但是工作的理论工资率要转换成实际工资率还必须进行工作结构设计。所谓工资结构，是指一个企业的组织结构中各项工作的相对价值与其对应的实付工资之间保持何种关系。这种关系不是随意的，是服从以某种原则为依据的一定规律的。这种关系的外在表现就是“工资结构线”。“工资结构线”为我们分析和控制企业的工作结构提供了更为清晰和直观的工具。

6. 薪酬体系的实施和修正

在制定和实施薪酬体系过程中，及时的沟通、必要的宣传或培训是保证薪酬改革成功的因素之一。从本质意义上讲，劳动报酬是对人力资源成本与员工需求之间进行权衡的结果。人力资源部可以利用薪酬制度问答、员工座谈会、满意度调查、内部刊物甚至论坛等形式，充分介绍公司的薪酬制定依据。

薪酬设计的时效性很强，方案一旦形成就要立即实施，否则方案中涉及的数据发生变化，市场价格也已经进行了调整，那么方案的数据也要进行相应调整。因此，在保证薪酬方案相对稳定的前提下，随着企业经营情况和市场薪酬水平的变化，薪酬体系也要做相应的调整。

六、绩效考评

（一）绩效考评的含义

企业员工的绩效考评是指根据人力资源管理的需要，对员工的工作结果、履行现任职务的能力及担任更高一级职务的潜力进行有组织的、尽可能客观的考核和评价的过程。

（二）绩效考评的程序

绩效考评的具体实施过程中，通常可遵循的程序有以下几点。

1. 制订考评计划

考评计划是实施考评时的指导性文件。计划的内容通常包括本次考评的目的、对象、内容、时间和方法。

2. 确定绩效考评标准

在考评计划确定之后，最为关键的一个程序就是要确定绩效考评的标准。考评标准的合理性直接决定考评工作的有效性。

3. 实施考核评价

这一阶段是绩效考评的具体实施阶段。通常，考评人员要在考评计划的指导下，以考评标准为依据对员工各个方面的表现进行考评，得出考评意见。

4. 考评结果的反馈与运用

这一阶段是绩效考评工作的最后阶段。在考评工作结束后，企业有关部门要将考评结果通过一定的方式反馈给被考评者。

七、劳动关系

（一）劳动关系的含义

劳动关系是指劳动者和劳动力使用者之间的社会经济利益关系的统称。具体地说，劳动关系是指在实现劳动的过程中，由劳动者与其使用者双方利益引起的，表现为合作、力量和权力关系的总和。

（二）劳动关系主体

劳动关系主体是构成劳动关系的核心要素，而劳动关系体系是由心态、期望、人际关系和行为不同的个人所组成的不同群体构成的，这些群体彼此联系。从一个就业组织来说，劳动关系是由管理方（资方）和雇员（劳方）两个系列群体构成的。

（三）劳动关系的表现形式

劳动关系的本质是劳动双方合作、冲突、力量和权力的相互交织，所以劳动关系具体表现为力量、权力、合作和冲突。

4.5 新创企业的市场营销管理

一、市场营销和市场营销管理的含义

市场营销是指在符合社会利益的前提下，通过市场交换和交易活动，满足消费者或用户现实或潜在需求，实现企业目标的综合性的商务活动过程。市场营销管理是指为了实现企业目标，创造、建立和保持与目标市场之间互利交换的关系，而对设计方案进行的分析、计划、执行和控制。市场营销管理的实质是需求管理。

二、市场营销管理过程

市场营销管理过程是指企业为实现自身的任务和目标而发现、分析、选择和利用市场机会的管理过程。

（一）分析市场机会

市场机会就是市场上存在的未满足的需求，有时人们称之为潜在的市场，亦即客观上已经存在或即将形成，而尚未被人们认识的市场。分析市场机会要求市场营销人员深入调查研究了解市场营销环境，并且对消费者市场和组织市场如何做出购买决策有深刻的了解。

（二）研究和选择目标市场

市场细分是指企业按照某种标准将市场上的顾客划分为若干个顾客群的市场分类过程。市场细分的目的是选择合适的目标市场。目标市场就是企业决定要进入的那个市场部分。企业通过市场细分选择了目标市场之后，还须进行市场定位。市场定位就是企业为了使自己生产或销售的产品获得稳定的销路，从各方面为产品培养一定的特色、树立

一定的市场形象，以求在顾客心目中形成一种特殊的偏爱。

（三）制定市场营销战略和战术

市场营销战略是企业期望达到的各种营销目标，它阐明了实现企业目标的活动计划。企业需要建立的目标分为战略目标和战术目标。战略目标是企业的长期性目标，战术目标是为实现战略目标而建立的。通过市场营销组合的措施达到战略目标。

（四）组织和控制营销过程

市场营销管理需要有对营销过程进行组织和控制的制度和控制系统。企业必须设计一个实施营销方案的营销组织。现代企业往往设置一个市场营销副总裁，由其负责领导公司的整个市场营销活动，并管理市场营销人员。在现代市场经济条件下，市场营销部门的经营效益不仅取决于其组织结构是否合理，而且取决于市场营销最高管理层是否善于挑选、培训、指挥、激励、评价市场营销人员，充分调动其积极性。

三、市场营销组合 4P 策略

（一）产品（product）

产品是使用价值的载体，顾客通过使用产品而获得需求的满足，企业通过产品向顾客提供使用价值。产品或服务最重要的特性是为目标顾客增加价值。要使目标市场接受这种产品或服务，企业必须把注意力放在为顾客提供的价值主张的优势上，确保产品差异化最大。因此，对产品或服务的定义不仅要考虑它的有形特征，还必须考虑其无形特征。例如，戴尔计算机公司的产品是计算机，从外形上与其他竞争者产品区别不大，但它是由零部件组装而成并依靠直接营销技术上市的，交货快而且成本低。所以，产品应该是包含物理组件、包装、品牌、保证、价格、形象、服务、交货时间、特征、风格等含义的综合体。创业者在进行新产品开发时，需要围绕产品全方位的价值来进行。

（二）价格（price）

营销组合中最难的决策就是为产品或服务确定适当的价格。 一个质量好而且零部件较贵的产品需要以较高的价格来维护其产品形象，但是新创企业还需要考虑其他因素，如需求、成本、折扣、运输和毛利等。根据市场研究及产品本身特点，创业者可以采用不同的定价策略。

1. 撇脂定价策略

撇脂定价策略是以高价位来搜刮市场利润的一种定价策略。撇脂定价策略成功的条件：充足的市场需求量；市场价格敏感度低，需求弹性小；良好的产品品质及功能，吸引消费者愿意出高价；高价不会吸引竞争者在短期内加入市场竞争；在小规模的生产成本下仍有充足的利润。

2. 渗透定价策略

渗透定价策略是以较低的产品价格打入市场，目的是在短期内加速产品成长，期望能获得大量市场占有率的一种定价策略。渗透定价策略成功的条件：足够的市场需求；高度的价格敏感度及需求弹性；大量生产能产生显著的规模经济效益；低价是减少潜在竞争者的最佳策略。

3. 组合定价策略

如果企业开发出一系列产品，且产品之间关联性很强，开发的主产品必须使用特定的专属产品，或在主产品使用过程中，附属产品也必须使用本企业开发的产品。对这一系列产品的定价是将主产品价位降低，甚至可以降至成本以下以吸引更多的顾客，而对配置的附属产品采取高价策略，以获取尽可能多的利润，这种定价策略就是组合定价策略。

（三）渠道（place）

渠道策略使得产品在顾客需求时方便其购买。这个变量必须与其他市场营销组合要素相一致。比如，一个高质量的产品不仅有较高的价格，而且应该在质量形象较好的批发店分销。建立产品销售渠道可以采用以下几种方式。

1.“搭别人的船”销售

对于刚创办的企业，企业本身及产品品牌不为消费者所了解，也很难在短时间内为顾客所接受。此时，可以借用品牌的商标及利用他人强有力的营销网络将开发的新产品推向市场。这样既可以满足消费者追求名牌的心理需求，也有利于迅速打开市场销路，使得新产品销售成功。

2.“捆绑式”销售

如果开发出的新产品系列是相关产品，这些产品的用途是相互配套相互联系的，那么配套产品可以利用主要产品销售渠道进行销售。

3. 广泛性和控制性相结合的销售

该策略是指既要利用尽可能多的中间商分销其产品，又要能控制中间商的销售活动。其目的在于保证选用的销售渠道畅通无阻，保证产品质量信誉不受损害。

4. 直接建立自己的销售网络

这种方式是指在目标市场采用密集型和轰炸型销售策略。运用这种方式销售的产品一般是市场需求巨大、面向广大消费者、利润率特别高、技术含量高的产品。

此外，在制定销售渠道决策之前，有必要对所有可能的分销方式进行评价。市场研究和企业协会及朋友之间的网络联系经常可以为决策提供有意义的见解。新创企业想要迅速找准市场、进入市场、拥有一定市场份额，需要选择合适的销售渠道。

（四）促销（promotion）

新创企业的销售策略应当集中在能马上吸引顾客的促销手段和保证良性循环的销售方法上。由于受资金来源的限制，大部分新创企业没有针对一个或两个以上的目标市场做广告，因此选择那些能迅速带来收益而又花费最少的区域和恰当位置来做广告是有必要的。

1. 他人推荐

企业可以通过他人推荐这一方式来扩大企业的知名度。顾客之间的相互推荐是招揽新生意的极好方式，没有什么方式能比顾客间一传十、十传百的推荐在传播企业及其产品的声誉方面速度来得更快。

2. 公共关系

为了使开发的新技术产品尽量让别人了解，公共关系是强有力的促销工具。例如，可以利用新闻媒体报道企业开发的新产品，通过公共报告将产品有关信息传递给顾客，可以与外部行业、技术、专家、中间商建立良好的沟通渠道，也可以建立良好的政府沟通渠道。

3. 广告

适当进行广告促销也是非常有效的手段。在选择媒体时，要根据顾客的状况来确定。

4. 直接销售

直接销售要做好以下几点：①通过充分的调查来区分哪些是潜在客户；②获取那些能购买产品的负责人的姓名、地址及电话号码；③推销前要了解自己的销售市场；④在第一次通过电话或当面与顾客接触中不要试图成交；⑤要集中说明产品的使用价值而不是它的价格，在第二次接触时再解释产品定价和选择的支付方式。

新创企业要将所有营销组合策略统筹考虑，并用这些营销组合变量制定营销战略或行动计划，以指导开展经营活动。

4.6 初创企业的财务控制

新创企业和小公司成功的关键，就是正确、严格的财务控制。许多融资非常顺利的公司，其商业计划书非常完善，产品或服务满足了市场的某一类需求，销售组织效率很高，市场营销颇为有效，定价也十分合理，但是却失败了，其关键原因往往是缺乏财务管理。

初创企业的财务控制主要体现在确立财务管理理念、控制好财务关键点、资金控制和实施恰当的财务战略四个方面。

一、确立财务管理理念

对于创业企业来说，一般会有一个时间长短不一的“烧钱期”，资金需求紧张，筹资的渠道多样，资金构成也很复杂，因此资金的成本构成也是多样的，不同的财务管理观念与方式会导致财务成本的巨大差异，先进的财务管理理念对有效控制资金成本、提高资金的使用效率意义重大。

（一）货币时间价值观念

创业者必须明白货币是有时间价值的，一定量的货币在不同时点上具有不同的经济价值。这种由于货币运动的时间差异而形成的价值差异就是利息。创业者必须注重利息在财务决策中的作用，一个看似有利可图的项目，如果考虑货币的时间价值，很可能会变成一个得不偿失的项目，尤其是在通货膨胀的时期。

（二）效益观念

取得并不断提高经济效益是市场经济对现代企业的最基本要求，所以在财务管理方面必须确立效益观念。在筹资时，要考虑资金成本；在投资时，要考虑投资收益率；在资产管理上，要用活、用足资金；在资本管理上，要保值增值。既要“开源”，也要“节流”。因此，公司经营在本质上是“资金经营”，财务制胜的时代已经来临。

（三）竞争观念

竞争是市场经济的一般规律。对现代公司创业者而言，竞争为其创造了种种机会，也形成了种种威胁。在市场经济条件下，价值规律和市场机制对现代公司经营活动的导向作用不断强化，无情地执行着优胜劣汰的原则。市场供求关系的变化、价格的波动，时时会为公司带来冲击。针对来自外界的冲击，创业者必须有充分的准备，要强化财务管理在资金筹集、资金投放、资金运营及收入分配中的决策作用，并在竞争中增强承受和消化冲击的应变能力，不断增强自身的竞争实力。

（四）风险观念

风险是市场经济的必然产物。风险形成的原因可以归结为现代公司财务活动本身的复杂性、客观环境的多变性和人们认识的局限性。从创业者的角度来看，它是现代公司在组织财务活动过程中，由于不确定因素的作用使公司的实际财务收益与预期财务收益发生差异，从而使公司有蒙受经济损失的可能。

二、控制好财务关键点

新创企业及成长阶段的小公司应当对各种支出加以规划和严格控制。创业者必须对公司的财务关键控制点做出相应的规定，这有助于增加企业的销售额，更重要的是，公司还能够从收入中获得利润和现金。这些关键控制点随着行业、组织以及商业类型的不同而不同：是服务还是产品？是新经济还是传统经济？是分销商还是制造商？作为新创企业的管理者，首先要确定财务关键控制点，建立基准并进行衡量；然后再采用相应的方法进行监控。公司财务关键控制点，一般要考虑公司大部分收益的来源、主要大众成本的投入点及需要持续的投入点，针对具备这些特征的管理项目进行重点、严格的控制，需要从以下几方面入手。

（一）强化财务控制制度

（1）不相容职务分离制度。这要求新创企业合理设置财务会计及相关工作岗位，明确职责权限，形成相互制衡机制。不相容职务包括授权批准、业务经办、会计记录、财产保管、稽核检查等职务。

（2）授权批准控制制度。这要求新创企业明确规定涉及财务会计及相关工作的授权批准的范围、权限、程序、责任等内容。单位内部的各级管理人员必须在授权范围内行使职权和承担责任，经办人员也必须在授权范围内办理业务。如采购人员必须在授权批准的金额内办理采购业务，超出此金额必须得到主管的审批。

（3）会计系统控制制度。新创企业应依据《会计法》和国家统一的会计制度，制定适合本单位的会计制度，明确会计工作流程，建立岗位责任制，充分发挥会计的监督职能。会计系统控制制度包括企业的核算规程、会计工作规程、会计人员岗位责任制、财务会计部门职责、会计档案管理制度等。良好的会计系统控制制度是企业财务控制得以顺利进行的有力保障。

（二）加强现金流量预算与控制

企业财务管理首先应该关注现金流量，而不是会计利润。新创企业应该通过现金流量预算管理来做好现金流量控制。对于初创、早期或成长阶段的企业来说，现金流是极其重要的。要根据年度现金流量预算制定分时段的动态现金流量预算，对日常现金流量进行动态控制。现金流量预算的编制根据“以收定支、与成本费用相匹配”的原则，采用零基预算的编制方法，按收付实现制来反映现金流入流出，经过企业上下反复汇总、平衡，最终形成年度现金流量预算。

现金流的预算与控制是财务控制的一个关键点。因此，无论是为了权益融资或债务融资准备商业计划，还是在做年度或季度预测或预算，都应该分析现金流。以现金流量表为依据，将每月实际的现金流与预测或预算相比较，注意各种变化并及时采取相应的控制措施。此外，还要研究数字背后的隐蔽信息，分析现金流波动的原因。

（三）控制财务风险

财务风险主要是指举债[①]为企业收益带来的不确定性。对于处于早期或成长期的公司来说，需要大量的运营资本来应付快速增长的应收账款和存货，举债经营成为企业发展的途径之一。有效地利用债务可以大大提高企业的收益，当企业经营好、利润高时，高负债会带来企业的高增长。但企业举债经营会对企业自有资金的盈利能力造成影响，由于负债要支付利息，债务人对企业的资产有优先的权利。万一公司经营不善，或有其他不利因素，则公司资不抵债、破产倒闭的危险就会加大。例如，爱多公司在其内部股东矛盾被媒体报道后，银行马上停止了对其 4 000 万元的贷款，供货商也纷纷上门讨债，爱多公司陷入了资金短缺的漩涡，最终走向了衰败。因此，新创企业必须正确客观地评估控制财务风险，采取稳步发展的财务策略。

三、资金控制

新创企业对资金的控制十分重要，主要内容有货币资金控制、销售与收款控制、采购与付款控制、成本费用控制等。

（一）货币资金控制

对新创企业而言，企业主或创业者一定要对本单位货币资金的安全负责。企业要按照规定的程序办理货币资金支付业务，一般情况下，不得违反程序。

（二）销售与收款控制

企业必须建立销售与收款控制业务的岗位责任制，明确相关部门和岗位的职责、权限，确保办理销售与收款业务的不相容岗位相互分离、制约和监督。销售部门负责应收账款的催收。财务部门应当督促销售部门加紧催收。对催收无效的逾期应收账款可通过法律程序予以催收。

在市场竞争日趋激烈的今天，新创企业不得不部分甚至全部以信用形式进行业务交易，经营中应收账款比例难以降低。所谓应收账款，是指尚未收回的货款或者所提供服务应得的款项。许多大公司认为可以延迟支付小公司或新公司的欠款，因为小公司或者新创公司几乎没有讨价还价的能力。因此应收账款是一个重要的财务控制点。

---

① 举债：国家、团体、个人凭借信誉筹集社会资金所担负的一种债务。

（三）采购与付款控制

建立采购付款业务的岗位责任制，明确相关部门和岗位的职责、权限，确保办理采购与付款业务的不相容岗位相互分离、制约和监督。采购与付款业务不相容岗位包括：

（1）请购与请购审批；

（2）询价与确定供应商；

（3）采购合同的订立与审计；

（4）采购与验收；

（5）采购、验收与相关会计记录；

（6）付款审批与付款执行。

在办理付款业务时，对采购发票特别是增值税发票、结算凭证、验收证明等相关凭证的真实性、完整性、合法性及合规性要进行严格审核。

（四）成本费用控制

建立成本费用业务的岗位责任制，明确相关部门和岗位的职责、权限，确保办理成本费用业务的不相容岗位相互分离、制约和监督。建立严格的对成本费用业务的授权批准制度，明确审批人对成本费用的授权方式、权限、程序、责任和相关控制措施，规定经办人办理成本费用业务的职责范围和工作要求。新创企业通常由创业者本人实行“一支笔”审批。

根据成本费用预算内容，分解成本费用指标，落实成本费用责任部门，考核成本费用指标的完成情况，制定奖惩措施，实行成本费用责任追究制度。

四、实施恰当的财务战略

制定与实施财务战略，加强财务战略的执行力，这些都是创业期企业必须提高的能力。所谓财务战略，就是为谋求企业资金均衡、有效的流动和实现企业战略，为加强企业财务竞争优势，在分析企业内、外环境因素影响的基础上，对企业资金流动进行全局性、长期性和创造性的谋划。特别对于创业期的企业来说，财务战略是企业总体战略的应用与延伸。对于新创企业而言，可以采用的财务战略包括下列三种。

（一）扩张型财务战略

扩张型财务战略以实现企业资产规模的快速扩张为目的。要实施这种财务战略，企业往往需要在将大部分乃至全部利润留存的同时，大量地进行外部筹资，更多地利用负债。随着企业资产规模的扩张，这往往使企业的资产收益率在一个较长的时期内表现出相对较低的水平。扩张型财务战略一般会表现出“高负债、高收益、少分配”的特征。

（二）稳健型财务战略

稳健型财务战略是以实现企业财务绩效的稳定增长和资产规模的平稳扩张为目的的一种财务战略。实施稳健型财务战略的企业，一般将尽可能优化现有资源的配置和提高现有资源的使用效率及效益作为首要任务，将利润积累作为实现企业资产规模扩张的基本资金来源，为了防止过重的利息负担，这类企业对利用负债实现企业资产规模和经营规模的扩张往往持十分谨慎的态度。所以，实施稳健型财务战略的企业的一般财务特征是：适度负债、中收益、适度分配。

（三）防御收缩型财务战略

防御收缩型财务战略是以预防出现财务危机和求得生存及新的发展为目的的一种财务战略。实施防御型财务战略，一般将尽可能减少现金流出和尽可能增加现金流入作为首要任务。通过精简机构等措施，盘活存量资产，节约成本支出，集中一切可以集中的财力，用于企业的主导业务以增强企业主导业务的市场竞争力。“低负债、低收益、高分配”是实施这种财务战略的企业的基本业务特征。

思考题

1. 个人独资企业应具备的条件是什么？它的优劣势分别是什么？
2. 有限责任公司的设立条件是什么？它的优劣势各是什么？
3. 新企业注册流程有哪些？
4. 特许经营的分类有哪些？
5. 请绘制五种基本的组织结构类型并说明其优缺点。
6. 新创企业的人力资源管理主要内容有哪些？
7. 创业者制定现金预算的步骤有哪些？
8. 尝试编制新创企业的资产负债表、利润表和现金流量表。

第5章　新创企业的成长

学习目标

1. 了解新创企业成长的生命周期。
2. 理解新创企业成长的特点与模式。
3. 理解新创企业成长的障碍。
4. 理解新创企业成长中的发展战略。
5. 了解企业增长理论与类型。

案例导入

华为发展历程：从活下去、走出混沌到真正的全球化

华为从成立到现在正好走过30多年的历程，其战略不断在依据环境的变化而调整，而组织结构也在追随着战略进行优化，从而始终都能让华为处于一个发展的进程中。正所谓战略决定结构，结构也在反作用于战略，在华为三十多年的成长历程中，也诠释了这一理念。下面我们重点介绍前三个阶段的组织结构发展历程。

第一阶段（1987—1994年）：活下去

1987年，任正非与五位合伙人共同出资2万元成立了华为公司。在这一时期，华为在产品开发战略上主要采取的是跟随战略，先是代理香港公司的产品，随后逐渐演变为自主开发产品的集中化战略。在市场竞争战略上采取单一产品的持续开发与生产，从农村包围城市的销售策略，通过低成本的方式迅速抢占市场，扩大市场占有率，也扩大了公司的规模。

1992年，华为的销售额突破1亿元人民币。在这个时期，华为坚守集中化发展战略，持续专注于通信设备制造业的战略目标。华为进一步扩大市场占有率，截至1994年，华为的销售规模突破8亿元人民币，员工人数600多人。华为在这一时期，其产品依然是聚焦于单一产品的持续开发与生产，在销售上还是采取农村包围城市的低价策略。

第二阶段（1995—2003年）：走出混沌

1995年，华为公司的销售规模也已经达15亿元人民币，员工数量也达到800人，成为全国电子行业排名第26位，开始在北京成立研究所；1996年，又开始广泛进军国际市场。在这一时期，由于国内电信设备市场的总体发展速度放缓，使得华为在传统的程控交换机领域的利润被吞蚀，造成其面临着空前的竞争压力。面对如此的竞争环境，华为只能是进行转型求发展。华为从1997年就开始在独联体建立合资公司，以本地化模式开拓市场。尽管这个过程异常艰辛，几年都没有什么回报，但华为依然坚定信念，

终于在2001年，独联体的销售额超过1亿美元，算是取得了海外市场的初步成功。随后，对其他国家市场的拓展也取得了不俗的业绩。从1999年其海外业务收入占其总营业额的不到4%，上升至2008年的75%，从而成为一家名副其实的国际化公司。不得不说华为前期管理变革所带来的巨大影响。

第三阶段（2004—2012年）：真正的全球化

2004年，华为基本上每年仍然以超过40%的速度在增长。2012年，其销售额已经超过2 000亿元，达到了2 202亿元人民币，同比增长24.5%，这一数据显示，华为在面临全球金融危机和欧债危机双重危机下，仍保持了稳健增长的态势，全面超越最大的竞争对手瑞典爱立信，成为全球通信行业老大。骄人的业绩虽然离不开华为业务战略的成功转型及终端市场的突破，更离不开其组织结构及时跟随战略的调整，从而通过这样的调整使得权力得以合理分配并极大地提升了组织运营效率。任正非曾感叹："哪怕每年提高千分之一的效率都是可喜的。"

思考题

1. 华为作为中国企业发展史上的一面旗帜，创业成功的原因具体体现在哪些方面？
2. 从华为的发展历程分析新创企业在成长过程中如何转变？

5.1 新创企业成长的规律

尽管创业企业做出了详尽的战略规划，但是有时还是难逃失败的命运，很多创业企业走过了艰难的创业初级阶段，却失败于成长阶段。在创业之后的迅速成长阶段，新创企业虽然成长速度快，但成长轨迹中的波动性相对也大；它们富于创新，但面临的成长"痛苦"也多；销售收入增长很快，但盈利能力较差等。创业企业成长阶段的管理是创业者面临的又一大挑战，对于一个创业者，如果不能在创业后的一定时期内使企业健康成长起来，将会使创业者壮志难酬。因而，管理创业企业成长，是创业者在经历过创业初期之后面临的主要任务。

一、新创企业成长概述

每个企业都有自身的成长规律，这称为企业的生命周期。企业的生命周期是指企业从诞生到死亡的时间过程。人的寿命由于受自然生理因素的限制，因此是有限的。而企业组织却不受这些限制，因而从理论上说可以无限延长，但历史上长寿的企业却并不多见。世界上年龄最长的企业有700多年，瑞士的劳力士公司和美国的杜邦公司年龄超过

200 岁，美国的通用汽车公司和西屋电气公司也有 100 多岁。然而，更多企业的生命周期却是很短的。因此，认识和把握企业生命周期规律，采取积极措施应对企业死亡的挑战，尤其把握好新创企业成长期管理，促使企业健康成长，争取成为“百年老店”，自然成为创业者奋斗目标和创业实践的重要课题。

（一）企业生命周期阶段的划分

关于企业生命周期较系统的研究是由美国管理学家伊查克 • 爱迪斯博士于 1989 年提出来的，称为企业生命周期理论。该理论主要从企业生命周期的各个阶段分析企业成长与老化的本质及特征。

爱迪斯把企业生命周期形象地比作人的成长与老化过程，认为企业的生命周期包括 3 个阶段、9 个时期：一是成长阶段，包括孕育期、婴儿期、学步期、青春期；二是成熟阶段，包括盛年期、稳定期；三是老化阶段，包括贵族期、官僚化早期、官僚期与死亡。

企业生命周期的各个阶段的特点都非常鲜明。企业组织体系随着生命周期的不断演变，将会展现出可以预测的行为模式。在迈向新的生命阶段时，组织体系都将面临某种困境。此时，若能通过程序的制定及有效的决策来攻克难关，促成转型的成功，则企业所面临的问题均属过渡性的正常现象。反之，如果组织只是一味地走老路，那么更多的异常问题将随之而来，而且一再重复，妨碍组织的发展。

（二）企业生命周期各阶段的特点

1. 成长阶段

1）孕育期

这一时期所强调的是创业的意图和未来实现的可能性。所以，虽然这一阶段只是高谈阔论而没有具体的行动，但创业者正在通过“推销”自己的“奇思妙想”来确立所要承担的义务。创业者创办企业是因为存在尚未被满足或根本还没有出现的需求，他所关心的是市场应该出现需求或将要出现什么需求，而不是已经存在的市场需求，甚至试图培育并改变市场的行为。因此，企业在技术创新和产品开发时，需要以市场需求为中心，开发能够卖得出去的产品，而不是花费大的力气推销自己能够生产的产品。同时，创业想法要禁得住现实的考验，创业的主张应具有可操作性。

2）婴儿期

这个时期的企业处于刚成立阶段，像襁褓中的婴儿一样，抵抗力很弱，随时都有生病的可能，此时企业存活的关键取决于摄取足够的营养（运营资本）和父母的照顾（创办人的承诺）。这个阶段企业的特点主要表现为：企业缺乏明确的方针和制度；员工数量少；企业用人多数在创业者周围的圈子里寻找；企业的决策高度集中；不存在权力或责任的授予；企业的年营业额低，资产数量也不多，除了创业时可能带有一两项专利技术外。因此，企业无论财务资本、人力资本、技术水平、治理结构和管理制度都十分有限，而品牌、商誉等无形资产则根本无从说起。

3）学步期

这个时期的企业已经克服了现金入不敷出的困难局面，产品或服务开始被市场所接受，企业开始日渐强盛，为了进一步扩大市场规模和赢利能力，企业在产品或技术上的创新能力开始增强，使企业显得充满活力，企业的销售额节节上升，而且日益繁荣。学步期的企业容易犯三个错误：一是容易被眼前的机会所驱使，缺乏战略眼光，从而导致企业做出一些不明智的决策与承诺；二是缺乏一种系统化的制度，缺乏明确的行为方针、系统的规章制度和健全的预算体系，企业往往表现出不稳定性，容易受挫折；三是缺乏一种科学化的授权体系，易成为“家族制”企业，阻碍企业的进一步发展壮大。

4）青春期

这一时期是企业成长最快的阶段，技术水平和产品设计能力迅速提高，生产成本下降，规模效益开始出现，市场开拓能力也迅速加强，市场份额扩大，产品品牌和企业的名声已为世人所知晓。青春期的企业资金剩余情况很乐观，足以支撑企业的快速发展。随着高素质人才进入企业，企业的整体素质提升了很多，给公众的印象是该企业呈现一片欣欣向荣的局面。

2. 成熟阶段

成熟阶段是企业生命周期曲线中最精彩的部分。这一阶段的企业具有学步期企业的远见和进取精神，同时摆脱了创业者的影响而获再生，并不断走向成熟，企业也从以量取胜转向以质取胜，从苦干转向巧干，出现了一些企业运作的理想化特征：一是企业的制度和组织结构完善；二是企业的创造力、开拓精神得到制度化保障；三是企业非常重视顾客的需求、注重顾客的满意度；四是计划能够得到不折不扣的执行；五是企业对未来趋势的判断能力突出；六是企业完全能够承受增长所带来的压力；七是企业开始分化出新的事业和组织。总体上说，成熟阶段的企业既富有进取心，具有奋发蓬勃的动力，又具有很强的控制力，企业的创新力与控制力能达到最大限度的统一。

1）盛年期

盛年期是企业生命周期中最为理想的时期，这一时期，企业的自控力和灵活性达到了平衡；企业很清楚自己在做什么，将向什么方向发展，如何发展；企业具有学步期企业的进取精神，同时具备在青春期所获得的对实施过程的控制力与预见力，能够事先进行计划并加以控制。

2）稳定期

稳定期是企业停止增长开始衰退的转折点，这一时期，整个企业开始丧失创造力及鼓励变革的氛围，不敢突破过去曾发挥作用的条条框框，越发趋于保守，稳定期的企业有几大变化：企业对短期盈利能力的重视开始日渐上升；财务人员的地位超过市场研发人员的地位；投资回报成为衡量业绩最为重要的标准；企业开始产生自我保护意识，并不断增强；与顾客的距离逐步拉大。但是，这种巅峰状态需要精心呵护才能持久。因为在企业成熟期，企业遇到了创新精神减退和创新力有下降趋势的问题，创新精神衰退的原因首先在于企业领导人本身。在环境相对舒适的成熟期中，企业领导人很容易丧失创新品质，并开始变得保守甚至固执。此外，成熟期企业的各项规章制度已经很健全，各级人员只要按规定办事就行，因此人员的创新力便很容易沉睡起来。但是市场是变化的，企业的创新力沉睡时间过长，就会影响满足顾客需要的能力，企业的市场竞争力就会随之下降。

3. 老化阶段

企业进入老化阶段后，企业和员工的自我保护意识不断增强，与顾客的距离越来越疏远，体现企业活力的行为不见了。

1）贵族期

这一时期，企业目标越来越短视化，企业内部缺乏创新，试图通过兼并其他企业获取新的产品和市场来“买到”创新精神。同时，企业内部形式主义流行，钱被花在控制系统、福利措施和一般设备上。贵族期企业不肯承认现实，尽管其市场日益萎缩，在产品和营销技巧上越来越无法与对手竞争，但它仍抱有一副“平安无事，生意照旧”的态度，采取提高价格等极端方法，这更加速了企业滑入老化期的下一阶段——官僚化早期。

2）官僚化早期

面对前期造成的恶果，企业内部不去关注应该采取何种补救措施，而是将注意力放在剪除异己、保全自己的内讧上，并随着企业业绩的进一步下降，人们变得更加偏执。人员的过多流失使事情不断地恶性循环，直到企业最后破产，或成为完全的官僚化企业。

3）官僚期与死亡

随着各方面人员的流失，行政型的人员越来越多，企业变成了一个完全膨胀了的官僚机构，没有成果导向的概念，没有创新，也没有团队协作的观念，有的只是最完善的制度、表格、程序和规定。同时，官僚化企业会主动为来自外界的干扰者制造各种障碍，只想通过一个非常狭窄的渠道与外界保持联系，处于官僚化的企业外表看来实力雄厚，但其核心可能已经腐烂，不可避免地最终难逃破产之厄运。

在生命周期的不同阶段，企业存在不同的问题。每一个阶段向另一个阶段转换时，问题就产生了，为了学会新的行为方式，企业就必须放弃旧的行为模式。当企业花费财力物力从旧的行为模式转变到新的行为模式时，企业的各种问题都是正常的。企业凭借自己内在的能量就可以解决正常性的问题，不正常问题则是需要外部干预的。企业成长意味着具备了处理更大、更复杂问题的能力，创业者的职责就是对企业进行管理，使之能够进入下一个更富有挑战性的生命阶段，将企业引向盛年期并保持较长时间。

二、新创企业成长的模式

企业虽然存在的时间不同，但是每个成长的企业都离不开一定的成长模式。创业成长模式一般是指基于企业结构发展变化的企业成长方向及方式。合理有效的成长模式可以积极引导企业经济的发展，快速占领市场份额，创造利益。新创企业成长模式主要包含以下几种类型。

（一）基于经营结构发展的成长模式

1. 规模型成长

规模型成长是指企业某一产品产量的增加，包括不同规格、不同包装的同一产品产量的增加。规模型成长是同一产品原有市场的扩大或新市场的开拓，规模型成长可以产生规模经济。规模型成长是一种最基本的成长方式，是新创企业需要经过的成长阶段。

而多角化成长是指企业产品或服务跨一个以上产业的经营方式或成长行为。

2. 纵向成长

纵向成长是指具有投入产出关系的两个相邻生产阶段或企业合为一体的过程。纵向成长也称垂直一体化。完整意义上的纵向一体化应包括两个方面：一是资产的完全一体化，二是两者交易的完全内部化。资产一体化是以共同的所有权纽带为连接，并受控于一个管理集团和共同的战略；交易的完全内部化是指除两者之间的内部交易外，各方不存在其他任何交易。

3. 复合型成长

现代企业成长是多方位的，可以同时向若干方向成长，这种组合成长称为复合型成长。

（二）基于组织结构发展的成长模式

基于组织结构发展的成长模式主要有分散化成长模式和集团化成长模式。

1. 分散化成长模式

分散化成长模式主要是指企业的分散和裂解，即企业不是变得越来越大，而是发展到一定程度就分化为若干个小企业，新开办的各公司要设立财务、总务、人事等部门，这种企业分化能够防止企业衰老。有时，国家为了反垄断而强制性地将企业分解。企业分散化是企业在组织结构方面的创新发展，是企业成长的重要模式。

2. 集团化成长模式

集团化成长模式在企业组织中起着越来越重要的作用，企业集团化本质上是企业与企业之间发展的一种长期稳定的契约关系结构。企业集团化也是一种企业成长行为。此外，企业多角化成长也多以集团形式出现。企业集团从其联合方式上看也可以分为三种：①纵向企业集团，即由分别处于不同生产经营阶段上具有上下游联系的企业组成的企业联合体；

②横向企业集团，即由处于同一行业、生产同一产品及同一生产阶段和工艺的企业组成的企业联合体，为企业细分化或简单规模成长的企业集团；③混合型企业集团，即由不同行业、生产不同产品或从事不同服务的企业联合而成，也称基于多角化成长的集团化。

（三）基于空间结构发展的成长模型

企业的空间结构发展会形成多地区企业、多国企业，其中跨国企业是现代企业成长的重要模式。在规模型成长、多角化成长和纵向成长等企业成长模式中，规模成长起着重要的基础作用，企业初始时期的成长总是以单纯的规模增长开始的，一般而言，为了实现某种成长方式，企业存在两种选择：一是企业靠自己积累的资源或筹集的资金投资建厂，成立新的组织机构和营业场所而获得企业的成长，或者依托开发产品、开拓新市场实现增长；二是外部成长，即依靠收购、兼并或合并其他企业而获得成长。对于新创企业来说，由于资金和资源有限，投资建厂不太现实，大多通过开发新产品、开拓新市场或外部成长方式来实现扩张。

（四）基于技术结构发展的成长模型

企业的技术结构发展是企业内技术的升级、创新所导致的企业规模扩张及企业边界的扩展等。首先，是按企业链划分的基础产业和加工业类的企业成长模式。进入基础产业的企业应注意规模型成长和技术进步，一般不宜实行过度的多角化成长，而应该追求适当的纵向成长；进入加工产业的企业应该在注重规模成长的前提下追求准一体化成长，努力提高专业化程度和适时发展低程度的相关多角化成长。其次，是按生产要素的密集度划分的产业内企业成长模式的选择。原有业务属于资金密集型的企业，应该考虑选择相关多角化和前向一体化成长模式；原有业务属于技术密集型的企业，应该考虑相关多角化成长模式，但技术快速创新使得非相关多角化也成为一种选择。最后，是按产业的成长性来划分的企业的成长模式选择。属于成长产业的企业应该通过内外部成长途径来实现规模型成长，前提是要进入的产业处于成长期。在实践中，还存在上述不同企业成长模式之间的交叉融合，进而形成更为细化的企业成长模式。

5.2　新创企业成长的障碍

一、新创企业快速增长的原因

企业在成长的过程中能否实现快速增长，取决于多方面的因素，其中有内部因素，也有外部因素，有成功的管理，也有机遇。外部因素主要包括政府管制（劳工管制、投资管制、准入管制、地方市场保护管制等）和环境因素（地理、文化、法律、市场等）。

在外部环境既定的条件下，从企业自身来说，尽管其失败的原因各有不同，但创业成功的原因却存在共同之处，具体体现在以下几个方面。

（一）善于识别和把握机会

准确而及时地捕捉机会是创业成功的核心。在新经济时代，变化快速而非渐变，其特征是收益增加、正反馈、规模经济性弱、进入障碍低、脑力和智力成为关键资产。新经济是双赢博弈，其核心是探寻机会而不是避免风险。

交易成本的降低、经济全球化趋势、知识价值的提升、信息收集的方便性及新技术的应用等，导致一些产业的最小规模经济点下降，以及服务业等创业门槛低的产业日趋增多，社会的发展与进步为企业家创业与发展创造了良好的环境。

（二）富于创新和变革

大部分企业在创业初期资金不多、融资能力较差、技术能力和经营管理能力有限，只有通过创新才能争取行业的领先地位。创业企业最突出的标志就是创新。许多企业每年都会拿出占销售额 10% 的经费进行新产品的研究开发。例如，电子领域是 20 世纪 80 年代至 90 年代竞争最激烈的行业，世界上 30 家最大的电子公司 1990 年的总销售额达 5 810 亿美元，研发费用为 466 亿美元，而利润却只有 266 亿美元。从发展趋势来看，研发支出一直处于增长状态，而市场上日益迅速地推出新的或改进的产品，使创新在创业企业中日趋重要。一方面，创新导致新产品的增加和新产品开发速度加快；另一方面，新产品的不断出现，迫使企业不断创新，而这种不断创新则成为创业企业快速成长的重要原因。

具体可以概括为以下内容：

（1）观念创新是创新的前提和先导。观念就是认识或思想，对人们的行为具有指导和驱动作用，是行动的先导。观念创新就是利用一切可以利用的知识和智慧，通过产品和服务创造新的价值。

（2）技术创新在创新体系中起主导作用，一个国家或地区的经济发展水平和社会进步程度取决于技术水平，同样一个企业的竞争能力也表现在技术创新能力上。

（3）制度创新对创新活动具有保证和促进作用，现代企业制度有多种多样的形式，但是需要根据创新的需要进行及时的调整，所以说制度创新是创新的保证。

（4）市场创新对创新活动具有导向和检验作用，创新活动以满足市场需求为出发点，同时需要市场来检验。

（5）管理创新对创新体系起协调和整合的作用，创新是一个系统工程，涉及企业的方方面面。管理创新的目的就是对各要素之间的关系进行协调和整合，使之形成一种合力，只有这样，才能做到“整体大于部分之和”。

（三）注重整合外部资源

新创企业要注重整合外部资源，追求外部成长，如融资、开设分支机构等。新创企业的人力、物力、财力资源相对匮乏，因此借助别人（既包括竞争对手，也包括合作者）的力量使自身发展壮大就显得更加重要，这也是其快速成长的捷径。

（四）注重人力资源管理

快速成长企业的经营者并不一定要受过高等教育，但他们要雇用一大批有能力的下属，并为他们提供良好的工作环境、成长机会和分享企业成功的机会，使员工有较好的安全感和主人翁意识，从而愿意承担企业生产经营风险，并更积极地投入事业当中。受限于企业的资源，通常新创企业都没有专门的人力资源部专职负责对员工面试、录用及业绩评估。一般这些工作大部分都是由创业者本人或其他一两个核心人员来承担的。对创业者来说，比较困难的决定之一是解雇能力不足的员工。在决定解雇员工的过程中，重要的是要有一个公正客观的员工业绩行为评估程序。解聘员工问题处理不当会为企业的声誉带来非常不利的影响，这种负面影响对一个经营还未上正轨、需要扩大社会影响的新创企业来说是很不利的。

（五）拥有比较固定的企业价值观

企业价值观是支持企业发展的灵魂。对于新创企业而言，企业价值观一般是创业者自身价值取向的体现，这种取向直接影响企业的发展。固定的企业价值观保证了企业发展的稳定性，也便于企业管理者与员工掌握企业发展过程中的关键点。

（六）灵活有效的管理策略

创业企业在人才、设施、资金及信息等方面相对较为缺乏，在成长与发展中难以抽出用于技术创新的各种资源，甚至没有资源，在这种情况下，创业企业的发展取决于该企业的管理能力，如采用什么样的战略、怎样营销、怎样创新等。面对成长过程中出现的问题，快速增长的企业善于推动并领导变革，并且敢于打破传统竞争模式，引入新的游戏规则。

二、新创企业成长的障碍

新创企业的成长不会是一帆风顺的，成长过程中会遇到许多障碍，归纳起来主要表现在以下几个方面。

（一）复杂性及管理难度大

随着企业的发展，企业所面临的内外环境更加复杂，市场中会不断有新的竞争企业进入，改变行业内的竞争状况。新创企业一方面可能面临大企业的打压，另一方面需应对小企业的“搭便车”行为。所以，企业需要与越来越多的顾客及供应商建立并维护关系，以巩固自己的市场

（二）成长资源的限制

1. 管理能力的制约

企业在某个时间点拥有的管理服务数量是固定的，这些管理服务一部分要用于目前企业的日常运作，另一部分要用于扩张性活动。如果管理企业当前事务所需的管理服务与企业规模成一定比例，而且企业扩张所需新增管理服务与扩张规模也成一定比例，则企业只能按照这一固定比率成长，否则就会出现管理危机，影响效率。

管理水平的高低主要取决于企业领导者的管理才能。拥有专业技术、知识背景和管理知识，有助于管理者做出科学合理的决策。优秀的管理团队可以胜任多项工作任务。通过采用恰当的管理方法与手段，领导者能够充分调动团队成员的工作积极性，增强团队成员的凝聚力，提升团队工作效率，使所在团队的能量得到最大化发挥。企业团队对外界环境变化的应变能力与适应能力都很强，这将会有效地促进企业的发展。反之，因管理不善，企业员工凝聚力不强，工作效率低下，企业将处于很不利的地位，可能很快被激烈的市场竞争所淘汰。

2. 市场容量的限制

一旦企业实现了初期的快速成长，很快就会有其他企业跟进。众多竞争对手的加入使顾客有更大的选择空间。随着顾客对产品和市场的更加了解，他们往往要求较高的产品质量或索取更多的服务项目和更低的价格。顾客竞价力增强使成长中的企业不得不调整市场战略，以赢得新顾客和维持已有顾客的支持。

在企业自身方面，随着规模的增大，新创企业初期的目标市场容量将无法支撑企业快速发展的需求，企业家必须寻求扩张。但企业扩张往往又受地域、环境及多元化经营障碍等方面的制约，使得企业的管理变得更加复杂，往往造成很大的损失。

3. 资金的约束

企业的快速成长需要企业具备相应的资产。如果不能得到新的资金，就会严重制约企业的成长。资金要素是影响企业发展的重要因素之一，企业的发展离不开资金的筹措，企业在生产经营过程中总会不断产生对固定资金和流动资金的需求，创新企业具有高风险、高投资、高成长、高回报等特点，而这些特点并不受银行贷款的青睐，因此无形中增大了新创企业的融资难度。新创企业的资金筹措主要是依靠自我积累和股本扩张的方

式来实现的。企业自身融资能力的强弱对新创企业资本实力的影响非常大。融资能力的最大影响因素就是企业在银行的资信水平，因此良好的信誉是企业提升融资能力的基本保障。同时，政府相关扶持政策的出台与实施对扩展新创企业融资渠道、间接提升企业融资能力也会起积极的促进作用。

（三）持续创新的不足

创新是推动企业成长的主要动力，企业创立之后，创业者关注的核心问题是生存，初期创新的推动力量会随创业者投入资源的减弱而减弱，也会随消费者熟悉程度的增强和竞争对手模仿行为的增多而减弱。

科技型企业更加注重技术创新，其成长主要依靠新技术、新理念的运用，而不是依靠自然资源的消耗或资本的投入。不断进行技术的突破与创新，是新创企业在竞争中取胜、获得巨额收益的基础。企业的技术创新能力决定着企业的技术水平，而单纯引进先进技术却不能对其进行很好的消化吸收再创新，只能在短期内维持企业的生命，不能从根本上增强企业的生命力。对于新创企业而言，技术创新能力不仅是影响其发展的重要因素，甚至决定企业的生死存。

（四）战略规划能力不足

随着新创企业的发展，迫于生存的压力，新创企业更加注重行动而非战略思考。事实上，在成长阶段，战略依然十分重要。战略规划是根据一个企业的实力和缺点，对其周围的机会和威胁有效管理的长期计划的系统说明。它包括阐述这个企业的任务、说明可以达到的目标、发展战略和设定政策方针。战略规划是决定一个企业未来发展方向的首要步骤。

处于现代市场环境条件下的企业，其生存和发展必须具备长远的观点，要把经营战略作为企业管理的核心内容，对企业实施战略管理应该是企业高层管理者所担负的重要职责。新创企业在度过创建初期阶段之后，面对市场的竞争压力及企业不断增长的内在要求，创业者必须面对伴随成长阶段而来的管理挑战。成长阶段要求创业者从个人领导能力到以团队为导向的领导能力的转变。在企业快速成长的过程中，企业内部的管理和控制的问题显得越来越突出，也越来越重要。

（五）创业者的角色转换及团队建设滞后

企业在增长阶段会发生一些关键的转变，最值得注意的是需要创业者转变管理方式，然而要做到这一点并不容易。正如霍夫和查兰所说：“在所有可能的不同转变中，最难做到、可能也是对组织发展最重要的是从一个一人的创业型管理公司转变为一个经营上有组织的、专业的管理团队控制的公司。”

这个转型的过程中会发生很多问题，特别是如果这个企业具有一个高度集中的决策系统、对一两个关键人物过度依赖、没有足够的管理技巧和训练、采用的是家长式作风等特征，这将对公司的成长和发展构成一种威胁，会降低创业者成功管理企业成长阶段的能力，从而限制了企业的发展。因此，在成长阶段，创业者角色要适时转换，除了创业者自身的角色转变，还需要加强管理团队的建设。一些新创企业在企业内部培植个人英雄主义，把企业的竞争力建立在个人能力的基础上，遇到问题时多主张更换个别高层管理者以解决问题，但结果往往是不仅无法解决问题，反而制约了企业的发展。

三、创新企业成长过程中的两个转变

（一）创业者风格向管理者风格的转变

创业者风格向管理者风格的转变需要经过以下 7 个方面的转变：

（1）创业家愿意变革，并且首先从改进自己的日常行为入手，即进行自我管理（self-management）；

（2）改变企业的日常决策程序，扩大这个过程的参与性，强调正式的决策技术的运用；

（3）管理完成制度化（institutionalized）替代“必不可少的个人”；

（4）配备中层管理人员、职能经理；

（5）评估和修正公司战略；

（6）改革组织结构、管理体制和流程，以适应战略的变化；

（7）建立专职董事会。

（二）企业经营管理的转变

对于度过创业初期的生存阶段及进入快速成长阶段的多数企业来说，一般需要以下几个方面的转变，进而实现企业的转型。

1. 从销售导向转向营销导向

创业企业应该从设法销售自己生产的产品给顾客转向，并以顾客需要为准绳生产产品。

2. 从机会导向转向经营导向

“我们从来不是等想好了再做，而是有了想法就做”。这是创业者经常说的一句话，也是他们的经验之谈。但是随着企业的成长，企业更需要战略、规划和正式的经营体制。

3. 从个人导向转向组织导向

在初创时期，企业的经营业务相对简单，不需要进行细致的分工。同时，企业资金匮乏，也没有实力供养专业管理人员。随着企业规模的扩大和经营活动的复杂，企业家必须学会利用组织而不是依赖个人开展工作。

4. 从规避风险向承担风险转变

创业初期，由于资源的缺乏等原因，创业者往往选择投资少、不确定性程度高的领域进行创业。但是，众所周知，没有风险就没有收益。伴随着企业的成功，企业有了资金积累，企业家精神也会因为创业的成功而得到极大的强化，进而敢于冒险。所以，经历了创业初期成功之后的企业家必须寻求扩张。因此，企业家就必须寻求新的经营模式，在组织建设、人才培养等多个方面为扩张做准备。

5. 从注重战术向战略导向转变

进入成长阶段，企业家必须从具体的事务中抽出身来，集中时间思考公司发展的总体方向，规划公司发展的总体战略，并通过适当的途径将战略准确地传达给每个员工，落实到员工的行动中去。

6. 从核心员工角色向经营管理者转变

核心员工角色往往专指创业初期的创业者，他们是新创企业的所有者，也是企业的核心员工，同其他成员一起跑市场、抓销售。伴随着企业的成长，创业者若要继续经营自己创建的企业，就必须摆脱所有者个人的角色，注重决策，并习惯于通过别人实现想要达到的效果。

7. 从关注现金流向关注利润转变

在创业初期，迫于生存压力，企业单纯以获取资金为中心，只重视成果而不重视过程，只重视所得而不重视成本，企业发展起来以后，规模扩大了，市场基本稳定了，就要严格过程管理，借助扎实的基础管理工作来强化成本核算，通过管理制度建设来构建基本的管理工作秩序，进而提高工作效率。

8. 从个人创新向组织创新转变

企业初期的快速成长主要缘于企业家或其团队的创新。创业之后，企业家关注的核心问题是销售和生存，对创新的投入减少，创新业绩会减弱，从而会影响企业的进一步成长。因而，企业的创新机制需要从企业家个人转变为组织行为。

5.3　企业成长战略

一、创业企业战略管理的基本点

（一）创业企业的核心竞争能力

新创企业在刚开始时绝大部分都是中小企业，从某种程度上创业企业进行战略管理还不可能像已经发展了多年的企业那样系统地进行，因此，创业企业进行战略管理时尤其要注意抓住战略管理基本点：发展企业核心竞争能力。

什么是企业核心竞争能力呢？根据麦肯锡咨询公司的观点，所谓核心竞争能力，是指某一组织内部一系列互补的技能和知识的结合，它具有使一项或多项业务达到竞争领域一流水平的能力。核心竞争能力由洞察预见能力和前线执行能力构成，洞察预见能力主要来源于科学技术知识、独家的数据、产品的创造性、卓越的分析和推理能力等；前线执行能力产生于这样一种情形，即最终产品或服务的质量会因前线工作人员的工作质量而发生改变。

（二）核心竞争能力的特征

核心竞争能力是企业的特殊能力，具有如下一些特征。

（1）价值优越性。核心竞争能力是企业独特的竞争能力，应当有利于企业效率的提高，能够使企业在创造价值和降低成本方面比竞争对手更有优势。同时，它也为消费者带来独特的价值。

（2）异质性。一个企业拥有的核心竞争能力应该是企业独一无二的。即其他企业所不具备的（至少暂时不具备），这是企业成功的关键因素。核心竞争能力的异质性决定了企业之间的异质性和效率差异性。

（3）难模仿性。核心竞争能力在企业长期的生产、经营活动过程中积累形成，深深打上了企业特殊组成、特殊经历的烙印，其他企业难以模仿。比如松下公司质量与价值的协调能力、海尔公司广告销售和售后服务的能力、科龙公司无缺陷制造和销售产品的能力等。

（4）不可交易性。核心竞争能力与特定的企业相伴而生，虽然可以为人们感受到，但无法像其他生产要素一样通过市场交易进行买卖。

（5）难替代性。由于核心竞争能力具有难以模仿的特点，因而依靠这种能力生产出来的产品（包括服务）在市场上也不会轻易被其他产品所替代。

（三）核心竞争能力对于创业企业的战略意义

核心竞争力的特征决定了它对创业企业的长远发展具有重大的战略意义。在中小企业的成长中，如果能够围绕打造和利用核心能力来设计自己的发展路线，不再把自己的企业看成是一些制造产品的业务单元组合，而是各种能力的组合，那么，企业不仅能够壮大，并且还能形成不败的竞争优势。

首先，核心竞争力可以为企业的成长提供指导。由于核心竞争力具有特殊性、持久性、不可替代性，因此，企业只要具备了某方面的核心能力，就可以将其未来的发展战略紧紧围绕核心能力来设计。在未来市场环境变化更加不确定的环境下，根据自己擅长做什么来设定战略无疑是一个明智的选择。因此，创业企业可以为自己的成长找到一个明确的指导方向。此外，核心能力也有助于企业整体实力的增强。核心专长超越了具体的产品和服务及企业内部所有的业务单元，将企业之间的竞争直接升华为企业整体实力间的对抗，重点强化企业在市场中的绝对优势，以控制竞争中的制高点，由此保持企业持续稳定地成长。所以，核心能力的寿命比任何产品和服务都长，创业企业要高瞻远瞩，不应局限于某一具体的业务单元。

其次，核心竞争能力是企业多元化发展的核心基础。核心能力的延展性使得企业可以进入多个相关的领域，为企业创造多种新产品市场提供基础，增强企业的整体竞争地位，其意义远远超过了企业单纯在某一种产品市场的成败，对企业的发展至关重要。例如，佳能公司在发展早期确立了以技术为主导的经营战略基础，经过 10 年的专注经营，佳能公司在照相机的国际市场上占据了领先地位，并且在精密机械和光学领域积累了丰富的技术经验，后来，佳能公司进入同步计数器行业（电子计算器），在公司的专注经营下，也取得了相当的成功。到 20 世纪 60 年代后期，佳能公司在精密机械技术、光学技术、微电子技术具有了绝对的优势，三者相互结合构成了图像化方面的核心竞争力。随后，佳能公司利用其核心竞争力，进入了复印机、打印机、传真机、医用仪器等新行业，均取得了巨大的成功。1998 年，佳能公司提出“二次创业”，计划进入信息机器、映像机器和液晶装置、半导体这三大有待发展的新领域，“未来佳能”的战略计划从此实施，其基础仍是佳能拥有的核心能力。实际上，当企业在利用自己的核心能力进行多元化时，这种多元化也会进一步地扩充和增强企业的核心能力，两者是相辅相成的关系。

最后，核心竞争能力能够为企业带来独特的竞争优势。核心能力的不可交易性、难以模仿与不可替代性，主要是依靠经验和知识的积累，有效保证了企业竞争优势的持久性和进入壁垒。如果一家企业在市场上拥有独特能力，而它的竞争对手无法与这种独特能力相抗衡，同时，如果竞争对手模仿这种独特能力的成本很高或需要花费大量的时间，那么这家企业就很容易建立起竞争优势。因此，核心能力是企业成功的潜在的重要原因。例如，英特尔公司在快速开发新一代更强大的半导体芯片方面所拥有的独特能力使得其在个人计算机行业拥有了垄断地位；星巴克公司在店内气氛和创新性咖啡饮料方面所具有的独特能力使其成为咖啡零售领域的翘楚。

（四）核心竞争能力的建立

一个企业如何建立核心竞争能力呢？一般来说，可以通过两种途径：一是内部整合，二是外部交易（资本扩张）。内部整合是外部交易的基础；外部交易必须通过内部整合才能将新增的资源变成自己的。资本扩张需要企业投入大量的资源，如果不能得到及时融资，势必影响企业现有业务的运行。成功的资本扩张必须有足够的内部消化能力，对资金和管理的要求是很高的，创业企业一般不应该贸然进行资本扩张。目前对于国内的创业企业来说，通过内部整合建立核心竞争能力仍然是主要途径。

内部整合是指在现有资本结构的基础上，通过调整内部资源，包括控制成本、提高生产率、开发新产品、扩展新市场、提高管理能力来创造和维持现有的竞争优势。通过内部整合使企业的现有资源得到充分地利用，使生产规模在一定的资本结构和技术领域内得以扩大，从而建立和不断增强核心竞争能力。

二、创业企业适用战略

建立了自身的核心竞争能力以后，应在此基础上进行有目的的外部交易（如联合），继续获得核心竞争能力。保持创业企业在竞争中制胜的关键是制定出合适的竞争战略，这种战略必须能够扬长避短，获得竞争优势。具体从成本和市场营销的角度来看，以下的战略可能比较适合创业企业。

（一）成本控制战略

要求企业积极地建立，并达到有效规模的生产能力，在经验基础上全力以赴降低成本，做好成本、管理费用的控制，最大限度地减少研发费用和品牌树立等方面的费用。通过对我国创业企业分布状况研究发现，创业企业大多集中于两种类型：一类是分散型产业，基本包括服务业、零售业、批发业、木料加工和金属组装业、农产品、风险型企业等；另一类是新兴产业，包括新技术、新材料、新能源企业。在这方面，日本企业的做法值得借鉴，他们设计出既便于生产制造又有市场需求的简单、易组装的产品，这样对成本的控制就变得可行。

（二）重点集中战略

创业企业一般没有能力满足大部分的市场需求，如果与行业内的大企业争夺同样的顾客群，创业企业将处于不利的地位。重点集中战略是主攻某个特定的顾客群，或某产品系列的一个细分区间，或某个地区的市场。围绕着如何很好地为某一个目标市场服务这一核心，公司制定的每一项产品开发方针都要考虑自己的市场定位，把精力集中在目标顾客上，以提高效率。重点集中战略更适合服务业的创业企业采用，如美国的西南航空公司，在航空业中是规模较小的，但是其盈利能力却是那些大的航空公司望尘莫及的，其成功的原因就是坚持自己的服务特色和市场定位。由此可见，重点集中战略也有助于降低成本费用。值得注意的是，目标市场和产品定位一经确定，就不应该频繁地改变，坚持服务自己的顾客往往要求企业敢于拒绝其他少数顾客的需要和市场机会诱惑，实行“有所为，有所不为”的做法。

三、创业企业的发展战略

（一）加强型战略

市场渗透、市场开发和产品开发战略统称为加强型战略，因为它们要求加强努力的程度，提高企业现有产品的竞争。

市场渗透战略是通过更大的市场营销努力，提高现有产品或服务在现有市场上的市场份额。这一战略被广泛地单独使用或同其他战略结合使用。市场渗透的做法包括增加销售人员、增加广告开支、采取广泛的促销手段和加强公关宣传努力。尤其适合采用市场渗透战略的五种情况如下：

（1）企业特定产品与服务在当前市场中还未达到饱和；

（2）现有用户对产品的使用率还可显著提高；

（3）在整个产业的销售额增长时主要竞争者的市场份额在下降；

（4）在历史上销售额与营销费用曾高度相关；

（5）规模的提高可带来很大的竞争优势。

市场开发战略指将现有产品或服务打入新的地区市场。特别适合采用市场开发战略的六种情况如下：

（1）可得到新的、可靠的、经济的和高质量的销售渠道；

（2）企业在所经营的领域非常成功；

（3）存在未开发或未饱和市场；

（4）企业拥有扩大经营所需要的资金和人力资源；

（5）企业存在过剩的生产能力；

（6）企业的主业属于正在迅速全球化的产业。

产品开发战略是通过改进和改变产品或服务而增加产品销售。进行产品开发通常需要大量的研究和开发费用。特别适合采用产品开发战略的五种情况如下：

（1）企业拥有成功的、处于产品生命周期中成熟阶段的产品，此时可以吸引老用户试用改进了的新产品，因为他们对企业现有产品或服务已具有满意的使用经验；

（2）企业所参与竞争的产业属于快速发展的高技术产业；

（3）与主要竞争对手比较，同比价格可提供更高质量的产品；

（4）企业在增长的产业中参与竞争；

（5）企业拥有非常强的研究与开发能力。

（二）一体化战略

一体化战略是企业成长的一种主要战略形式，一体化战略就其本质而言是一个方向性的选择问题。企业可以选用纵向一体化，向自己的上游供应商或下游销售商扩展企业可以对少量的相关产品进行横向一体化的经营，同时利用自己的优势，拓展市场上的机会。当企业有较大的竞争优势，但市场机会不多时，企业适合采取多样化经营战略，把企业带向有更大发展空间的市场。另一种进入新领域的方法是寻找合作或合资经营的机会，企业可以通过纵向一体化，进入上游企业或者下游行业。

当一个企业发现它的价值链上的前面环节对它的生存和发展至关重要时，它就会加强对前面环节的控制。比如可口可乐公司，当它发现决定可口可乐销售量的不仅仅是零售商和最终消费者，分装商也起很大作用时，它就开始不断地收购国内外分装商，并帮助它们提高生产效率和销售额。

（三）多元化战略

多元化经营是企业扩张的一种普遍模式，是指企业在发展过程中向非主营业务领域的投资战略。关于多元化的争议从它诞生时开始，并一直伴随它的成长过程，但今天多元化经营已经成为全球顶尖企业的必然模式。多元化经营可以划分为以下几种形式：

（1）集中多元经营。增加新的、但与原有业务相关的产品与服务被广泛地称为集中化多元经营。

（2）横向多元经营。横向多元经营是指向同样的顾客提供新的、与原有业务不相关的产品或服务。

（3）混合多元经营。增加新的与原有业务不相关的产品或服务被称为混合多元经营。

实施多元经营并有效地规避风险，对于创业企业的发展尤为重要，不能急于追求企业的规模，实施多元化战略应坚持以下四个基本原则：

（1）已有产业要基础扎实；

（2）新旧产业要做到不冲突；

（3）新产业要能够进得去；

（4）新产业要能够站得住、打得赢。

思考题

1. 什么是企业成长？企业成长的模式有哪些？

2. 试分析企业成长中将会受哪些因素的约束。

3. 简述核心竞争能力对于创业企业的战略意义。

4. 简述创业企业的发展战略及适用条件。

第 6 章　初创企业风险防范与危机管理

学习目标

1. 了解初创企业项目管理的风险管理问题。
2. 掌握企业风险识别的方法、企业风险的防范。
3. 了解企业危机管理原理及方法。

案例导入

让世界爱上中国造！格力电器的“光荣与梦想”

2019 年 12 月底，因“让世界爱上中国造”高峰论坛齐聚珠海的 3 000 余位嘉宾在格力电器总部度过了“温暖”的一天。2019 年 7 月，格力凭借瞩目的营收成绩和创新能力强势上榜“世界 500 强”，位列榜单 414 位，并且在上榜的 129 家中国企业中，净资产收益率居首位，显示了企业良好的发展韧性，更彰显了卓越的企业管理能力。事实上，这并不是格力首次上榜“世界 500 强”。早在 2015 年，格力就大步挺进全球 500 强企业阵营，位列福布斯“全球上市公司 2 000 强”第 385 位，2017 年居第 294 位。

董明珠曾讲：“一个企业要赢得市场的尊重，最根本的是诚信，最大的秘诀就是不玩花样。”本着诚信共赢的原则，格力以引领行业为己任，为客户和消费者创造价值。从源头上严控产品质量在格力已是毋庸置疑的铁律，早在 1995 年，格力就成立了空调行业独一无二的“筛选分厂”，对所有外协外购零部件执行“海关式”筛选检验，全面提升产品质量。2005 年，格力又提出“不要售后服务的服务才是最好的服务”的理念，将其作为质量控制的统一原则标准。也正是基于这一质量管控理念，2006 年，格力荣获国家质检总局颁发的“世界名牌”称号，成为空调行业唯一获奖企业。以此为契机，格力还提出了质量管理“八严方针”，强化对质量的严格管控；在行业内率先实行“六年免费包修”政策，这一系列举措对空调行业整体质量提升起引领和推动作用。

一分耕耘，一分收获。正是格力在产品质量上的极致管理使其不仅在国内市场所获颇丰，也在国际市场上大放异彩。在第 44 届国际质量管理小组会议上，格力电器斩获三项金奖；在“第 63 届欧洲质量组织年会及中西双边质量交流会”上，格力电器成功斩获“最佳改进项目奖”，成为大会唯一获此殊荣的亚洲企业，充分展现出企业卓越的质量管理实力。

格力电器的成就不仅成就了自身“世界名牌”的口碑，也在不断助推行业创新、多样化发展，为消费者打造绿色节能、健康舒适的生活，引领制造业转向高质量发展道路。正如董明珠在“中国（广东）—泰国经贸合作交流会”主旨演讲中表示：“我们的使命就是在当下‘中国制造’向‘中国创造’的转型过程中，用核心技术去改变世界，用高品质的产品去服务世界。”

思考题

1. 格力电器是如何让世界爱上中国造的？
2. 格力电器发展过程中是如何应对风险和挑战的？

6.1 企业风险的识别

一、风险的特点

（一）客观性和普遍性

在企业经营的过程中，风险与机遇并存，而风险是不以人的意志为转移并超越人们主观意识的客观存在，而且在项目的全寿命周期内，风险是无处不在、无时不在的。这些也说明了为什么人类一直希望认识和控制风险，但直到现在也只能在有限的空间和时间内改变风险存在和发生的条件，降低其发生的频率，减少损失程度，而不能完全消除风险。

（二）偶然性和必然性

任何具体风险的发生都是诸多风险因素和其他因素共同作用的结果，是一种随机现象。个别风险事故的发生是偶然的、杂乱无章的，但对大量风险事故资料的观察和统计分析发现其呈现明显的运动规律，这就使人们有可能用概率统计方法即其他现代风险分析方法去计算风险发生的概率和损失程度，同时也促使风险管理的迅猛发展。

（三）可变性

在项目实施的过程中，风险不是一成不变的，它在不同的阶段以不同的方式得以呈现，有的风险随着项目的开展得到了有效的控制，甚至有的会被消除，而有的风险会随着项目的开展呈现新的形式。

（四）多样性和多层次性

由于项目的实施周期长、规模较大、风险因素的数量繁多等，所以在项目的整个生命周期内风险呈现多样性，而由于项目风险因素之间错综复杂的关系，加之项目风险因素与外界影响因素的关系，所以风险呈现出多层次性的特点。

二、企业风险的含义及特点

企业风险又称经营风险，国资委发布的《中央企业全面风险管理指引》对企业风险的定义是："未来的不确定性对企业实现其经营目标的影响。"企业风险的特点有以下几点：

（1）具有主观意识。因为这种风险取决于在一定时期内公司预测未来现金流动量的能力，而公司预测这种能力是千差万别的。

（2）不可预测。

（3）其风险影响比交易风险和折算风险大。

三、企业风险的来源与分类

按照企业风险的来源，可以将企业风险分为企业外部风险和企业内部风险。

企业外部风险包括顾客风险、竞争对手风险、政治环境风险、法律环境风险、经济环境风险等；企业内部风险包括产品风险、营销风险、财务风险、人事风险、组织与管理风险等。

立足于企业的生产经营活动来进行企业风险评估，主要评估企业内部风险，兼顾企业外部风险。

从企业风险产生的根源看，又可分为可控风险和不可控风险，可控是指是否人为可控。那么，可控风险中的人为因素是什么呢？由于有不同利益的偏好，不同的人对风险的意识、对风险的态度也不同。

在企业项目管理中同样存在风险，主要有以下几个方面。

（1）合同风险。在企业项目实施之前，合同双方必须就合同内容进行详细的沟通和确认，在项目实施过程中的双方责任和义务都要进行明确，合同内容越详细，合同风险发生的概率就越低。在实际情况下，合同风险往往是由于双方的沟通不顺畅、项目实施过程中一方的责任感缺失等，这些都使得实际与合同本身有一定的差别，从而影响项目的实施进度。目前在项目管理过程中，合同风险是重要的风险之一，由于合同问题造成的争吵、打官司等现象较多。所以在项目管理中，合同是所有工作开展的前提基础，在合同签订前要做大量的前期工作，才能使后续工作得以有效开展。

（2）环境风险。环境风险在项目实施过程中是难以被计量的，它的发生具有不确定性、未知性，包含经济风险、自然风险、社会风险、政治风险等。经济风险是由于市场环境的影响，使得人力成本、材料成本等产生相应的变化；自然风险是由于自然因素所带来的风险，如自然灾害。

（3）项目实施风险。企业项目实施的周期较长，这其中存在的风险也较多，从而加大了项目的管理难度。项目在实施中的任何一个环节，都为项目管理带来了诸多的问题，小到材料的采购，大到技术的开发等。比如在技术开发的过程中存在的风险也较高，由于新技术的实用性不确定，而市场对其认知度不高，所以新技术的开发风险非常大，无论是对中大型企业还是小型企业而言，由于资金成本、人力成本、时间成本等投入过高，所以新技术开发往往会因此而放弃。

四、企业风险识别的方法

（一）财务风险的识别方法

企业财务风险发生具备一定表现，通过这些表现企业可以有效判断财务发生风险类型，为企业财务安全监控提供保障。一般企业财务风险可以从下面几个方面识别。

1. 故障分析法

故障分析法主要是故障树分析别称，它是由瓦特森提出。其安全识别方式主要通过图解方式对故障分解，或者对故障产生原因进行罗列分析，从而全面掌握安全问题。

2. 调查法

调查法主要是通过专家对安全体系进行调查，专家利用自身经验与专业修养，分析财务运行中存在的潜在风险，保障财务安全运行。一般调查法根据调查形式不同可分为德尔菲法、判断法等。

3. “灾变”论

“灾变”论一般是利用筛选、检测、诊断系统性风险识别方式。在这种识别方式中有步骤地对财务安全情况进行检测：第一步，对财务具体程度进行筛选，对风险因素实行分类；第二步，对相关风险因素造成后果进行检测，随时对风险因素进行记录与分析；第三步，对引起风险因素进行判断，制定相关策略治理风险。

4. 情景分析法

情景分析法是财务安全分析方式之一，它是一种对风险因素对安全影响程度分析方式。情景指对某件时间某种状态的一种描述，一般利用图或表，更为直观将各风险因素对财务安全影响表现出来，方便相关管理人员对相关财务进行监控，提升安全防范意识。

（二）其他风险的识别方法

1. 生产流程分析法

生产流程分析法是对企业整个生产经营过程进行全面分析，对其中各个环节逐项分析可能遭遇的风险，找出各种潜在的风险因素。生产流程分析法可分为风险列举法和流程图法。

（1）风险列举法是指风险管理部门根据本企业的生产流程，列举出各个生产环节的所有风险。

（2）流程图法是指企业风险管理部门将整个企业生产过程一切环节系统化、顺序化，制成流程图，从而便于发现企业面临的风险。

2. 财务表格分析法

财务表格分析法是通过对企业的资产负债表、损益表、营业报告书及其他有关资料进行分析，从而识别和发现企业现有的财产、责任等面临的风险。

3. 保险调查法

采用保险调查法进行风险识别可以利用两种形式：

（1）通过保险险种一览表，企业可以根据保险公司或者专门保险刊物的保险险种一览表，选择适合本企业需要的险种。这种方法仅仅对可保风险进行识别，对不可保风险则无能为力。

（2）委托保险人或者保险咨询服务机构对本企业的风险管理进行调查设计，找出各种财产和责任存在的风险。

风险的识别是风险管理的首要环节。只有在全面了解各种风险的基础上，才能够预测危险可能造成的危害，从而选择处理风险的有效手段。

6.2　企业风险的评估

一、企业风险评估的概念和作用

企业风险评估是对所收集的风险管理初始信息和企业各项业务管理及其重要业务流程进行的风险评估，具体包括风险识别、风险分析和风险评价三个步骤，其目的在于查找和描述企业风险，评价所识别出的各种风险对企业实现目标的影响程度和风险价值，给出风险控制的优先次序等。风险识别、风险分析和风险评价要采取定性分析与定量分析相结合的方法，如问卷调查、专家咨询、管理层访谈、集体讨论、情景分析、统计分析、模拟分析等。

二、企业风险防范管理的重要性及意义

任何企业在自身的发展历程中都不可能脱离风险而发展，风险的出现对于企业来说

既是挑战同时也是一个全新的发展机遇。这也是企业需要开展风险管理工作的目的以及意义所在，风险管理对于企业的生存、连续发展、经济效益提升等方面有着极为重要的作用。

扩展阅读 6.1

AIG 财务危机的原因——风险衡量的差错

（一）为企业的生存以及连续发展提供相应的保障

企业中的风险管理与企业中诸如组织、决策的等等企业职能一样，也是一项复合型的重要职能，贯穿于整个企业的所有活动的全过程之中。企业内部合理健全的风险管理对形成一个良好完善的内部控制制度有重要的影响。这种地位就决定了风险管理作为企业的重要职能，不仅不可能被其他职能所代替，并且所起的作用也是远远超过其他职能的。风险管理可以为企业的生存以及连续健康发展提供一个良好的保障。

（二）为企业的活力以及经济效益的提升提供保障

在任何一个企业之中的所有经营活动都不可能是一帆风顺的，尤其是在经济全球化趋势日益明显的今天，企业在实际的经营过程中面临的风险更加多样。在经营过程中企业必须对风险采取正视的态度，这种情形下往往风险和发展机遇是共存的，正视风险才有可能从背后找到企业进一步发展的契机，正确的风险管理能够为企业活力以及经济效益的进一步提升提供保障。

（三）为企业自身价值的提升提供保障

企业需要正视在发展过程中遇到的各种风险，换句话来说，就是需要把开展的每一次风险管理活动也同样看作是一次投资，风险管理的良好开展，不单单能够显著降低损失或者是发生风险的概率，并且容易发现在这背后隐藏着的企业价值提升的机遇。风险管理的全面实施可以有效地降低企业在经营过程中的波动幅度，为企业的自身价值的提升提供保障。

三、企业风险评估的内容

风险评估的范围应包括以下几个方面：

（1）规划、设计和建设、投产、运行等阶段；

（2）常规和非常规活动；

（3）事故及潜在的紧急情况；

（4）所有进入作业场所人员的活动；

（5）原材料、产品的运输和使用过程；

（6）作业场所的设施、设备、车辆、安全防护用品；

（7）丢弃、废弃、拆除与处置；

（8）企业周围环境；

（9）气候、地震及其他自然灾害等。

四、企业风险评估的方法

风险评估的理论基础包括大数法则、概率推理原理、类推原理、惯性原理。

（一）大数法则

大数法则为风险评估奠定了理论基础，即只要被观察的风险单位数量足够多，就可以对损失发生的概率、损失的严重程度评估出一定的数值来。

大数法则是近代保险业依赖的数理基础。风险单位数量越多，实际损失的结果会越接近从无限单位数量得出的预期损失可能的结果。保险公司正是利用在个别情形下存在的不确定性将在大数中消失的这种规则性，来分析承保标的发生损失的相对稳定性。保险人可以比较精确地预测危险，合理地制定保险费率，使在保险期限内收取的保险费和损失赔偿及其他费用开支相平衡。

（二）概率推断原理

单个风险事故是随机事件，它发生的时间、空间、损失严重程度都是不确定的。但就总体而言，风险事故的发生又呈现出某种统计的规律性。因此，采用概率论和数理统计方法，可以求出风险事故出现状态的各种概率。比如运用二项分布、泊松分布可用来评估风险事故发生次数的概率。

（三）类推原理

利用类推原理评估风险的优点在于，能弥补事故统计资料不足的缺陷。实际上，进行风险评估时，往往没有足够的损失统计资料，且由于时间、经费等许多条件的限制，很难取得所需要足够数量的损失资料。因此，根据事件的相似关系，从已掌握的实际资料出发，运用科学的评估方法而得到的数据，可以基本符合实际情况，满足预测的需要。

事物发展有各自的规律性，但其间又有许多相似之处。类推法是通过不同事物的某些相似性类推出其他的相似性，从而预测出它们在其他方面存在类似的可能性的方法。

（四）惯性原理

利用事物发展具有惯性的特征去评估风险，通常要求系统是稳定的。因为只要有稳定的系统，事物之间的内在联系和基个特征就有可能延续下去。但实际上，系统的状态会受各种偶然因素的影响，绝对稳定的系统是不存在的。因此，在运用惯性原理时，只要求系统处于相对稳定的状态。

五、风险评估的作用

通过评估，计算出比较准确的损失概率和损失严重程度，减少损失发生的不确定性。不同风险管理主体对不确定性的程度和认识是不同的，风险评估的目的是降低不确定性的层次和水平。

合同的限制可以使不确定性的水平降低，建立损失概率分布，确定损失概率和损失期望值的预测值，为风险定量评价提供依据，也最终为风险管理者进行决策提供依据。

六、风险衡量的方法

扩展阅读 6.2

案例分析

（一）中心趋势测量

平均指标是从个别标志值加以抽象概括而计算出来的，它是由个别标志值组成的变量数列的代表。对大多数风险事故来说，其变量数列中的标志值接近平均值的多，远离平均值的少，形成以平均值为中心，左右分布大体相等的分布形式。这反映了总体上的集中趋势。

在风险分析中，事故损失的平均指标能提供很多有用的信息：利用损失平均指标与同类型企业进行比较，以了解本企业在风险管理方面的水平，找出差距，决定对策；与国家或部门颁布的有关标准比较，为风险评价提供依据；风险管理者可利用本单位不同时期的损失平均指标的变化，来分析损失的发展趋势和通过发展趋势归纳出损失发生的规律；利用平均指标还可以分析与事故发生的有关因素的影响程度。

常用平均指标包括算术平均数、加权平均数、中位数、众数。

（二）变动程度的测定

变异指标反映总体各单位标志值的变异程度，即反映变量数列中各标志值的变动范围或离散程度。平均指标只能综合反映整体中各单位或某一数量标志的共性，而不能反映它们之间的差异性。因此，平均指标仅能从一个侧面去描述总体标志值的分布特征。差异指标则从另一侧面，即标志值的差异来描述总体的特征。

常用变异指标包括方差、标准、差异系数。

若过去每次损失的次数都一样，则能用平均损失精确预测下一年度的损失。可以考虑将这些损失作为一种经营费用来处理，并可认为企业无风险。但如果标准差或差异系数很大，即过去的损失资料表明，每年的损失值相差很大，则不可能精确地预测下一年度的损失。这时，需要具体考虑平均损失与标准差或差异系数的不同大小组合，以便采取相应的风险管理措施。

6.3　企业风险的防范

一、企业风险防范的主要方面

企业是社会各种关系的综合，企业的价值观决定了其处理社会关系行为的模式和结果。如果企业没有很好的心态，不能正确处理问题，就会在经营过程中积累很多的风险。如何防范处理这些风险是每个企业家应该重视的问题。企业风险管理包括六个方面，它们来源于管理层经营企业的方式，并与管理过程整合在一起。

（一）维持短期利益和长期发展的平衡

企业的运转过程中都存在着冒险主义因素，如果资金非常雄厚，企业一般不会失败。但是，企业总会有缺乏资金的时候，所以维持短期利益和长期发展的平衡，利用好有限的资源是很关键的问题。企业长期业务和短期风险之间要有一个合理的比例，长期业务的比例要达 70% 以上，要拿出 30% 的资金进行风险性的尝试。企业发展的速度要有科学的控制。作为企业的负责人，要明白自己的家底、负债能力、人才状况等。如果对这些方面都没有清晰的了解，只是想不断地加快发展的速度，很可能就会亏损。我们企业 80% 的问题，不是发展太慢而是发展太快所造成的。解决了快和慢的问题，就解决了生和死的问题。在进和退之间，进比较容易，退比较困难。

（二）具备专业的多元思路

作为一个多元化经营的公司，要做得比别人强。比如复星集团，虽然进入地产业的时候是从很小的规模做起，但是近些年在专有品牌方面下功夫，企业实力有了很大的提升。所以，现在复星集团能在中国香港上市，国际资本对复星也持认同态度。这证明复星在经济上实现了良性的循环。企业如果要做多元化的投资，就要具备多元化的结构和多元化的能力，需要做得非常专业。不少企业都实行多元化经营，这本身没有错，问题在于企业是否善于进行多元化的经营，是否有能力经营多元化的公司。

（三）看清内涵增长和外因发展间的关系

内涵增长是在外因发展的基础上建立起来的，内涵增长以外因发展为基础，是外因发展的最终要求。企业要发展，就要在跑马圈地的同 时将地种好。 如果民营经济长期停留在跑马圈地的阶段，不具备将地种好的能力，那么，这块地迟早要交出来。所以，我们要培养精耕细作每一块已有土地的能力。在这一点，复星集团还是值得自豪的。刚做南钢的时候，它的产能只有 200 万元，而且都是中低型的钢材。近些年提升了产品的层次，扩大了规模，南钢的竞争力慢慢体现出来，具备了较好的盈利能力。有的企业会产生一种错觉，觉得规模足够大，即使出现问题，政府也会出面救助。其实不然，从做企业的第一天开始，企业家就应该明白，每一个决策都会表现在经营结果上，要对自己的每一个决策负责。企业所做的一切，都是为社会创造价值，做每一个决定，并不是简单地将资源堆积在一起。

（四）理顺企业与政府间的关系

企业与政府的关系不能太软也不能太硬，既要与政府保持良好的沟通，也不能用非法的手段，保持过分密切的关系。没有政府的支持，企业不可能有很好的发展。但是，如果使用非法的手段换取与政府的特殊关系，企业会很脆弱，怎么经营起来的就会怎么倒下去。企业利益和政府利益的角度不同，企业关心的是如何盈利，政府考虑的是企业发展是否符合社会的发展的要求。例如，美国的一个企业，本来想盖一座 18 层的大楼，政府的官员来视察之后，提出盖得更高的要求，于是大楼的规划就慢慢变成了 28 层、38 层，最终确定的方案是 78 层。本来企业盖一幢 18 层的大楼是没有危险的，但是盖 78 层楼就一定危险。因此，企业的经营者一定把握好决策的尺度。

（五）处理好和银行、股东的关系

企业要立足于自己的现金流，要做有利润的现金流和有现金流的利润，这是我们的生存之本。同时，还要多渠道地发掘资金的来源。一味地依靠银行也存在风险。如何加大资本的融资和股权的融资，这对于企业来说是价值观的问题。因为涉及利益分享，只有乐于与别人分享，才可以得到更多的帮助。所以，股东的相互支持非常重要。除了坦诚沟通之外，企业要建立良好的公司结构，将利益权责说清楚，将更多的时间和精力放在管理和经营上。

（六）恰当监督职业经理人和善待员工

企业很多风险是因为没有处理好职业经理人的问题而产生的。企业发展一定规模，一定会聘用职业经理人，在充分信任职业经理人的同时，也要建立相应的监督机制，两者少了任何一项，都要出问题。企业的根本价值，除了为股东、社会创造价值外，还要为客户创造价值，为员工创造价值。企业应该善待员工，让员工在付出劳动的同时得到满意的报酬。作为企业家，要承担起育人的责任，处理好与员工之间的关系，让他们的价值得到充分实现。企业的核心是企业家以及企业家的价值观。做企业，只有树立正确的价值观，处理好企业和方方面面的关系，就可以起防范企业风险的作用。

二、企业法律风险的防范

任何一家企业的发展均离不开恰当、系统、规范的内部管制。通过恰当的内部管制手段的应用，可以降低企业运行阶段遇到的法律风险，为企业长时间稳定运行提供保障。因此，在明确现实环境法律风险的基础上，建立完善的法律风险识别管制体系，第一时间发现并处理企业经营管理期间出现的法律风险，保障企业经营发展环境安全，就成为企业面临的重要任务。

（一）企业法律风险的表现

（1）融资并购法律风险。企业资金筹措、并购操作阶段涉及知识产权法、公司法、税法等多部法律。一旦考虑不当，就会违背法律规范。

（2）盲目担保法律风险。盲目担保法律风险主要是指中小型企业因顾及亲缘、地缘因素，在不考虑担保对象清偿能力、资信情况的前提下盲目担保，为企业带来的风险。

（3）合同法律风险。在企业经营管制阶段，合同法律风险时刻存在于合同生效、订立等各个阶段，对企业内部经营管制造成了较大的威胁。

（4）知识产权法律风险。现阶段我国法律体系中对企业专有技术、商业秘密缺乏完善约束，导致企业经营管制阶段知识产品法律风险发生概率较高。

（二）企业法律风险来源

（1）市场竞争对手不正确行为。市场竞争中对手的不正确行为极易为企业带来不需要承受的法律风险。比如部分企业缺乏良好的商标保护意识，导致其没有第一时间进行商标注册，被竞争对手抢先注册后就会致使其遭受法律风险及利益损失。

（2）内部管理制度执行不到位。内部管理制度执行不到位是企业法律风险的内部来源，由于企业管理制度制定人自我认知能力限制，导致企业内部管理制度不可避免地具有一些漏洞。再加上企业内部个别人员受私利诱导主动进行不合法行为，极易导致企业产生法律风险。

（三）企业法律风险防范的必要性

企业主要是指以盈利为目标，从事商品经营活动，或者商品生产活动的法人或非法人组织。在市场经济运行过程中，企业追逐利益最大化的本性决定了企业与风险不可分离。而企业运行过程中各种风险最终均会以法律危机的形式表现出来，如法律关系终止、企业义务增加等。在这种情况下，基于企业与法律风险矛盾统一体的关系，通过对企业法律风险进行防范，可以平衡企业与法律风险地位，为企业运营发展提供更加规范、更高水平的服务，保证企业管理运行。同时企业法律风险防范机制的稳定运行，也可以为整个市场经济健康、平稳发展提供保障。

（四）企业法律风险识别

（1）直接法律风险。根据企业在经营发展过程中所面临的法律风险发生因素及其与企业间关系差异，可得出企业经营发展阶段所面临的直接风险主要是因企业内部经营管制行为缺乏法律支撑，或者由法律因素直接导致的不同类型风险，如劳动关系中法律风险、合同法律风险等。

（2）间接法律风险。在企业经营管制阶段，间接法律风险发生概率较高，其大多指企业因受其他相关或不相关法律关系牵连产生的法律风险。常见的间接法律风险如因担保而产生的法律风险等。

（五）企业法律风险防范的途径

1. 准确识别法律风险

企业对法律风险的认知程度直接影响了其在后续防范控制法律风险的积极性。因此，企业可从意识层面入手，对现有法律风险进行逐一考察，并制定恰当的风险防范对策。从本质上而言，企业法律风险识别主要是将企业设立阶段、内部管理约束、资金投入、人事管理、知识产权、财务管理、合同管理、资金筹措及并购等活动中，符合法律规定与不符合法律规定的行为进行有效区分。

常用的企业法律风险识别方法主要有德尔菲法、流程分析法、情景分析法、历史事件分析法。其中德尔菲法主要是针对企业发展过程中面对的日益复杂的法律风险，引入行业专家，以背靠背的方式，吸收每一位行业专家判断意见，为企业间接复杂法律风险有效识别提供依据；流程分析法主要是将企业日常经营、商品生产、商品管理进程作为主干，根据企业商品服务，或者商品生产组织结构变化进度，从资金往来、人事管理、产品制造或产品销售等方面，进行逐一分解。在得到每一个环节遇到的细小风险后，进行集中整合，获得企业日常经营、商品生产或销售阶段遇到的风险具体形态、风险性质，最终以风险流程图的形式直观展示；情景分析法主要以识别企业后续发展阶段可能遇到的风险挑战为目标，以前瞻的视角，对整个行业领域发展趋势进行深入剖析；历史事件分析法主要是从企业历史发展进程中遇到的内外部纠纷、索赔、诉讼及其他执法事件入手，对其所产生的类型进行科学分类，并揭示具有风向性的潜在法律风险，可以为稳固的工作机制形成提供依据。

2. 构建法律风险预防控制机制

从整体社会发展宏观视角进行分析，我国正处于重要转型阶段，不同类型规则、潜规则相互影响，促使企业在设立、经营、管制等各个阶段承担着不同类型、不同程度的法律性风险。在这种情况下，构建企业法律风险防范机制就变得非常必要。

首先，根据企业内部决策行为、经营行为、管理行为、设立行为实施阶段存在的法律风险，企业应对内部规章制度进行优化完善。综合考虑自身参与市场竞争内部、外部环境，将与法律风险具有紧密联系的核心事项作为重点，利用企业规章制度的形式，细化法律风险事故发生前警告、发生过程控制及发生后补偿规定。并根据市场竞争环境、企业发展阶段及规模变化，进行动态调整，保证企业规章制度与市场竞争需求相符。

其次，企业主管者及整体员工应强化自身法律风险意识，在现有文化体系及思政道德体系中纳入法律风险防范意识，为企业决策行为、员工日常行为提供有效的指导。同时考虑企业不同员工岗位所面临的法律风险类型、起源及后果具有较大差异，应以企业内部培训考核的方式，有针对性地为不同岗位员工及管理者提供对应的法律风险及防控知识，以便最大限度降低各个岗位运行阶段出现的潜在法律风险。

最后，考虑企业法律类型差异，在法律风险防范机制建立阶段应制定不同的工作重点，如对于销售型企业，应将客户资料保密、合同管理、销售网络完善作为重点；而对于生产研发型企业，应将生产技术产权管理、资料管理及研发管理作为重点。同时，为保证法律风险管理理念有效贯彻落实，企业应强化与类似企业或者关联企业沟通，努力争取在市场竞争中主动权，逐步构建更加平和、稳定的交流体系，为企业法律风险的有效防范提供依据。

3. 构建多元化风险防范机制

针对现阶段企业日常经营、最终决策阶段所面临的法律风险的多样性，企业可以进行不同类型风险防范机制的制定。

首先，借鉴美国市场主导型法律风险防范机制运行经验，基于企业股权易流动、高度分散、治理成本高的特点，可以在不设置监事会的基础上，将决策权交付给权威人员，促使其拥有资产控制及战略制定权。随后充分发挥总法律顾问优势，以内部法律顾问为骨干成员，允许总法律顾问直接进入高层，或者促使总法律顾问兼任辅助管理人员参与重大决策，并协调企业日常经营管理、最终策略制定，为企业内部管理制度合法、独立运行提供有效引导。

其次，考虑市场主导型法律风险防范机制成本较高，对于中小型企业提出了较大的负担。因此，企业可以借鉴德国国家公司内部法律风险防范经验，以企业集体利益最大化为目标，允许股东或者中介组织代理公司主管者执行监督、控制责任。通过在股东大会、董事会、监事会间设置层层监控、相互交织的管理体系，可以提高各高层参与企业法律风险治理的积极性。

最后，根据我国大众创业背景下小微企业法律风险防范需要，基于小微企业经营权、所有权重合度较高的特点，可以借鉴日本2002年通过的《商法修正案》内容，在企业内部设置法律事务机构，逐步推动企业股权及经营管理权向经营管理人员、初创人员共同管理变更，最大限度降低因初创人员法律意识不足导致的法律风险。同时考虑企业法律风险防范是一种长效机制，企业应全方位贯彻落实规范性运作原则，将法律事务机构与各个岗位、各个部门职责体系有机交融，推动企业合同交易、财务管理、对外投资、劳动管理进入规范化、法制化渠道。

在市场经济繁荣发展的背景下，企业经营发展的各个阶段所涉及的法律风险也呈现出多元化、繁杂性。因此，企业应立足法律风险管理监控约束，在内部构建更加完善系统的法律风险管理制度。根据阶段企业发展情况，及时、有效识别企业经营发展阶段遇到的法律风险，并制定预先管控对策，以便从根源上防范企业经营管理阶段遇到的法律风险，保障企业平和、稳定运行。

（六）企业融资风险的防范

资金是企业经营活动的命脉，对于企业战略目标的实现具有重要作用，而融资的过程就是企业资金筹集的过程，企业只有拥有充足的资金，才能为生存和发展提供保障；企业可以选择的融资方式有多种，如银行贷款、股票筹资、债券融资、融资租赁等方式，然而由于企业在发展过程中受多种因素的影响，包括企业内部环境和市场外部环境，会在一定程度上影响融资活动，造成收益变动风险。

因此，作为企业应认识到融资风险并非不可控，只是需要重视防范和控制融资风险，以促使企业良性发展。融资是现代企业扩大规模、实现战略目标的重要途径，企业既要明确融资对于企业发展的重要性，又要树立正确的融资观念，科学融资，规避风险。

1. 企业融资风险的识别和成因分析

1）企业融资风险产生的外部原因

企业在融资过程中会产生的风险一半是来自外部因素，主要分为以下三个方面：①社会主义市场经济是需要由国家的宏观调控手段来予以平衡的，国家的宏观调控手段对企业的发展有直接的影响作用，我国主要的银行都是国有银行，在给予企业贷款的要求中是较为严格的，而且国家所实施的政策，尤其是所得税政策和税金的减免政策对企业的融资所产生的影响是较大的，再加上不同的经济周期对企业的融资也会产生不同的影响。②企业作为社会主义市场经济的重要组成部分，在经营中会受各方面因素的影响，像价格、成本等都会对企业的融资能力产生一定的影响。③企业主要的融资渠道为银行，而银行的发展是受金融市场的影响的，因此，如果金融市场波动很大的话，银行自然也对企业的融资要求会更高，也就会影响企业的生产经营活动。

2）企业融资风险产生的内部原因

企业在融资过程中所产生的风险还会受内部因素的干扰，主要可以分文以下三个方面：①企业自身内部由于经营管理不善，措施落实的不到位等多方面原因，导致企业内部管理不佳，基础工作缺乏，财务制度不健全，使得企业的诚信度下降，不仅无法为公司创造效益，而且也会带来不良的影响。②很多发生融资风险的企业，由于在融资前没有进行有效的评估而带有加大的盲目性，使得融资决策无法正常发挥，从而带来融资风险，影响企业的发展。③企业在信息透明度的建设上做得不够好，信息透明度不高，使得金融机构在为企业做信息评估时难以进行，这也就加大了企业融资的困难，不利于企业的经营发展。

利息率变化会引发融资内部风险，当利息率发生变化后，不管企业是否有能力偿还债款，都需要根据合同要求支付本金及其相应利息，利息率越高，企业承担的利息费用成本就越多，也意味着企业承担的财务负担增加，从而增加企业的经营压力和风险；同时利息率的变化，会对企业股东的收益造成一定的影响。

融资结构不科学的企业在选择融资时，需要合理设置融资结构，融资结构主要是指在企业总融资额度中长期融资和短期融资的比重情况，如果企业的融资结构设置不合理，将会增加企业的筹资风险。主要表现在以下三方面：

（1）若企业选择长期融资，则利息率会在一定时间段内变化较小或者保持不变，若选择短期融资，则短期内利息率可能会有较大的变动。

（2）若企业选择短期融资，最终却将其用于长期投资，则一旦借款到期，企业将会面临缺乏充足资金偿还短期贷款的风险，在此种情况下，如果借款主体（债权人）拒绝延长贷款期限，则企业可能会面临破产风险。

（3）如果企业选择长期融资，则需要满足一定条件才能进行融资，融资时间长，难度大。

融资规模不科学的企业在开展融资活动时，需要综合考虑资产和负债的比重关系，根据自身实力合理融资，否则负债规模过大，企业不仅面临无法还本付息的风险，还会危及财务安全。

2. 企业强化融资风险控制的有效对策

1）提高管理力度，做好企业融资风险防范工作

做好企业融资风险的防范措施，还可以通过以下几个方面来实施：

首先，提升企业融资管理人员风险意识，培养综合型融资人才。融资人员是企业融资工作的直接参与者，因此其专业水平直接影响企业的融资风险，基于此，企业应重视提升融资团队的整体专业水平，增强融资风险意识，认识到在企业的发展中风险是在所难免的，

要端正态度并采取有效的措施来降低风险，还要做好各项财务预测计划，合理安排筹集资金的数量和时间，从而提高资金效率。企业管理层应重视树立理性融资观念，在选择融资规模、融资期限时，应合理评估企业的实力情况以及发展战略目标需要，切忌过度融资，以免增加企业偿付压力。

其次，应重视培养综合型融资人才，为企业的融资管理提供充足的人才支持。企业应定期对内部财务关键岗位、管理层等进行专业定向培训，既要注重融资管理理论知识的指导，融资风险控制防范技巧指导，又要结合企业实际提出建设性整改意见，以优化企业的融资管理团队；企业重视提升融资风险意识，培养专业综合型人才，可以增强企业的融资风险控制能力和水平。融资风险并非不可避免，企业融资管理人员、财务人员通过提升业务操作规范性、科学性、合理性，可以有效杜绝融资风险，为企业的良性发展助力。

最后，如果企业在融资过程中是受利率的变动而产生的风险，就需要认真研究资金市场的供求情况，研究利率的实际走势，采取具体问题具体分析的原则，做出合理的安排。

2）提升企业信用等级，提高融资水平

企业提高融资水平，最为关键的因素就是企业的信用等级，企业的信用等级上升，才可以在融资方面获取更多的资源。那么，如何提升企业的信用等级呢？首先，企业要完善财务管理制度与经营管理制度，高层管理者要重视企业的管理，从员工的发展出发，制定合理化的规章制度来保证员工有效完成工作，保证公司部门与部门之间有效运转，同时在财务上要建立透明机制，账务公开化，发挥群众的力量来监督，提升财务管理水平。其次，企业在对外经营方面，要秉持诚信经营理念，增强重合同、守信用的自我约束意识，从而提高企业的诚信与信誉，对外树立一个良好的形象，提升企业的信用等级。

3）建立科学融资结构，有效规避融资风险

控制好企业的融资风险，可以通过以下途径予以规范：第一，尽管融资的渠道和方式有多种选择，但是无论企业选择哪一种方式，都是有代价的，加上融资选择过程中会受来自不同方面的因素干扰，更加需要做到对各种渠道得到的资金予以权衡，从企业自身发展出发，考虑经营成本、投资收益等多个方面，将资金的投放和收益结合起来，在融资之前做好决策，以免出现失误。第二，企业需要从资本结构的角度出发，建立科学的融资结构体系，使得各种融资方式之间可以相互补充，优化融资结构，从而有效规避融资带来的风险。

4）重视融资事前、事中、事后控制融资

（1）事前控制。作为企业，在开展融资之前，应重视制定科学、合理、完善的融资规划，不仅要考虑融资的利率问题，还要综合评估融资的机会成本，把握最佳融资时机，确保理性融资，通过融资计划可以在后期的工作中有序进行，降低操作不当带来的风险。首先，企业管理层应注重调动全员树立风险意识，做好各项风险预防工作，将风险意识深化具体的工作中，以便防患于未然；其次，重视构建完善的风险防范体系，企业可以选择多元化融资，拓宽融资的渠道，如此不仅可以将融资风险分散化，同时还能有效减少融资成本。

（2）事中控制。融资过程控制是企业风险防控的关键环节，企业应注重在事中环节把关，防控融资风险。应注意以下方面：

①保证为投资人提供完整、真实的材料信息，确保资金供给者和需求者之间的信息互通，禁止提供虚假、不实信息，避免由此牵涉法律风险； 除此之外，当企业在向其他融资主体提供资金时，应重视执行融资流程，可以通过协议的形式加以规定；若需要担保人，必须严格遵循法律要求，办理好相关手续，防止担保无效后，无法追究相关人员的法律责任。

②重视规范融资合同。合同中必须对利益双方的义务和责任进行明确，以规避违约风险；在资金融入成功后，企业应科学地借助预算工具，对筹集资金进行合理分配和归集，并注意账务处理，以发挥资金的最大效益和价值。

③重视对资金使用过程的监督。企业需要在资金使用全过程进行严格管控，以降低操作不当风险。

（3）事后控制。企业加强融资风险事后控制，能够有效降低经济损失。事后风险控制需要从以下方面做起：

①合理确定融资结构，企业融资并不是越多越好，因此应注意对融资规模的控制，将负债控制在合理范围，否则负债规模过大，企业可能会面临无法偿还风险；企业需要注重对资本结构的分析，对于融资风险与成本进行合理的界定，根据不同时期的资本结构，严格控制负债在总融资结构中的占比；此外，企业应合理分析负债融资规模，选择最佳融资渠道，做好利率规划工作，减少企业的融资成本投入。

②注重融资期限结构的设置，企业融资期限主要包括长期融资和短期融资，如果长短期融资选择不当，也会引发风险。基于此，在选择长、短期结构时，企业应做好规划工作，防范由于短期融资集中偿付，而导致企业资金链断裂。

③制订详细的资金使用计划，防范资金占用，企业可以通过调整资产结构的方式，改变现金流结构，促使企业资金的健康高效流转。

5）健全和完善企业融资风险管理的长效机制

重视搭建融资风险预警平台。作为企业，应重视不断提升自身融资风险识别和防范水平，如此才能降低融资风险对企业发展的影响。首先，企业应基于大数据、云计算建立风险指标数据库或信息库，根据指标的风险级别合理取值，建立“红线”“黄线”“绿线”风险等级。其次，企业在融资过程中，通过获取企业内部信息、债权人信息、市场环境信息等对关键风险点进行综合评估和分析，并提示企业的融资风险级别；企业根据风险等级，提前规避或者制定风险应对预案，以降低风险带来的损失。最后，完善企业信息共享平台，大企业作为一个整体，通过构建高效互通的信息实时共享体系，可以便于统筹协调，做好融资风险的应对工作。

明确规范职责分工、权限范围和审批程序，科学合理地设置机构和配备人员；应建立融资风险评估制度和重大风险报告制度，在未得到董事会批准的情况下，一律不得对外融资。对于违反融资规范的行为，企业有权追究其责任。为了预防融资陷阱风险，企业可以委托律师对投资方的具体信息进行调整，以预防受骗，并签订严谨的融资合同，事先约定好违约责任，切实预防因融资陷阱造成的不必要损失。企业在选择增资扩股或引进战略投资者的方式时，也需考虑失去控股权的融资风险。总之，只有健全和完善企业融资风险管理的长效机制，才能防微杜渐、防患于未然。

综上所述，融资是企业一项重要的经济活动，在新时期，融资可以帮助企业抓住机遇和发展机会，从而创造更高的价值，这是企业面对市场竞争和转型升级的必然。企业通过科学的融资可以提升市场竞争力，然而融资环境复杂多变，如果融资资金未能达到预期效益，就会为企业带来运营风险，甚至导致企业破产。基于此，我国企业应正视融资风险，既要积极开展融资活动，又要做好融资风险的识别、防控，以降低和规避融资风险为企业带来的影响。企业融资风险控制，应重视做好事前评估分析、事中控制、事后评价跟踪，以确保整个融资活动规范进行，为企业发展提供高质量的资金环境。

6.4 企业危机的管理

企业在生产经营中面临多种危机，并且无论哪种危机发生，都有可能为企业带来致命的打击。对于企业来说，危机管理迫在眉睫，它不再仅仅局限于处理突发性事件，注重挖掘企业管理的深层次问题日渐成为企业管理必不可少的组成部分。

一、企业危机管理的含义

危机管理是指企业组织或个人通过危机监测、危机预警、危机决策和危机处理，达到避免、减少危机产生的危害，甚至将危机转化为机会的管理活动。危机管理所涉及的主要有五个方面：

（1）危机管理者对危机情境防患于未然，并将危机影响最小化。

（2）危机管理者未雨绸缪，在危机发生之前就做出响应和恢复计划，对员工进行危机处理培训，并为组织或社区做好准备，以应对未来可能出现的危机及其冲击。

（3）在危机情境出现时，危机管理者需要及时出击，在尽可能短的时限内遏制危机。

（4）当危机威胁紧逼、冲击在即时，危机管理者需要面面俱到，不能轻视任一方面。这意味着此事要运用与危机初期不尽相同的资源、人力和管理方法。

（5）危机过后，管理者需要对恢复和重建进行管理。这也意味着此时运用的资源、人力和管理方法会与危机的初期和中期有所不同。

危机管理的本质是危机管理需要一个既使用权威又使用民主的决策程序，在此环境中激发出一个富有弹性但又极具力度的决定。在危机发生时，能否临危不乱保持冷静的头脑，是衡量企业领导人素质的一条重要标准。企业领导人的执行是对其下属工作的最好担保，而这种执行源自平时的准备。危机管理的关键是捕捉先机，在危机危害组织前对其进行控制。制订危机处理计划有助于组织的生存和发展。

二、企业危机周期模型

现代社会竞争日益激烈，呈现多元化趋势，企业的生存环境也日益恶劣，难于预测。倒闭与破产的威胁随时可能来临。对中国企业来说，在加入世界贸易组织后，不仅存在着国内企业间的残酷竞争，还要面对外来企业的冲击，危机管理刻不容缓！大多企业倒闭，是因为他们在危机管理上只注重事后管理。本节力图从企业危机生命周期的过程出发，对危机管理进行阶段性分析，详细地说明危机的生命周期管理过程。

（一）企业危机生命周期各阶段的信息特征

危机管理分为危机前的预防和准备、危机中的反应和措施、危机后的恢复和改进等三个方面。

首先，危机前的预防和准备是分析企业的生存环境，找出可能导致危机发生的各种因素，制定相关的危机预案以及建立相应的危机预警机制。

其次，危机中的反应和措施具体包括在危机来临时企业危机管理人员应该及时、准确、全面地为决策者提供有关信息，决策者则应该在这些基础之上迅速采取果断措施，力争在最短时间内减少危机造成的危害。

最后，危机的恢复和改进是指危机管理人员对企业的恢复加强管理，具体包括企业的形象恢复、组织成员的心理恢复，以及从已有的危机中吸取教训，改进在危机中所暴露出来的缺点和不足。 总之，关于危机生命周期阶段的划分，虽然具体阶段不同，但包括内容却十分相似。在实际工作中，企业危机生命周期可以分为三个大阶段：危机前（prcrisis）、危机中（crises）、危机后（post crisis），每一个阶段可再分为不同的子阶段，以满足企业及其内外不同利益相关者的需要。

1. 危机前的信息特征

（1）干扰性。企业危机发生之前，危机信息往往被其他大量的非危机信息干扰，不易察觉。

（2）预示性。每一次危机发生之前肯定会有预兆性的信息出现，如员工有不满情绪、令人失望的财务结果、顾客抱怨、年龄过大的 CEO 或高层决策者、忽视代理人及会计师或税务问题等。如果能够及时、灵敏地掌握这些信息，就可以阻止甚至消除危机的发生。

（3）渐现性。危机呈现逐渐的、由少到多、由小到大、由隐蔽到明显的渐变过程。

2. 危机中的信息活动特征

（1）集中性。在危机发生以后，会集中产生大量的信息，来自企业内部或来自企业外部。危机信息备受关注，成为所有信息的中心，处于主导地位。

（2）扩散性。危机一旦暴发，大量的危机信息将产生井喷现象，迅速扩散、蔓延。

（3）剧变性。在危机信息扩散过程当中，受各种因素干扰，危机信息会被放大，发生剧变，从而又反作用于企业本身。

（4）难控性。危机一旦暴发，危机信息量大，扩散快，时间短，变化多，使管理者难以应付，难以控制。

3. 危机后的信息活动及特征

（1）警示性。在危机发生以后，无论是危机成功化解还是危机带来了惨痛的教训，这些危机信息都起一定的警示作用，任何企业都能够从中借鉴。

（2）渐逝性。在危机消除以后，危机信息不会马上消失，只能随时间的推移逐渐在人们的视野中淡化，最终消失。

（二）企业危机信息管理模型与基本框架

危机的生命周期理论表明，尽管危机的发生、发展、转化和恢复在时间链条上遵循一定的规律，但是由于危机自身存在的不可分割的社会属性，即任何危机情境都不能脱离一定的社会背景与当前环境孤立地发生，而是受多重、复杂因素的制约和影响，因而决定了危机信息管理的复杂性。根据危机信息管理的内容特征，可以分别从危机信息资源管理、危机传播管理、危机信息系统建设三个维度构建危机信息管理模型，如图 6-1 所示。

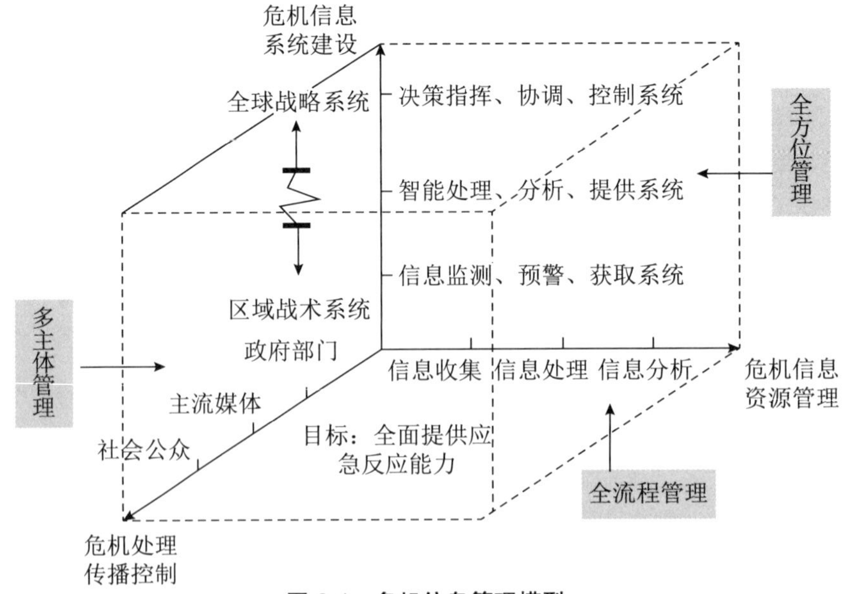

图 6-1　危机信息管理模型

（三）企业危机信息管理人员结构

危机信息管理工作组织是企业危机信息管理系统的控制和运行中心。其人员配备是否合理，人员结构是否完善，将决定企业能否有效地利用内外的危机信息管理资源，能否科学地支持企业决策。理想的危机信息管理工作组织应包括危机信息管理主管、危机信息管理信息采集人员、危机信息管理信息分析人员、危机信息管理服务人员、系统设计与维护人员等组成，如图 6-2 所示。

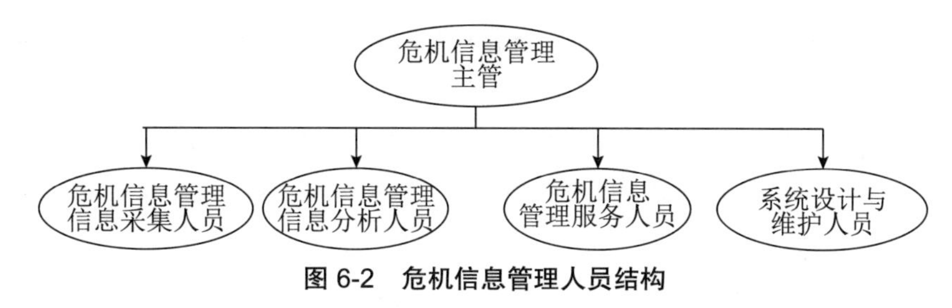

图 6-2　危机信息管理人员结构

（四）企业危机信息管理系统模型

危机的生命周期理论表明，尽管危机的发生、发展、转化和恢复在时间链条上遵循一定的规律，但是由于危机自身存在的不可分割的社会属性，即任何危机情境都不能脱离一定的社会背景与当前环境孤立地发生，而是受多重、复杂因素的制约和影响，因而决定了危机信息管理的复杂性。根据企业危机的生命周期、企业危机信息管理的模型、建设原则、组织模式的分析，构建出企业危机周期的信息管理模型，如图 6-3 所示。

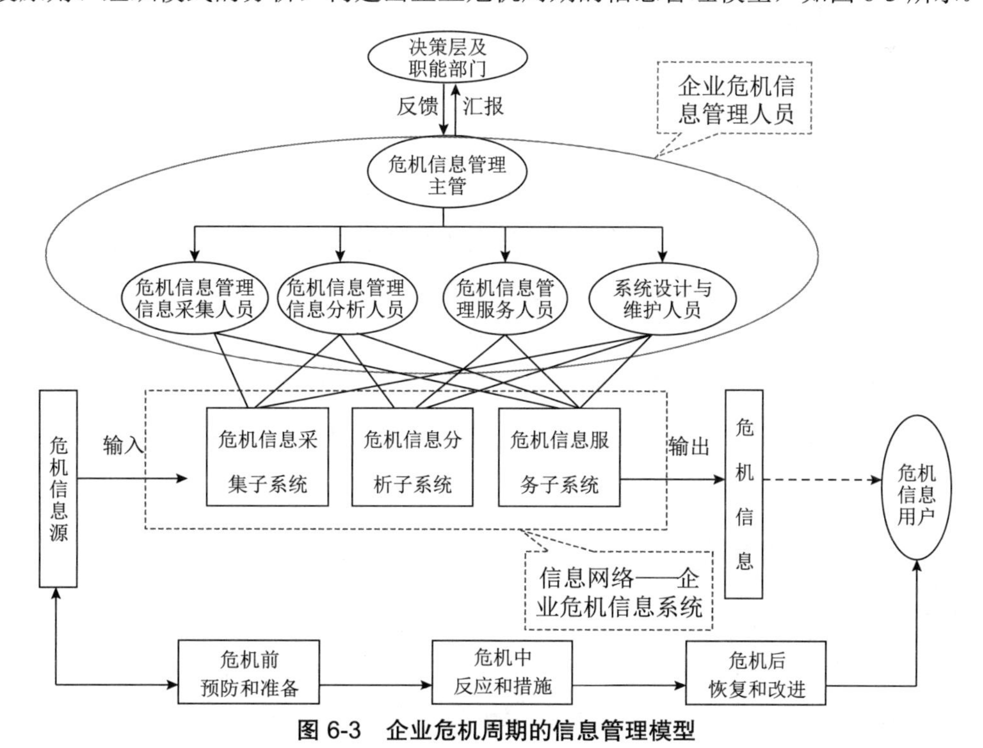

图 6-3　企业危机周期的信息管理模型

（五）企业危机的生命周期

企业具有生命周期，同样企业危机也存在生命周期的阶段划分。在实际工作中，企业危机生命周期可以分为三大阶段：危机前、危机中、危机后，每一个阶段可再分为不同的子阶段，以满足企业及其内外不同利益相关者的需要。危机前分为预防和准备阶段，这个阶段也是成本最低的阶段。除极少数外，大多数企业危机局面的产生都有一个“准备期”到“暴发期”的变化过程，也就是说，危机的发生都有预兆，如果企业相关人员能根据日常搜集的各方面信息进行整理分析并及时预警，就有可能最大限度地减少危机造成的损害和影响，甚至避免危机的发生。预防阶段可以从以下几个方面进行：强化危机意识、组建危机小组、建立危机报警子系统、制定标准化的危机管理业务流程、完善企业信息传播渠道。危机管理小组在接到危机报警后，就应该迅速查清警报来源，开始对即将暴发的危机进行准备。

出现危机后分为恢复和改进阶段。由于改善危机发生不仅会为企业这个经济有机体造成影响，还会造成企业内部与公众的心理影响，故应考虑危机后多方面的恢复措施。在危机过后，重新审视企业经营上的漏洞，改进工作流程，以获取企业在更高一层次的新生。对危机处理过程进行评价反思，进一步提高企业应对危机的能力。造成对企业信誉与公众信心影响的危机事件，企业应持续追踪改进，最大可能地消除影响，重建企业的声誉。

三、企业危机管理的基本原则

（一）诚信形象原则

企业的诚信形象是企业的生命线。危机的发生必然会为企业诚信形象带来损失，甚至危及企业的生存。矫正形象、塑造形象是企业危机管理的基本思路。在危机管理的全过程中，企业要努力减少对企业诚信形象带来的损失，争取公众的谅解和信任。只要顾客或社会公众是由于使用了本企业的产品而受伤害，企业就应该在第一时间向社会公众公开道歉以示诚意，并且提供受害者相应的物质补偿。对于那些确实存在问题的产品，应该不惜代价迅速收回，立即改进企业的产品或服务，以尽力挽回影响，赢得消费者的信任和忠诚，维护企业的诚信形象。

（二）信息应用原则

随着信息技术被日益广泛地应用于政府和企业管理，良好的管理信息系统对企业危机管理的作用也日益明显。在信息社会中，企业只有持续获得准确、及时、新鲜的信息资料，才能保证自己的生存和发展。预防危机必须建立高度灵敏、准确的信息监测系统，随时搜集各方面的信息，及时加以分析和处理，从而把隐患消灭在萌芽状态。

（三）制度化原则

危机发生的具体时间、实际规模、具体态势和影响深度，是难以完全预测的。这种突发事件往往在很短时间内对企业或品牌会产生恶劣影响。因此，企业内部应该有制度化、系统化的有关危机管理和灾难恢复方面的业务流程和组织机构。这些流程在业务正常时不起作用，但是在危机发生时会及时启动并有效运转，对危机的处理发挥重要作用。国际上一些大公司在危机发生时往往能够应付自如，其关键之一是制度化的危机处理机制，从而在发生危机时可以快速启动相应机制，全面而井然有序地开展工作。

（四）创新性原则

在知识经济时代，创新已日益成为企业发展的核心因素。危机处理既要充分借鉴成功的处理经验，也要根据危机的实际情况，尤其要借助新技术、新信息和新思维，进行大胆创新。企业危机意外性、破坏性、紧迫性的特点，更需要企业采取超常规的创新手段处理危机。

（五）预防原则

防患于未然永远是危机管理最基本和最重要的要求。危机管理的重点应放在危机发生前的预防，预防与控制是成本最低、最简便的方法。为此，建立一套规范、全面的危机管理预警系统是必要的。在现实中，危机的发生具有多种前兆，几乎所有的危机都是可以通过预防来化解的。危机的前兆主要表现在产品、服务等存在缺陷、企业高层管理人员大量流失、企业负债过高长期依赖银行贷款、企业销售额连续下降和企业连续多年亏损等。

（六）沟通原则

沟通是危机管理的中心内容。与企业员工、媒体、相关企业组织、股东、消费者、产品销售商、政府部门等利益相关者的沟通是企业不可或缺的工作。沟通对危机带来的负面影响有最好的化解作用。企业必须树立强烈的沟通意识，及时将事件发生的真相、处理进展传达给公众，以正视听，杜绝谣言、流言，稳定公众情绪，争取社会舆论的支持。

（七）企业领导重视与参与原则

企业高层和领导的直接参与是有效解决危机的重要措施。危机处理工作对内涉及后勤、生产、营销、财务、法律、人事等各个部门，对外不仅需要与政府与媒体打交道，还要与消费者、客户、供应商、渠道商、股东、债权银行、工会等进行沟通。

如果没有企业高层领导的统一指挥协调，很难想象这么多部门能做到口径一致、步调一致、协作支持并快速行动。因此，企业应组建企业危机管理领导小组，担任危机领导小组组长的一般应该是企业“一把手”，或者是具备足够决策权的高层领导。

（八）快速反应原则

危机的解决，速度是关键。在危机降临时，当事人应当冷静下来，采取有效的措施，隔离危机，要在第一时间查出原因，找准危机的根源，以便迅速、快捷地消除公众的疑虑。同时，企业必须以最快的速度启动危机应变计划并立刻制定相应的对策。

关注危机、研究危机，目的在于更好地把握危机发展规律，从而做到防患于未然，或最大程度抑制其负面冲击力。

四、企业危机管理的特征

（1）企业危机管理具有不确定性。事件爆发前的征兆一般不是很明显，企业难以做出预测。危机出现与否与出现的时机是无法完全确定的。企业危机管理具有破坏性。危机发作后可能会带来比较严重的物质损失和负面影响，甚至有些企业由于危机而毁于一旦。

（2）企业危机管理具有突发性。危机往往都是不期而至，令人措手不及，危机一般是在企业毫无准备的情况下瞬间发生，为企业带来的是混乱和惊恐。企业危机管理具有急迫性。危机的突发性特征决定了企业对危机做出的反应和处理的时间十分紧迫任何延迟都会带来更大的损失。危机的迅速发生引起了各大传媒以及社会大众对于这些意外事件的关注，使得企业必须立即进行事件调查与对外说明。企业危机管理具有舆论关注性。

危机事件的爆发能够刺激人们的好奇心理，常常成为人们谈论的热门话题和媒体跟踪报道的内容。企业越是束手无策，危机事件越会增添神秘色彩从而引起各方的关注。企业危机管理具有信息资源紧缺性。危机往往突然降临，决策者必须快速做出决策，在时间有限的条件下，混乱和惊恐的心理使得获取相关信息的渠道出现瓶颈现象，决策者很难在众多的信息中发现准确的信息。

五、企业危机的类型及其危害

企业由无数个部分组成，企业中各个部门的工作计划、企业的政策以及战略目标的实施过程中，都离不开生产部门与市场部门的协同配合。危机管理是企业为了适应经济市场的外部变化而进行的一种有效的调整手段，与大型企业相比而言，中小企业面临着更多的风险，企业危机管理是该企业规避风险的一种有效措施。

（一）从引发企业危机的原因进行分类，企业危机可以大致分为外生危机、内生危机和综合危机

1. 外生危机

外生危机即由于外部环境变化给企业带来的危机。只有适应社会以及所处的行业环境，企业才有可能生存。但是对于突发性的剧烈的环境变化，企业也会表现出手足无措、处理不及时，使企业陷入危机。外部环境的变化大多是客观存在的，不以个别企业的意志为转移。一个优秀的企业，能够在有效管理的情况下，做出应变反应，实时监控危机的发生发展，使自己的企业不陷入绝境。所以，对于大部分外生危机来说，企业是不可能完全避免的，只能尽可能地收集各方面的信息，及时采取预警措施，尽量减少企业的损失。借鉴战略管理关于企业一般宏观环境分析的 PEST 方法来分析外生危机产生的因素，大概有以下几点。

（1）政治因素。企业所在地区方针政策的变化会影响一些企业的发展，甚至是为企业带来危机。现在各个国家和地区都提倡环保节能，这就使那些在生产过程中会严重污染环境的企业面临生存危机，如造纸行业和一些重工企业。战争等引起的政治局势不稳定也会影响国家与国家之间的贸易往来，这就为那些主要业务是进出口的企业带来了危机。

（2）经济环境因素。产业结构作为社会经济结构的一个方面，也会为企业带来危机。企业所处国家的经济发展水平、经济体制以及宏观经济政策的变化都会对企业产生影响。如果这些因素的变化趋势不利于某企业的生存发展，那么该企业就会即将面临危机。

（3）社会文化因素。如果一个企业对于其所处地区的人口因素、消费心理、文化传统及价值观没有充分了解的话，那么企业在制定营销策略、开展业务活动时就会遇到麻烦，甚至是遭到当地居民的抵制，企业形象在该地区也会受损。2007 年，麦当劳正是由于这个原因使其在中国的营业额受影响。

（4）技术因素。一个企业的技术水平可能直接影响该企业的发展速度以及其核心竞争力。现在，全球信息化也为技术转移、专利等带来了麻烦。越来越多的关于专利诉讼案件启示我们一个企业要在不违规侵害他人专利的同时尽量保护自己的技术专利。

在进行了企业危机外部环境的 PEST 分析之后，我们发现，还有许多重要的外部环境因素会给企业带来外生危机，如自然灾害是任何人都无法抗拒的，企业只能通过有效的危机管理减少其造成的损失。

2. 内生危机

内生危机是由于企业内部经营管理不善所引发的危机。其实，现在关于企业危机管理理论的大部分研究都是关于企业内生危机的研究，包括人力资源管理危机处理、企业

财务危机处理、企业产品危机以及企业公关关系危机管理等。下面对其分别进行简要概述。企业人力资源管理的危机包括品牌与忠诚度危机（企业员工的道德操守对于一个企业来说至关重要）、组织结构危机（部门间良好的沟通以及员工的团队精神）、士气危机、人才流失危机、员工丧失工作能力危机和法律危机（如商业秘密）等。企业财务危机的发生会使企业无法持续经营，其前期表现为偿债能力下降、持续性亏损，最终表现形式为企业破产。

企业产品危机包括企业自己发现所生产的产品问题、消费者利益受损所引发的产品危机、由质监部门发现的产品质量问题产生的危机。在这三类产品危机中，后两种的危机通过新闻媒体扩散速度很快，所以企业应该更加关注监测产品的设计、研发和生产过程，最大限度地限制企业产品危机的发生。

企业公关关系危机管理是说企业要重视媒体在危机处理过程中的作用，充分利用媒体来化解企业危机。

3. 综合危机

综合危机是指企业危机是由于外生危机和内生危机两部分共同作用所产生的，大部分危机其实都是两者共同作用的结果。为了讨论研究方便，我们把由外生因素起主导作用的危机归为外生危机，把由企业内部经营环境决定的危机成为内生危机。而有些危机的暴发原因并不是很清晰，我们就把它归为综合危机。

（二）企业危机从市场营销的角度分类，可分为以下几种

（1）名誉及信任危机。名誉及信任危机产生于管理层以及工人对产品质量没有掌控好，多次出现质量问题，或者因为质量问题没有得到妥善的处理而使消费者对该公司及其产品产生怀疑和放弃使用。所有公司和产品都有面临该问题的风险，一方面是消费者类型和需求多样化，每种产品不能保证满足所有消费者的需求，但产品需满足大部分消费者的需求；另一方面为公司及原材料供货商，没有质量保证的供货商，那么公司产品质量也不能得到保证，公司技术的欠缺也会导致该问题的发生。名誉和信任是公司赖以生存的法则，一旦出现该问题将产生无法弥补的后果。

（2）突发性危机。对于一个企业的正常运转来说，首先需保证资金链的正常运转，资金链在企业的正常运转中起至关重要的作用，只有资金链的正常运转才能保证企业的正常运转，一旦资金链断裂，企业面临倒闭的风险。其次是自然环境问题，但对于该问题企业能做到的只能是提前做好应对措施，将损失降至最低。在地震、台风以及海啸等自然灾害面前，一切方案都显得苍白，只有提前制定好应急措施将损失降至最低。

（3）人力资源危机。员工的努力和企业的发展息息相关，员工是一个企业的基础和支柱。对于私企来说，除了创始人之外，其余都是员工；对于国企来说，所有人都是员工，其掌握着企业的所有技术。在生活节奏迅速和生活压力不断增加的如今，员工的

离职率也越来越高，如何能留住员工渐渐地成为大部分企业面临的问题，新员工的离职率上升意味着每年公司只是在机械地训练新员工。没有新鲜的血液注入企业，企业渐渐地失去了生机和活力。老员工的离职率增加意味着公司的骨干在渐渐流失，企业将渐渐失去在市场上的竞争力。

（4）合作危机。在这个竞争渐渐激烈的时代，稳定的合作关系对于一个企业至关重要。每个企业都处在多条合作和竞争的关系链上，每个企业除了有被竞争对手取代的风险。合作伙伴会选择更好的合作伙伴，合作链下游的原材料供应商、合作端上游的经销商都有可能因为利益的问题而放弃合作关系转而成为竞争关系。

六、企业危机管理的对策

危机预防管理只能使危机暴发次数或程度降至最低，而无法阻止所有危机的到来。企业危机管理可分为两部分。

（一）一般情况下的危机管理对策

企业亲临危机时可以从以下几方面入手。

（1）以最快的速度启动危机处理计划，如果初期反应滞后，将会造成危机的蔓延和扩大。由于危机的产生具有突变性和紧迫性，任何防范措施也无法做到万无一失，因此应针对具体问题，随时修正和充实危机处理对策。

（2）应把公众利益放在首位。要想取得长远利益，企业从危机暴发到危机化解应更多地关注消费者的利益，而不仅仅是企业的短期利益，以实际行动表明公司解决危机的诚意，尽量为受危机影响的公众弥补损失，这样有利于维护企业的形象。

（3）开辟高效的信息传播渠道。在危机发生后，应尽快调查事情原因，弄清真相，尽可能地把完整情况告知新闻媒体，避免公众的各种无端猜疑。诚心诚意才是企业面对危机最好的策略。企业应掌握宣传报道的主动权，通过召开新闻发布会，使用互联网、电话、传真等形式向公众告知危机发生的具体情况、公司目前和未来的应对措施等内容，信息内容应具体、准确。随时接受媒体和有关公众的访问，以低姿态、富有同情心和亲和力的态度来表达歉意、表明立场。选择适当的危机处理策略，如危机中止策略、危机隔离策略、危机排除策略、危机利用策略。

（4）充分发挥公证或权威性的机构对解决危机的作用。利用权威机构在公众心目中的良好形象，在处理危机时，最好邀请公证机构或权威人士辅助调查，以赢取公众的信任，这往往对企业危机的处理能够起决定性的作用。例如，雀巢公司的”奶粉风波”恶化后，成立了一个由 10 人组成的专门小组，监督该公司执行世界卫生组织规定的情况，小组人员中有著名医学家、教授、大众领袖乃至国际政策专家，此举大大加强了公司在公众心中的可信性。

（5）危机总结是危机管理的最后一个重要环节，它对制定新一轮的危机预防措施有着重要的参考价值，所以，应对危机管理进行认真而系统的总结。

（6）调查分析。对引发危机的成因、预防和处理措施的执行情况进行系统的调查分析。

（7）评价。对危机管理工作进行全面的评价，包括对预警系统的组织和工作程序、危机处理计划、危机决策等各方面的评价，要详尽地列出危机管理工作中存在的各种问题。

（8）修正。对危机涉及的各种问题综合归类，分别提出修正措施，改进企业的经营管理工作，并督促有关部门逐项落实，完善危机管理内容，并以此教育员工，警示同行。

（9）前瞻。危机并不等同于企业失败，危机之中往往孕育着转机。企业应将危机产生的沉重压力转化为强大的动力，驱使自己不断谋求技术、市场、管理和组织制度等系列创新，最终实现企业的腾飞与发展。

（二）从市场营销视角下企业危机管理的对策

（1）加强人才培养。营销人才是一个企业经营不可缺少的血液，加强营销人才的培养，能够有效地提高企业市场营销的能力，增强企业的竞争力。首先，企业可以建立健全的人才激励机制，全方位提高企业人才资源管理的水平。在当今时代，企业的竞争就是人才的竞争，就是新技术的竞争。企业中人才的结构和质量在很大程度上决定了一个企业的发展前景。人才是一个企业中最重要的财富，也是一个企业核心竞争力的重要体现。首先，企业通过建立健全的人才激励机制，能够激励员工不断提升自己的能力，同时也能够吸引更多的营销人才加入企业，把每一位员工的发展与企业的发展联系起来，充分发挥员工的创造性和调动员工的积极性，最大限度地挖掘员工的潜能。其次，企业还可以加大人才培养的投入力度。对于一些大企业来说，如华为，通常会建立一套完善合理的人才培养体系，加强企业人才培养的投入，让那些有想法、有抱负的员工能够通过专业的培训将自己的才能发挥出来，为企业的发展做出贡献。

（2）加强营销理念创新和风险管理。不同的企业有不同的营销理念，营销理念是企业按照市场经营的环境、结合企业发展情况、借助各种营销方法建立起来的，满足消费者需求、扩大企业生产价值的。在科学技术快速发展的时代，营销创新就是整个企业发展的灵魂，因此必须加强营销理念创新，企业的营销思想要与社会发展同步，这样才能应对经济全球化的机遇和挑战。风险管理是企业管理的重要环节，企业要定期进行风险评估，保证企业的正常运转。企业还可以定期举行座谈会，邀请有营销理念创新的员工分享工作经验，激发员工创新的欲望，鼓励员工进行营销创新。

（3）树立企业危机管理意识。企业想要在市场中得以生存，就必须做好面对各种危机的准备，提高企业的管理效率，培养企业工作人员的危机意识。因此，企业需要在危机管理的过程中，加强企业之间的沟通与合作，树立沟通意识，当面临营销危机时，能够迅速了解该危机产生的原因和后果，并提出相应的解决策略。

当今的市场是竞争与合作并存的，有竞争才有进步，有合作才有发展，如今市场营销之间的竞争已经转化为供应企业与供应企业之间的竞争，企业与其他相关利益之间的合作关系，这对于企业自身的发展具有十分重要的意义。

思考题

1. 企业风险的特征有哪些？
2. 企业风险的来源有哪些？
3. 企业风险有哪些类型？
4. 风险识别的主要内容是什么？
5. 企业风险管理工作的要点有哪些？
6. 企业风险的管理方法有哪些？

第7章　初创企业的创新管理

学习目标

1. 了解企业管理中的制度构建与创新、企业创新的意义。
2. 学习企业制度创新、技术创新管理创新的措施。
3. 掌握企业创新的四大效应。

案例导入

海尔的发展史，就是一部创业创新史

在庆祝改革开放40周年大会上，习近平总书记为张瑞敏佩戴“改革先锋”奖章并颁发证书。在这次表彰中，奖项评选的标准有不同侧重点。张瑞敏是因为在管理创新上的不断求索而获得嘉奖。张瑞敏曾言：“海尔的发展史，就是一部创业创新史。对于海尔来说，创业和创新永远是现在进行时而非完成时。”

新皮囊不能装旧酒

张瑞敏说：“新酒必须装到新皮囊里，不能装在旧瓶里。你接触了很多新东西，但不能放在原有的旧思维里，否则是白搭。”对于企业来说，互联网时代就是一个全新的“皮囊”，很多传统时代的管理理论已经不再适用。

首先，互联网带来了零距离，零距离要求企业从以自我为中心转变为以用户为中心。用户的需求都是个性化的。其次，去中心化，没有领导。谁是员工的领导？不是他的上级，而是用户，员工和用户之间要直接对话。最后，分布式资源配置。所有资源不是在内部，而是在全球，《维基经济学》有句话说得好，“全球就是你的研发部”。

物联网是移动互联网之后最重大的经济活动，这个判断已经逐渐成为共识。那么，在物联网这个更新的“皮囊”里，又该装什么样的“酒”呢？

最核心的是实现社群经济。所谓的社群经济就是根据每一个人的需求为其提供场景服务。过去的模式不可能实现。人单合一的“人”就是员工，“单”就是用户需求，要把员工和用户需求结合一起。

这应该是创建物联网时代商业模式的一个最基本、最必要的条件。从这个意义上，人单合一模式是属于物联网时代的商业模式，是新时代的“新酒”。

海尔只有创业，没有守业

2017年，在纪念改革开放三十九周年暨海尔创业三十三周年研讨会上，张瑞敏回顾了海尔创业创新精神的渊源。海尔正式提出创业精神是在20世纪90年代。

1995年，张瑞敏写过一篇文章题目是《海尔只有创业没有守业》，从贞观之治时唐

太宗和大臣的一段对话中得到感悟。唐太宗问他的大臣，今天夺取了天下，草创与守成孰难？大家各抒己见，最后唐太宗说，草创已经过去，今天面对守业，而守业比创业更难。

从这个历史典故推演至海尔的发展，张瑞敏说："对于海尔来说，只有创业没有守业。因为守业其实是守不住的，只有永远创业、永远在路上才有可能把事业做大。"

后来，创业和创新精神被正式刊登在《海尔报》上，演化成海尔的"双创精神"，迄今已经二十多年了。海尔以如此大体量的身躯，把自己变成一个创新创业的驱动平台。

英国作家狄更斯在《双城记》中写道：这是最好的时代，这是最坏的时代。诚如张瑞敏所言："互联网时代就是这样一个时代，如果我们能够创新，互联网对我们就是最好的时代；如果我们不能创新，互联网对我们就是最坏的时代。"

思考题

1. 为什么海尔的发展史就是一部创业创新史？

2. 怎么理解互联网对我们就是最好的时代，也是最坏的时代？

（作者根据相关资料改编）

7.1　企业制度创新

一、企业制度创新的意义

（一）企业制度定义

所谓制度，是指一系列被制定出来的规则和程序，旨在约束追求主体效用最大化的团体和个人行为。因此，制度的基本功能就是提供人类相互影响的框架，这种制度框架约束人们的选择集合，从而构成一种经济秩序的合作与竞争关系。

企业制度就是企业这一特定范围内的各种正式和非正式的规则的集合，旨在约束企业及其成员追求效用最大化的行为，广义的企业制度包括从产权制度到企业的内部管理制度（人事制度、报酬制度、财务制度、生产管理制度、领导制度）等各个方面，制度创新是指引入新的制度安排来代替原来的企业制度，以适应企业面临的新情况或新特点。

自从 1937 年科斯教授在他的《厂商的性质》论文中提出"什么是企业，企业为什么生产"这个平常而又深奥的问题之后，经济学家对企业制度的演进问题才正式开始深入的研究。

企业制度的形成有其现实的基础，其物质载体便是企业组织，如果以个体为生产单位，就不需要企业制度。只有在群体合作进行生产时，才需要有约束并协调其成员行为的规则，才会形成企业制度，因为在群体合作生产中，要使用由合作各方提供的各种不同类型的资源，而且其产出并不是其单个成员拥有资源分别产出的简单加和。出于“搭便车”的动机，个人往往会谋求少提供资源而多索取收益（如少干活多拿钱等现象），而企业制度的出现恰好成为保证群体合作生产正常运行的激励约束装置。

企业制度创新，就是指随着生产力的发展，要不断对企业制度进行变革，因而通常也可以称之为企业制度再造。企业制度创新对企业来讲是极其重要的，因为企业本身就是一种生产要素的组合体，企业对各生产要素的组合，实际上就是依靠企业制度而组合起来的。正是因为如此，所以不少人在谈到企业的定义的时候，往往都认为企业就是一个将各种生产要素按一定制度而组合起来的经营主体。由此可见，企业制度对于企业来说，是极其重要的。

（二）企业制度创新意义

企业制度创新的重要性，主要表现在这样几个方面。

（1）企业制度创新是企业赖以存在的体制基础。正如人们上面所讲的，企业作为各种生产要素的组合体，实际上就是通过制度安排来组织各种生产要素的，因而企业制度是对各种生产要素进行组合的核心纽带和基础。因此，没有企业制度，就根本谈不到企业的存在，当然更谈不到企业的发展，因而企业存在和发展的体制基础，就是企业制度。

（2）企业制度创新是企业及其构成机构的行为准则。因为企业本身的运行行为以及企业内部的各种组织机构的活动行为，都要受企业制度的约束，所以企业制度决定了企业本身以及企业的构成机构的行为规则和行为规范。企业及企业中的各种组织机构，都必须遵守企业制度的安排，不能违反企业制度的任何一种安排。正是基于此，人们通常说，企业制度实际上是企业本身以及企业的构成机构的行为准则。

（3）企业制度创新是企业员工的行为规范。企业员工作为企业的组成人员，无论是 CEO，还是基层员工，其行为都必须遵守体现企业制度要求的各种规则，也就是要按照企业制度的要求对员工的行为进行规范，而规范员工的行为的准则，就是企业制度。正是基于此，人们通常把企业制度称为员工的行为规范。

（4）企业制度创新是企业高效发展的活力源泉。企业活力虽然来自于许多方面，但主要是来自于企业制度安排。如果企业制度的安排非常有利于调动企业中的各种生产要素的积极性，那么这个时候企业就是最有活力的。反之，如果企业制度的安排非常不利于调动企业中的各个生产要素的积极性，那么这个时候企业就是最没有活力的。因此，企业制度是企业活力的最重要的保证，没有良好的企业制度，就根本不可能有企业的活力。

（5）企业制度创新是企业有序化运行的体制框架。企业要有序化运行，就必须要按照一定的程序运行，而要按照一定的程序运行，就必须要有一个运行的程序，程序要对企业运行有约束，那么约束企业运行的程序是什么呢？就是企业制度。因此，企业制度实际上就是约束企业各种生产要素的行为以及企业本身行为的一种准则。

正是因为如此，所以企业的有序化发展，就必须有良好的企业制度。没有良好的企业制度，就没有企业的有序化运行。例如，有的民营企业之所以无法有序化地运行，就是因为缺乏一个良好的企业制度，因而有的民营企业虽然在一定时期内活力是很充足的，但是过几年就消亡了，原因就在于它的企业制度设计不合理。企业制度设计也可能确实调动了各种生产要素的积极性及企业的活力，但是却没有形成一个良好的有效约束，因而很快就消亡了，成为消亡的企业。由此可见，企业制度是企业有序化运行的一个极其重要的保障。

（6）企业制度创新是企业经营活动的体制保证。企业的所有经营活动，无论是生产经营活动，还是资本经营活动，都必须要在一定的体制框架中进行，这种体制框架，就是企业制度。因此，没有一种合理的企业制度安排，就不可能有企业的高效经营活动，因为没有企业良好的企业制度，企业经营的活动就没有体制保障，从而企业的经营活动就根本无法高效地展开。正是基于此，所以人们通常说，高效的企业经营活动实际上是有赖于良好的企业制度的。

正因为企业制度创新有着上述六个方面的重要性，所以讨论企业问题，首先要讨论的是企业制度创新问题。也就是说，所有要研究企业问题的人以及经营企业的人，都要首先考虑企业制度的创新问题。就经营企业的人来说，如果企业制度问题解决不好，就谈不到企业充满活力的问题，也就谈不到企业的有序化发展的问题，当然更谈不到企业高效益经营的问题；就研究企业问题的人来说，如果搞不清楚企业制度创新问题，就根本不可能深入地把握企业的实质性问题，从而就不可能正确地研究企业问题。由此可见，讨论企业问题，往往首先需要研究的，就是企业的制度创新问题。

二、企业制度创新的作用

（一）企业制度创新的必要性

自主创新是强国之道，而制度创新是自主创新的保证，是促进自主创新和经济发展的一个非常重要的动力。所以，制度创新应该是需要优先解决的问题，也是在自主创新上取得突破的关键所在。应当从体制改革、机制完善、政策扶持、人才培养、作风建设等方面形成鼓励和支持自主创新的良好文化和制度环境。例如，深圳市的自主创新之所以达到了一个比较高的水平，如企业在研发机构、研发人员、研发经费和申请专利这四个方面都在 90% 以上，也是因为其科技体制、政策体系和激励机制在不断地创新，反过来调动了企业和广大科技工作者的创新积极性，营造了有利于创新成果生长发育的良好环境。

制度的构建属于企业管理中“硬”管理的范畴，对员工行之有效的管理要依靠一套科学、合理并规范的制度，它对企业一切工作的开展非常重要。靠制度管人、靠制度办事，例如，对个体特质中人性、良知、觉悟、教养、能力等因素而言，只要制度定得科学合理，这些个体特质都能发挥最大合力及效用，促成企业蒸蒸日上，否则反之。所以对任何类型的企业而言制定出一套科学合理的规章制度既是开展管理工作的必要，也是基于技术经济方面的考虑。

（二）企业制度创新的内容

1. 企业制度中存在的问题

企业制度的设计类型决定了企业不同的管理氛围与精神风貌。为了加强管理，很多企业制定出浩繁的规章制度，但现实中看似包罗万象的制度汇编却掩盖不了管理上的诸多漏洞及其这些漏洞所导致的负面影响，影响管理的实效性。比如，员工工作积极性和工作效率低下，“干与不干一个样，干多干少一个样，干好干坏一个样”的现象普遍存在；部门办事效率低下、遇到问题相互推诿扯皮、缺乏高度责任感；一些领导不能以身作则，不懂以上率下，凌驾于制度之上，贪污腐败、形式主义等时有出现，难以杜绝。综上所述的这些问题使得制度虽然定了不少，而实际情况却是没有发挥出制度应有的效用，反而增加了内部的掣肘。

2. 创建科学合理的企业制度的思路

针对上述企业管理中存在的问题，根本原因在于，制度在设计之初就没有切实体现出公平、公正、适用、高效的特点，与实际需要相脱节，而体现不出制度的规范化管理所起的积极作用。现实中无数或是成功或是失败的商业案例均表明了一个道理：高效民主而又富于激励化的制度，才是搞好企业管理的基础；落后僵化、脱离实际、流于形式的制度安排，不但无助于工作效率的提高，反而会成为日常管理中的一种枷锁和羁绊。在制度构建过程中要讲求制度设计，不同的制度设计会在制度出台后随之形成不同的企业风气。制度不断修订与创新的过程本质上就是其在实际管理工作中的应用过程，制度的设计者在这一过程中应力求使原有的制度内容逐渐合理实用、清晰高效，既有利于简便操作，又能体现制度的公平性。因此，根据企业管理的实际需要制定适用性的制度，使其既体现民主化与公正性，又具有很强的针对性和适用性，同时还遵循奖惩分明的绩效原则，是提高企业员工的积极性和创造性、做到扬长避短和开拓创新的重要前提。

3. 企业制度创新的方法

1）制度必须“量身定做”

世界上没有“放之四海而皆准”的制度，任何企业都有其独特的核心竞争力，要让制度在企业管理中发挥出最大的作用，则制度本身就必须带有企业鲜明的特色。因为不想浪费时间、精力而选择照搬同行业其他的企业制度看似省时省力，实则是一种竭泽而渔的做法，会极大地挫伤企业管理者独立分析思考进行决策的积极性和企业的创造力。据于此，企业在进行制度设计与构建时必须考虑以下两个方面的要求：一是必须为企业量身定做，事前详细了解实际形态，整理分析各类问题，保证制度中的条款都对应事实；二是要有可持续发展的观念，认识到制度的制定并非一劳永逸，管理者应适时进行制度的补充与修订。

2）制度的设置应兼顾公平与效率

公平是企业成员都看重与追求的一个关键问题，但公平本身却内涵丰富，操作起来又是一个很模糊的概念。公平同时还具有时代性。在不同时期、不同阶段，公平被赋予的意义是不一样的。但一般认为："公平合理地设置制度"的内涵即是制度的设置须为大多数人"谋利"，只有让一个组织中的绝大多数人获得他们期望的利益，这个制度才是公平与合理的。也就是说：制度的设置要为企业大多数人所认同和接受，并且毫无例外地被执行。

制定公平的企业制度应从如下几方面考虑：首先，制度公平的基础是其设置必须符合企业大多数成员的意愿。只有企业大多数员工需要这样的制度设置，它的存在才有普遍而牢靠的群众基础。其次，制度公平的关键是以公开透明的过程进行制度的设置，应该尽可能地让企业的相关成员参与制度设计，表达自己的意愿，并提供相应的机会与渠道让成员有效的监督。让所有过程在"阳光"下进行。最后，制度的设置应该是建立在为大多数人谋利并可执行的基础上，这是制度公平的核心。设置出的制度，不应该被束之高阁让人顶礼膜拜，而应该便于为企业员工所执行、为员工谋福利。

但我们也应该意识到：绝对的公平是不存在的，在处理企业具体管理个案中管理者要善于打破公平的妥协性和平均性的桎梏，做到对效率的兼顾。首先，推行者要明确制度运行的规则和程序，这样可以避免因混乱和无序所带来的效率低下的后果；其次，制度的执行者要明确自己的职责并高效地去完成其执行的任务；再次，任何制度是通过解决组织中的问题来维系并发展的，所以从制度的源头设计上就要做到有的放矢、清晰明了；最后，制度要清楚易懂、要"接地气"，即能让所有成员熟知和理解。管理者与被管理者之间可以把制度作为畅通高效互动的平台，保证制度的执行效率。

3）制度要体现人性化

高素质的管理者不应该仅单纯地强调制度的强制性，而应该更多地把制度的运用作为保护人和发展人的一种方略。实施以人为本的制度管理有利于企业归拢人心、聚集人才。例如，完善员工福利待遇、营造良好的人事关系氛围及优美的工作环境等；针对业绩突出的员工给予职位晋升或加薪；授予员工股权、分享利润等来增强其主人翁的意识；管理层定期征询下属意见、畅通反馈渠道等，这些都是企业可以用来吸引和聚集人才的做法。

（三）企业制度创新的作用

制度创新的核心内容是社会政治、经济和管理等制度的革新，是支配人们行为和相互关系的规则的变更，是组织与其外部环境相互关系的变更，其直接结果是激发人们的创造性和积极性，促使不断创造新的知识和社会资源的合理配置及社会财富源源不断地涌现，最终推动社会的进步。同时，良好的制度环境本身就是创新的产物，而其中很重要的就是创新型的政府，只有创新型政府，才会形成创新型的制度、创新型的文化。目前科技创新存在和面临体制、机制、政策、法规等诸多问题的解决，很大程度上有赖于中央和地方政府能否以改革的精神拿出创新型的新思路，同时政府应从经济活动的主角转为公共服务提供者，努力创造优质、高效、廉洁的政务环境，进一步完善自主创新的综合服务体系，充分发挥各方面的积极性，制定和完善促进自主创新的政策措施，切实执行好已出台的政策，激发各类企业特别是中小企业的创新活力。

三、企业制度创新的措施

求新求变是企业构建制度及实施制度内容的要旨，也是企业在激烈的市场竞争中获得生存和发展的基本途径。管理者必须适时进行制度管理创新，谋求企业管理制度的内容在质和量两方面都发生新的变化和产生新的组合，以适应市场日新月异的需要，从而推动企业高层次的内涵式发展。企业制度的创新应该做到如下几点。

（1）观念要创新。要做到制度创新，企业管理者的观念变革必须先行。管理者的观念应当紧跟当前经济社会形势的变化，树立全新的制度管理理念。首先，是知识制度的管理。众所周知，激励是人力资源管理中的核心环节，当企业建立起一种全员参与和共享知识的机制时，就意味着集体创新能力的提高和制度观念的创新。其次，是人本制度的管理。当企业制度管理由传统的“管人管事”向“激发人去做事”转变，则表明员工素质的提高和为其才能的极大发挥创设了适宜的环境。所以说充分调动人的积极性和创造性是企业制度管理的关键。

（2）战略要创新。企业经营战略与市场环境密不可分，企业的经营战略也要随变化着的市场竞争环境不断创新。首先，是确立一体化的企业发展战略。随着信息技术的不断发展和市场一体化的深度融合，管理者必须结合自身竞争条件和目标，考虑整个市场和技术发展的趋势、参与全方位的竞争，不能将视野局限于某一区域。其次，是企业必须从适应市场转向创造市场。管理者应把新生事物的创立、新技术的开发和新市场的开拓等战略课题列入企业战略之中，主动创造市场和引导消费，密切注意相关产业的发展动向，积极寻找可以利用的机会，为企业的未来环境创造良好条件。

（3）制度要创新。创新是企业生存之本，管理者必须将创新体现于企业制度之中，更好地发挥生产者甚至是消费者创新的积极性。制度创新从本质上说是使企业所有者、经营者和员工三方权力和利益获得调整、优化和充分体现的过程。一个颇具创新性的企业会激发企业其他创新活动有效和持久地开展，这要求管理者调整组织结构和完善企业内部的各项规章制度，实现各种要素的合理配置，使之发挥最大限度的效能。

（4）组织结构要创新。技术革命的进步和网络信息化的日益推进，使得企业组织结构日益朝着扁平化的方向发展：通过系统性管理、减少中间层的最短指挥链指挥管理、领导影响力的提高、分权及控制幅度的扩大等，使得管理层级减少和管理幅度增加。组织结构的创新被提上日程，保证要以最快的速度传递出高质量的信息，倡导学习型组织的构建，使企业内所有成员成为自主学习和有自主管理能力的人，并可以在自己的职责范围内独立工作，承担责任。

（5）制度管理方法要创新。万物互联的时代要求企业将信息技术和互联网广泛应用于日常的企业制度管理中，企业要在激烈的市场竞争中求得生存和发展、在制度管理的方法上要实现新颖性和多样化，则建立一套切合企业运作实际的智能化的信息传输和处理系统是关键。

7.2　企业技术创新

一、企业技术创新的意义

（一）技术创新的定义

技术创新对于企业来讲是一种理论上的创新。“创新”是一种经济理论体系，著名的经济学家熊波特对“创新”的定义就是改变以往的方式，建立一种新的生产函能，在企业以往的经济活动中增加新的想法，以此来帮助企业制定新的生产方式。企业的技术创新主要包含以下五点。

（1）在企业原有产品基础上赋予产品新的特征，或者是直接引入新的产品。

（2）改善以往的生产方式，在原有的生产方式上引进先进的技术或者增加新的生产工艺，以此来实现企业技术创新。

（3）改变以往的营销方式，为企业开辟新的市场，提升企业的市场竞争力。

（4）为企业的产品选择新的供应商。

（5）在原有的工业组织之上引进新的技术，保证企业的工业组织一直在更新、进步。

由此可见，技术创新所涉及的范围非常大，它包含所有提高工作效率的创新活动。

在著名经济学家熊波特眼里，“创新”既是技术层面的创新又是非技术层面的创新，现阶段的技术创新就是在著名的经济学家熊波特所理解的基础上成长起来的。技术创新这门技术是与企业成本相统一的活动，同时它又属于自己独特的特点。但风险性也是技术创新的特点之一，所以说，在技术创新的视角下，企业必须经历风险的考验。

（二）技术创新的特性

技术创新必须和市场需求相结合才能形成竞争优势，技术创新能力是竞争优势的重要来源之一，这已被人们所广泛接受。但技术本身并不等于商业上的竞争优势，因此，如何把企业的技术能力转化为商业上的竞争优势更为关键。

企业的技术能力转化为商业上的竞争优势要做到以下几点：

（1）技术创新必须克服工程师导向，为顾客提供方便。许多企业在技术开发中，都或多或少地存在工程师导向，即工程师拥有新产品开发的生杀大权，许多新产品往往只是反映了工程师的构想而没有体现顾客的需求，从而导致产品在市场上的失败。脱离顾客需求而由工程师主导的片面技术会为企业的前进造成障碍，只有在充分了解顾客现实需求和潜在需求的前提下利用技术，为顾客提供方便，才能受顾客的欢迎。

（2）技术创新必须控制成本并拥有适合市场的定价，提供良好的性能价格比。有时候，使用方便并在行业中领先的技术也可能遇到失败，因为任何技术都有一个成本收益问题，当研究开发和应用该技术的成本巨大时，在市场上其所提供的终端产品或服务就很可能定价高昂，从而未能被企业的目标顾客所接受。

（3）技术创新必须瞄准特定的细分市场，为目标顾客量身定做。顾客的需求正在变得更加个性化，从而导致市场细分更易于实现。现在，提供一种适合整个行业的解决方案变得越来越困难。于是，这种变化为许多行业的小企业创造了新机会，其成本相对于市场领先者已不再处于劣势。相反，通过开发最新的技术（如柔性制造系统）并集中于特定的细分市场。这些小企业相对于已处于市场中的大企业，反而能够拥有显著的成本优势，技术和环境的快速变化为改变行业竞争地位提供了机会。经营环境在不断地发生变化，顾客需求也正在从同质化逐步转变为多样化，对于已拥有成熟市场的行业而言，只有坚持针对细分市场的技术创新，为目标顾客量身定做，才能带给目标顾客独特的价值感受，从而获得顾客的认可。

（三）技术创新与市场需求的关系

市场需求是企业技术创新的主要动力源泉之一。不过，市场对商品的品质、功能、价格、包装、款式和服务等方面的需求的差异性比较大，企业技术创新的特征与强度会随市场需求类型和结构的不同而不同。

研究表明，市场需求的特性及其变化与企业技术创新行为是一个互动的过程。一方面，企业必须根据市场需求的主导方向来决定技术创新行为的类型和范围；另一方面，企业的技术创新行为反过来也影响了市场需求结构的演变。

市场需求弹性包括需求的价格弹性、收入弹性和交叉弹性。

需求的价格弹性 EP>1 的商品，当价格有较小的降低时，需求量会有较大的增加，企业的总收益亦会因此而增加。当然，产品价格降低是以其成本为渐近线的，即降低产品的价格是有限度的，企业必须设法降低产品的生产成本。在科学技术已充分显示出其经济价值的今天，企业降低产品成本主要是通过设计创新、原材料创新、能源创新、工艺创新、设备创新和管理创新等手段来实现。一般而言，价格弹性大的产品大多属于可替代品，高档品和高技术产品的开发和制造也必须通过设计创新、工艺创新、原材料创新等手段来实现，由此可知需求的价格弹性 EP>1 的产品比需求的价格弹性 EP<1 的产品更能有效地激励企业的技术创新行为。

收入弹性 EI>1，意味着人均国民收入有较少的增加，这将导致这种产品的市场需求量有较大的增加。随着人均国民收入水平的提高，人们的需求及其结构也将发生变化。在现实中，由于社会和经济的快速发展，人们的实际收入水平越来越高。因此人们趋于追求高档、时尚和多功能产品，这类产品正是收入弹性比较大的产品。又因为市场需求能够带动企业供给，所以企业一定会积极向市场推出高档、时尚和多功能产品。企业必须通过技术创新才能将它们推向市场。综上所述，收入弹性 EI>1 的产品比收入弹性 EI<1 的产品更能有效地激励企业进行技术创新。

交叉弹性 EXY>0，则说明商品 X 价格的变动与商品 Y 需求量变动的方向一致。这两种商品一定是互为替代品；若交叉弹性 EXY<0，则说明商品 X 价格的变动与商品 Y 需求量的变动方向相反，这两种商品一定是互补品；交叉弹性 EXY＝0，则说明商品 X 和商品 Y 互不相关。由于原材料稀缺，造成成本较高和消费者需求变化等情况是客观的。由此而导致市场需要较多的替代品也是不可避免的，企业能否提供替代品，主要取决于企业的创新能力和创造力度。因此，具有交叉弹性的商品能够激励企业从事技术创新，如果企业不能向市场提供更多的替代品，就不能适应市场需求的变化，也就难以生存和发展。

市场需求能否有效地激励企业技术创新行为以及如何激励企业技术创新，与整个社会的宏观经济状况和供需结构有关。在供过于求的市场环境下，市场需求能够更有效地激励企业的技术创新行为。因为在这种情况下市场相对饱和，竞争十分激烈，企业要想获得生存和发展，必须采取有效措施扩大市场占有率，增加产品销售额。其主要的出路是通过技术创新来提高现有产品质量、增加产品功能、降低产品成本，获得差异化优势或低成本优势，从而占领市场并形成对本企业有利的需求结构。在供不应求的短缺经济条件下，只要达到规模经济性，企业的经济效益就有保证。因此，强烈的市场需求限制或弱化了企业追求技术创新的动机，难以有效地激励企业的技术创新行为，只能引起外延扩大再生产。

（四）技术创新与市场结构的关系

市场结构分为完全垄断市场、完全竞争市场、垄断竞争市场和寡头垄断市场。

完全竞争市场由于缺少足以保障技术创新持久效益的垄断力量，所以不易形成较大的技术创新力量。只能在静态的环境中实现最高效益，这种静态效益使企业不可能去开发新产品。技术创新具有一个阈值，即偏离完全竞争状态是创新的先决条件，但创新的数量并不会与偏离同比例增加。这一阈值因不同时间、不同产业而不同。完全垄断是一种低效率的市场组织，限制产出、抬高售价，开发新产品的资源投入只能来自垄断市场的超额利润，正是对垄断利润的期望，为创新提供了激励。垄断尽管静态效益较低，但却是适宜产品创新而获得较高动态效益的市场形势。垄断可以采取多种手段阻止竞争者仿冒某种创新，能凭借在研究与开发方面的信誉吸引人才并且具有资金优势，但是垄断也会因超额利润使垄断者失去竞争压力，垄断性企业会更多地运用垄断力量，而较少地运用创新优势。由于垄断形成了其他企业的进入壁垒，削弱了对技术创新的激励，垄断竞争市场既存在一定程度的竞争又存在一定程度的垄断。因此它既具有从事技术创新的垄断力量，又具有从事技术创新的竞争机制。

在垄断竞争市场中，技术创新可分为两类：一类是垄断前景推动的技术创新，某些企业为了继续保持技术优势和市场垄断，积极采取技术创新措施；另一类是竞争前景推动的技术创新，由于某些企业担心在竞争对手的模仿或技术创新条件下丧失利润，会积极采取技术创新。综合比较，垄断竞争市场结构是较适宜激励技术创新的市场结构。

二、企业技术创新的作用

（一）技术创新战略的类型

技术创新战略决定企业创新的具体行为，因此对技术创新战略的分类是正确选择创新战略的首要条件。对技术创新战略可以从不同的角度进行划分：按技术来源分为自主开发战略、合作开发战略、引进消化吸收创新战略和模仿战略；按技术竞争态势分为领先战略、跟随和模仿战略；按市场竞争策略分为市场最大化战略、市场细分化战略和成本最小化战略；按行为方式分为进攻战略、防御战略和游戏战略。本文采用常用的分类方法，即将技术创新战略分为自主创新战略、模仿创新战略和合作创新战略。

自主创新战略是指以自主创新为基本目标的创新战略，是企业通过自身的努力和探索产生技术突破，并在此基础上依靠自身的能力推动创新的后续环节，完成技术的商品化，达到预期目标的创新活动。模仿创新战略是指企业通过学习率先创新者的创新思路和创新行为，吸取率先者的成功经验和失败教训，引进购买或破译率先者的核心技术和技术秘密，并在此基础上进一步开发。合作创新战略是指企业、科研机构、高等院校之间的联合创新行为，通常以合作伙伴的共同利益为基础，以资源共享或优势互补为前提，有明确的合作目标、合作期限和合作规则，合作各方在技术创新的全过程或某些中间环节共同投入、共同参与、共享成果、共担风险。

（二）技术创新战略的特点

1. 自主创新战略

（1）技术突破的内生性。自主创新所需的核心技术是企业内部的技术突破，是企业依靠自身力量，通过独立的研究开发活动而获得的。这样不仅有助于企业形成较强的技术壁垒，而且很可能会导致一系列的技术创新，形成创新的集群现象，推动新兴产业的发展。

（2）技术与市场的率先性。初创企业要发挥自主创新的优势，只有在技术与市场方面都具有领先的优势，才能战胜竞争对手，因此抢占先机是自主创新的目标。这一方面有利于积累生产技术和企业管理方面的经验，另一方面能够获得产品成本和质量控制等方面的竞争优势，取得超额利润。同时，企业所制定的产品标准和技术规范可演变为本行业或相关行业统一认定的标准，从而增强企业的知名度和市场竞争力。

（3）知识和能力支持的内生性。创新与知识和能力之间具有相辅相成的关系。知识和能力支持是创新成功的内在基础和必要条件，技术创新的主体工作及主要过程都是通过企业自身知识与能力支持实现的；自主创新过程本身也为企业提供了独特的知识与能力积累的良好环境。

（4）高投入和高风险性。企业为保证始终有占据市场优势地位的创新产品，必须能够持续进行创新的研究与开发活动，将创新贯穿于企业的整个生产经营活动中，这就要求企业必须有较高的资金和强大的人力投入。同时，由于新技术领域的探索具有较高的复杂性和不确定性，资金投入具有很强的外溢效果和较强的滞后性，所以进行自主创新的企业必须承受巨大的风险。

2. 模仿创新战略

（1）模仿的跟随性。企业最大限度地吸取率先者成功的经验与失败的教训，吸收、继承与发展率先创新者的成果。当然这种战略不是简单的模仿战略，而是巧妙地利用跟随和延迟所带来的优势，化被动为主动，变不利为有利的一种战略。

（2）研究开发的针对性。模仿创新的研究开发不仅仅是对率先者技术进行消化吸收，更是对率先者技术的完善或进一步开发。该战略的研究开发活动主要偏重于破译无法获得的关键技术、技术秘密以及对产品的功能与生产工艺的发展和改进。

（3）资源投入的中间聚积性。集中力量在创新链的重要环节投入较多的人力物力，也就是在产品设计、工艺制造、装备等方面投入大量的人力物力，使得创新链上的资源分布聚积于中部。

（4）被动性。这主要是指竞争的被动性，包括技术积累、营销渠道和实施效果等方面的被动，这是由模仿创新者只做先进技术的跟进者来决定的。

3. 合作创新战略

（1）合作主体间的资源共享，优势互补。全球性技术竞争的不断加剧，使技术创新活动中面对的技术问题越来越复杂，技术的综合性和集群性越来越强。因此，以企业间合作的方式进行重大的技术创新，通过外部技术资源的内部化，实现资源共享和优势互补，成为新形势下企业技术创新的必然趋势。

（2）创新时间的缩短，企业竞争地位的增强。合作创新可以缩短收集资料、信息的时间，提高信息质量，降低信息费用；可以使创新组合趋于优化，使创新的各个环节能有一个比较好的接口环境和接口条件，从而缩短创新过程所需的时间；合作创新可以通过合作各方技术经验和教训的交流，减少创新过程中的因判断失误造成的时间损失和资源浪费；合作创新的成功能够为参与合作的企业赢得市场，提高企业在市场竞争中的地位。

（3）降低创新成本，分散创新风险。合作创新对分摊创新成本和分散创新风险的作用与合作创新的规模和内容有关，一般来说创新项目越大，内容越复杂，成本越高，风险越大，合作创新分散风险的作用也就越显著。

三、企业技术创新的措施

（一）企业选择技术创新应考虑的问题

（1）企业的规模。企业的规模在一定程度上决定企业对创新资金投入的多少。一般来说，企业规模越大，投入的资金可能越多；反之越小。所以，当企业的规模较大时应考虑采用自主创新战略；企业规模越小，则宜考虑采用模仿创新。

（2）企业的组织结构。企业的组织结构决定着企业集权与分权的程度以及企业的灵活性与开放程度等，也决定着企业的控制系统，并最终影响企业的组织效率及其环境适应性。因此，组织结构也就决定着企业技术活动中的诸多环节，并将从多方面对企业的技术创新战略产生影响。

（3）企业的技术能力。企业的技术能力由生产能力、吸收能力和创新能力构成。它具有积累性、渐进性和有差别性等特点。因此，企业在选择创新战略时应充分考虑其技术能力，技术能力强的企业宜选择自主创新战略，技术能力弱的企业宜选择模仿战略。

（4）企业的环境。企业的环境分为内部环境和外部环境。内部环境包括企业的研发能力、技术创新能力、管理能力、销售能力、制造能力、资金筹措能力以及企业文化；外部环境包括：企业所在行业的竞争强度，基础研究的支持力度，企业之间、企业与科研机构及学校合作的环境，企业与银行等金融机构的关系，国家的产业政策等。可以说，企业的内外部环境是战略制定者所必须考虑的问题。企业的研发能力、技术创新能力、管理能力、销售能力、制造能力强，且有良好的银行信用，则宜选择自主创新战略。企业文化对企业的影响主要在于企业家，即风险承担能力强的企业家偏好选择自主创新战略；反之则选择模仿战略。企业与外部机构之间的合作关系、技术壁垒或保护性壁垒等的存在都会影响企业技术创新战略的选择，尤其是跨国公司进入国际市场时的国外产业政策。当企业可以融入或充分利用外部资源时，企业就可以根据自身的情况选择需要的战略。但当外部资源或国外的政策对我国企业进行限制或压制时，对技术创新战略的选择也会同时受严重影响，企业往往只能选择自主创新战略来发展。

（5）企业制定技术创新战略的经验。企业在制定技术创新战略时，应该对以往活动做出正确评价，对现在企业的技术能力、内外资源等做出合理的估计，然后依据以往的经验选择有利于企业长期发展的创新战略。

（二）企业技术创新的实施条件

1. 自主创新

企业要想实施自主创新战略，必须从资金、人力和风险承受力等方面进行综合考虑。只有拥有较为丰富的技术创新资源、强大的研发能力和充足的研发资金，才能保障技术创新活动的开展，承担技术创新过程中所带来的资金、技术、市场等各方面风险。

企业实施自主创新战略，首先是确定自主创新的方向，即企业通过观察市场需求的变化，捕捉潜在的市场机会，根据企业自身的技术条件与资源，制定切实可行的技术创新方案，以领先于竞争对手而开发出可以投放市场的新产品。其次是强化销售、实现利润最大化，即在新产品投放市场后，企业应在其营销网络的基础上强化其市场营销能力，使新产品尽快得到市场的接受和认可，占据尽可能高的市场占有率。最后是尽可能长时间地保持竞争优势，即在新产品投放市场后，企业还应采取各种有效的技术保护措施，如建立健全有效的技术保护措施、申报科技成果专利或是采取法律手段等，避免竞争对手利用不正当竞争手段对自主创新的新技术进行模仿，分享市场和利润，从而保证企业在一段时期内获取超额利润。

2. 模仿创新

选择模仿创新战略的企业一般可供利用的创新资源较少，企业自身的技术能力和技术积累不足，并且承受市场风险、资本风险与技术风险的能力较弱或者不愿承担较大的风险。

企业要实施模仿创新战略，首先要形成自己独特的产品，根据自身技术、资金等各方面的条件，在众多领先者的技术成果中，挑选出与企业相匹配并且具有商业前景的技术成果，认真分析创新者的产品市场反馈情况，有效地避开技术或保护性壁垒，在模仿的同时进行一定程度的改进和完善。其次是把握战略实施的最佳时机，宜选择在新产品的成长期启动模仿创新战略，以有力地降低技术创新所带来的风险。最后应注重技术上的积累，不断增强企业的技术创新能力、管理创新能力。也就是说企业不应局限于模仿，而应在模仿中有所创新，并且不断增加自主创新的比重，建立并完善自身的研究开发机构，培育善于创新的人才，这样才能顺利过渡至自主创新上来，并且随着企业在资金、实力方面的不断壮大，逐渐形成企业自己的核心竞争力。

3. 合作创新

最主要的合作形式有合作开发、全面合作及共建实体。企业在实施合作创新战略时，首先应当以资源的配置效率最大化为导向，选择在创新资源上最能体现互补性的合作者。此外在合作的过程中，参与合作者应预测出各种可能的风险，并通过合作协议的法律形式来明确各方的权责、利益，建立必要的监督和保障机制，以保证合作创新的顺利开展和合作目标的实现。

总的来说，自主创新适用于技术开发能力强、经济实力强和掌握了独特技术垄断权的企业；合作创新适合于开发难度大、投资大、风险大的技术领域以及合作条件好的企业；模仿创新适合于具有较强的消化吸收能力、具有一定的开发能力，或与先进技术有差距，技术经济实力较弱，但仍有一定开发能力的企业。因此，企业在选择创新战略时，应综合考虑各方面的因素，选择适合企业长期发展的技术创新战略，才能达到企业盈利和发展的目的。

7.3 企业管理创新

一、企业管理创新的意义

管理创新就是根据客观规律和现代科技发展的态势，在有效继承的前提下对传统的管理进行改进、改革、改善和发展。管理创新包括管理思想、管理观念、管理理论、管理制度、管理机制、管理体系、管理组织机构、管理模式方法及管理人才的培养组织等方面及其组合的创新。而我国著名的管理学者蒋明杰教授将管理创新定义为创造一种新的或更有效的资源整合范式，这种范式既可以是新的有效整合资源以达企业目标的全过程式管理，也可是某方面的细节管理，至少可以包括以下五个方面情况：

（1）提出一种新的经营思路并加以有效实施，如果经营思路可行就是一种管理创新；

（2）设计一个新的组织机构并使之有效运作；

（3）提出一个新的管理方式、方法，它能提高生产效率，协调人际关系或能更好地激励员工；

（4）设计一种新的管理模式；

（5）进行一项制度创新。

还有学者认为管理创新就是在建立和完善扎实的管理基础工作、加强实物资源和有形资产管理的同时，不断采用适应市场需求的新的管理方式和管理方法，以人为本，重点加强知识资产管理、机遇管理和企业战略管理，有效运用企业资源，把管理创新与技术创新和制度创新有机结合起来，形成完善的动力机制、激励机制和制约机制。企业管理创新包括思想与理念创新、经营战略创新、组织结构创新、管理制度创新、管理机制与模式的创新、运作流程创新、技术与方式方法创新、市场与产品创新等内容。管理创新是决策层创新、执行层创新和操作层创新的全方位有机结合。

二、企业管理创新的作用

可以将管理创新分为基于战略的管理创新、基于环境的管理创新、基于资源的管理创新、基于流程的管理创新等。其中基于环境的管理创新还可以按照组织的背景条件再细分为基于组织的创新和基于市场的创新等。这些类型的管理创新相互交错、互相作用，共同推进企业的成长。

（一）基于战略与环境的管理创新

传统的战略规划方式存在以下几个假设前提：预测的环境是稳定的；战略制定者能够与他们的战略问题相分离；战略的制定过程能够被形式化、程序化。这种战略产生了以下几个误区。

（1）按照传统战略规划的前提，当一个计划正在开发时，世界应该保持静止；当计划实现时，世界应保持所预测的状态。但真实的世界不是如此，我们能够预测某些重复性的事物，如季节变化等，但对许多非连续的事物，如技术创新和价格上涨等，想要准确预测几乎是不可能的，而传统的战略规划使得我们很难跟上环境的变化。

（2）在这种战略规划方式中，思想者和实行者相分离，战略家必须与他们的战略目标相分离。这种做法要求高层管理者不用亲自深入一线就能了解基层的具体情况，但问题在于基层向高层汇报的数据存在一个推测而来的误差，要核实这些数据需要花费时间，这导致它们经常会过时；这些经过综合的数据往往会忽略重要的细节部分，这也是依此制定的战略脱离现实的原因。

（3）规划过程很容易陷入形式化、程序化的误区。形式化、程序化的系统能够处理更多的信息，但也可能因此而忽略了一些正在发生的突发因素，规划过程不能灵敏地对环境的变化进行学习，做出适当的反应。关于未来的不确定性把传统的企业战略规划方法推到了尴尬的位置，顾客偏好的多元性质和市场环境无处不在的不确定性造成这样的问题：战略计划对于设计企业结构是否有用？如果不知道下一年的顾客将需要什么或竞争者将提供什么，甚至顾客或竞争者是谁都不能预测，企业又如何为取得销售和利润目标而制订一个有效的计划？

因此，适应性战略——不确定环境下的战略思维，促使许多企业从观念到组织过程都进行了转变，以便更好地对环境的不确定性做出反应。对于这种不确定环境下的战略思维方式，享克尔将其称为“适应性战略”。而有人认为这是一种“边缘竞争”的战略方式。

所谓的战略，本质上包括两个方面：一是制定企业的发展目标；二是实现所制定的目标。

传统的战略规划将重点放在“制定企业发展目标”上，却忽视“如何实现战略目标”。其假设对行业、竞争、战略位置以及各种情况的持续时间具有可预测性，与此同时却对随后的战略执行的重要性和可能遇到的挑战缺乏足够的重视，当遇到紧张、高速、持续不断的环境时，传统的战略模式就频频面临崩溃。

适应性战略认为战略是创造一系列独立竞争优势的过程。这些独立的竞争优势综合起来，便形成了一种半固定式的战略导向，而使得这种战略充分显示出业绩的关键动力就是企业对环境的应变能力。适应性理论认为战略是公司不断调整组织结构形式，进行变革，并与不断调整的组织结构相适应。采用半固定式的战略趋向是一种必然结果，其综合了两个方面的内容，即不断地寻找新的战略目标以及实现战略目标的办法。半固定式的战略趋向是适应性的战略方法与所谓的传统战略方法的最根本区别。

采用半固定式的适应性战略，是因为企业身处的环境是那些高速变革且变革不可预测的行业。这些行业有着高度的不确定性，其发展方向也无人知晓，因而适应性战略只能通过试探性地实施一些措施并观察它们的具体效果，再从中挑选出一些卓有成效的措施继续执行。从短期看，适应性战略可能效率比较低，它总是在不断尝试，不断犯错，最后找到正确的方向。

（二）基于资源的管理创新

一般企业中主要有五类资源，即人力资源、财力资源、物力资源、信息资源、机会资源。因此，基于资源的管理创新也可以分为人力资源管理创新、财力资源管理创新、物力资源管理创新、信息资源管理创新、机会资源管理创新等，企业用以寻求能够促进所拥有的稀缺资源更充分创造价值的可能性、渠道和方式。

（三）基于流程的管理创新

基于流程的管理创新也称为“业务流程再造”，其核心理念就是以最大限度地提高顾客对企业产品、服务、形象的整体满意度、提高顾客对企业的忠诚度，进而不断地重复购买企业的产品和服务、营造企业良好的生存和发展环境为目标，对企业现行的运转流程和工作方式进行根本性的反省和革命性的创新。

市场是企业一切经营活动的起点和归宿，基于市场的管理创新是指在市场经济条件下，作为市场主体的企业创新者通过引入并实现各种新市场要素的商品化与市场化，以开辟新的市场、促进企业生存与发展的新市场研究、开发、组织与管理活动。基于市场的管理创新也称为市场创新。企业要创新市场，首先要了解市场、研究市场，市场研究是企业市场创新的前提和基础。

组织是一个有明确目标、有一定的结构和协调，并与外部环境不断发生物质、能量和信息交换的社会实体，它是使企业各种要素有效运行的载体。基于组织的管理创新意味着打破原有的组织结构，并对组织内成员的责、权、利关系加以重新建构，形成新的结构和人际关系，并使组织的功能得到发展。组织创新按其影响系统的范围可分为技术结构创新和社会结构创新。技术结构创新是调整人们之间的分工、协作方式以获得更高效率；社会结构的创新是协调人们的责、权、利的关系，以提高组织效能。

三、企业管理创新的措施

（一）重视企业管理思想

所谓的企业管理思想，是指在企业生产运营过程中的指导思想，包括协调、统领、指导等内容。管理思想对于企业发展来说至关重要，能够帮助企业准确地把握外部经营环境，并分析企业内部实际情况，对企业发展提出更加准确的目标定位，并对企业生产经营提出有效指导。在企业管理创新过程中，管理思想观念对企业发展影响颇大，是企业管理创新的开端，只有重视管理思想创新，才能为企业管理创新提供坚实的基础。

（二）处理好员工抵触情绪

面对创新，员工存在抵触情绪在所难免，而重要的是如何对这种抵触情绪加以转化。在具体转化过程中，企业可以通过培养员工的危机意识，让员工产生危机感，迫使员工能够理解管理创新工作的迫切性；注重与员工的沟通，通过充分的解释、沟通，让员工理解创新的目标，并让员工在理解基础上认同创新，为员工创造提出自己意见和现状评价的途径，让员工成为管理创新中的一分子，而不再是管理创新的旁观者。当然，在此过程中必须建立行之有效的薪酬激励机制，充分挖掘员工的潜能，调动积极性，让员工更加关注管理创新的结果，并为之付出自己的努力。

（三）加强企业文化创新

企业文化是一个企业发展和创新的动力，也是企业实现可持续发展的重要保障。在企业文化构建过程中，应该注重发挥企业文化的作用，通过文化带动企业生产，增强企业整体的凝聚力，从而提升企业核心竞争力。具体来说，为了推动企业管理创新工作，在企业构建中应该坚持虚实结合，不让企业文化成为“虚套子”，要让企业文化真正落实起来，为企业长远发展目标而服务，针对企业战略目标，设计企业文化核心内容，彰显企业发展的生命力。

（四）加强企业计量管理工作创新

在企业现代化管理实施中，计量数据管理工作是基础，也是保证各项管理决策正确的依据。在企业发展各个方面中，如规划、生产、调研、产品设计、生产、质量控制、营销等环节都涉及计量数据，只有强化数据管理，保证企业管理决策的科学性，才能推动企业管理创新工作有序进行。另外，通过强化计量管理创新，降低企业损失，提升企业经济效益，推动企业走向可持续发展道路。企业重视计量管理，并不断完善计量检测手段，实现优化企业资源配置，降低企业资源消耗，保证企业具有较高的经济效益。

（五）做好企业组织结构创新

在企业管理创新中，组织结构创新颇为关键，必须确定科学管理目标，之后对管理组织结构加以优化，同时对整个企业管理流程体系进行优化处理，将传统上单一组织结构模式改为多层次、科学分工分岗的企业发展组织结构模式，为推动企业管理创新做出贡献，保证创新管理模式能够顺利落实，为企业健康发展提供管理保障。

7.4 企业文化创新

一、企业文化创新的意义

企业文化是企业建设的基础，是企业核心竞争力的重要构成要素。企业文化的作用主要有三个方面。第一，具有一定的约束作用。企业文化是指一个企业在日常生产经营活动中所形成的与企业精神、企业准则、企业环境完全契合的一种内在价值观。第二，价值观的导向作用。企业文化能够帮助员工建立与企业契合的价值观和人生观，从而有效地提高员工工作的积极主动性和创造性，推动企业平稳健康发展。第三，凝聚作用。企业文化有利于员工之间建立共同的精神理念和价值观，从而提高员工的凝聚力和向心力。

企业核心竞争力是以企业核心价值观为导向的一种竞争优势，是企业核心的技术以及管理方式。从企业战略的角度来看，企业核心竞争力是企业战略形成过程中层次最高的战略。从企业竞争角度来看，核心竞争力使企业具有持续的竞争优势。从企业用户角度来看，企业的核心竞争力可以保障企业能满足顾客一定范围内在某一方面的需要以及潜在的需求，从而保持一定的客户忠诚度。

企业文化对核心竞争力的作用包括以下几个方面。

第一，企业文化对核心竞争力具有引导作用。企业文化规范和约束管理者和员工的工作行为和态度。

第二，企业文化对核心竞争力具有主导作用。企业文化将一种理念渗透员工的思维、执行力、情绪控制等多个层面，在员工一进入企业的时候形成共情。

第三，从共同的信仰和价值观出发，企业文化是企业全体员工对共同事业的理解和追求，是形成企业凝聚力的必备条件。企业文化竞争力和核心竞争力相互作用，相辅相成。企业不断增强自身的核心竞争力，可以对企业文化建设产生积极的作用，更有利于企业在管理层面获得全体员工的文化认同。企业核心竞争力与企业文化两者之间从来都是一种互相依存、互相促进的相辅相成关系。

二、企业文化创新的作用

当前的市场环境对于各个企业的发展来说都是非常严酷的，存在着非常多的不确定因素。经济全球化为各个企业带来了很多的发展机遇，但是不得不说的是，这同样给企业发展带来了很多挑战，因此在经济全球化的背景下，企业的立足和发展也越来越困难。核心竞争力是推动企业快速发展的根本动力，因此怎样使企业的核心竞争力逐渐提高是每个企业未来的研究重点。而一个企业如果想要提高自己的核心竞争力，往往就要实现企业的文化创新。如果企业想要不断地为企业发展注入动力，就必须要不断实现企业的文化创新。只有这样，才能够提高企业在恶劣市场环境中的适应能力，进而推动企业实现长期稳定的发展。

（一）企业进行文化创新的价值

优良的企业文化是保障企业实现可持续发展的关键。企业只有提高对企业文化的重视程度，不断提高企业文化的建设力度，才能培养出具有正确价值观的企业员工。而之所以要培养出具有正确价值观的企业员工，是因为只有这样的企业员工才能够为企业的发展毫无保留地贡献自己的一分力量。而且优良的企业文化对于企业来说具有很多重要作用，一方面能够在一定程度上使企业员工的整体素质得到提高，另一方面还能够提高企业的整体凝聚力。企业在进行创新管理过程中，应将企业的文化创新放在重要地位。这是因为，一个企业如果想要不断实现企业制度的积极创新，就势必要积极地对企业文化进行创新，另外优秀的企业文化可以帮助企业完成技术创新。

（二）企业文化创新对企业管理创新的影响

1. 有助于企业对新市场的开拓

企业的文化在企业的管理中占据着非常重要的地位。这是因为人们的消费模式会不断随着文化模式的改变而发生相应的变化。因此人们的消费习惯在不同的文化模式下会存在较大的差异。而且人们的价值观总是随着时间的改变而不断地被取代，因此随着时间的改变，人们的消费观常常会发生变化。所以企业如果想要提升其在市场中的融合度，就应该及时把握社会文化所发生的一系列转变。

2. 文化创新促进管理模式创新

时代不断地向前迈进，社会在不断地进步。人们也在社会的进步中不断改进自己、完善自己。随着人们的进步，企业以往的管理方式将不适合现阶段的发展形势。企业只有不断改进自己的管理方式，才能让企业员工在日常的工作中有更好的体验感，让企业有更大的进步。企业的文化创新就是要了解现在的人们对于工作的看法有什么不一样的地方。根据现在员工的特点，适当地对企业的精神进行改进，让企业的精神更适用于现在的社会。在这个过程中也需要根据员工的特点以及企业的精神，对企业的管理模式进行创新与改进。

3. 利于企业合作创新的发展

针对当前的社会情形来看，社会经济是非常复杂的环境，想要在这样的环境中取得发展，并非是通过一己之力就能够完成的。所以说企业在进行管理的时候应当与外界进行合作。企业文化的创新，能够在复杂的社会背景下克服交流障碍，让企业的决策者意识到合作对于企业发展的重要性。这样一来便能够促进企业与政府之间、与其他企业之间甚至与某些个人之间的合作，从而让企业的效益处于稳定的发展之中。

三、企业文化创新的措施

（一）企业文化建设的现状及问题

从当前企业文化建设现状来看，绝大部分企业都组建了具有自身特点、能够反映企业核心价值观的企业文化体系，有些地方单位的文化建设还创造性地融入了地域特色等，形成了较大的影响力。但也要看到存在的问题，即当前仍有部分单位缺乏对文化建设重要性的认识，没有真正构建起文化引领发展的氛围，专门性人才还较为缺乏。具体来说，包括以下几个方面。

（1）文化建设理念不够深入。文化理念是文化构架体系的核心，如果文化理念不够深入具体，或是和企业实际结合不够紧密，文化建设就缺少必要的生命力和韵律感。部分企业单位缺少对文化理念具体内容、内涵的阐述提炼，文化体系虽有框架，但内容空泛无物、效果形同虚设，难以激发员工的认同感、责任感、使命感，并有可能制约员工对企业本身的认知和理解，不利于企业的长远发展。因此，企业在企业文化建设中必须注重企业文化核心价值理念的提炼、解读。

（2）制度建设与企业发展不匹配。在企业制度建设方面，有些相对滞后，有些弹性不足，有些与企业发展完全不符，有些忽视执行力度，有些缺乏监督反馈，没有科学合理的薪酬体系、考核机制和有效的激励机制，企业制度体系不能充分发挥作用，致使企业文化建设缺乏支撑和保障，制约了企业创新发展。

（3）文化建设缺乏新意。其主要体现在两个方面：一是文化体系缺少与外界的交流。经过多年的市场化改革，整个行业的文化都经历了一个不断更新、不断完善的过程。行业的核心价值观也在趋于优化，以更好地服务企业、国家和社会。但许多地方单位却还是原地踏步，企业文化数年不变，基本没有创新。二是文化建设缺少亮点。有的认为行业企业文化就是一种规章制度，仅仅引导规范员工行为。有的还停留在内部联欢、打球看报等基础阶段。长此以往，势必对企业文化的感召力和影响力产生负面影响，阻碍企业凝聚正能量，最终影响企业高质量发展。

（4）企业文化建设与企业行动脱节。在进行企业文化的建设过程中，其内容相对较为空洞，并没有基于实际状况构建企业问题，导致企业文化缺乏灵魂和活力。企业文化要想彰显自身的价值，就要通过必要的物质手段进行实施，在企业的经营实践中充分凸显企业文化的内涵。企业文化的建设在实际中主要涵盖了物质层、制度层、行为层以及精神层次等相关内容，企业文化必须要通过对应的载体才可以充分彰显，但是一些企业在进行文化构建过程中，只是通过传统的载体进行宣传，这样无法提升企业文化自身的辐射力以及影响力，无法凸显其自身的价值与作用。

（5）企业精神的塑造不充分。企业精神是企业文化的内核，虽然不同企业的企业文化会有很大不同，但企业精神往往都是一致的。对现代企业文化而言，树立一个符合企业发展的企业精神是企业文化建立与发展的基础。但是就目前的普遍现状来看，大多数企业塑造企业精神，就是单纯地以企业管理者的个人想法为基础，而不是以企业特征与员工的知识结构、文化水平为基础，这样塑造出来的企业精神完全不能突出企业的发展目标。

除此之外，各大企业也无法做到在日常的经营管理过程中坚持实施推崇和渗透企业精神，这也是阻碍现代企业文化建设的重要问题。

（二）如何有效推进企业文化建设

（1）建立以人为本的管理思想。企业员工不但是企业文化的创造者，也是接受者和传播者，所以首先必须树立“以人为本”的管理思想，通过各种可行的方式，加大对员工的情感关怀。经济奖罚固然是激励员工的重要手段，但是对个人的尊重、个人价值的体现则需要企业加大对员工的关心，重视他们的思想情感以及合理要求，尊重他们的人格和权力；让被管理者理解公司的企业目标，愿意承担相应的责任。只有这样，员工的责任感和对企业的忠诚度才能得到极大的提高，心甘情愿地为企业努力工作。

（2）建立学习型企业文化。学习型企业文化是指在整个企业中，弥漫着浓厚的学习气氛。企业文化的建设不是通过强制的行政手段来自上而下地说教，而是以教育、学习、诱导、启迪激励和熏陶的方法为主，逐步培养和形成员工的价值观念、道德规范。让浓烈的学习气氛弥漫在自上而下的管理体系中，“全员学习”和“全过程学习”，贯穿于组织系统运行的整个过程，如决策、计划、执行、控制等环节。在全员的学习过程中，企业文化自身不但得到了发展，同时也在第一时间影响各个员工。学习型团队是开放的，不断吸收新鲜知识，面对世界市场，注重学习型组织文化建设和营造，已经是文化建设的主流方向。

（3）以思想政治工作为载体，全面提升文化建设。优秀的企业文化与全体员工的素质有着密切关系，而在一系列素质中，思想素质和文化素质尤为关键。思想政治工作在国有企业中有着优良的传统，同时也发挥着重要的作用。企业没有单纯的经济管理工作，也没有单纯的思想政治工作。经济发展为现代社会服务，而思想政治工作则为经济发展开辟道路。这便是思想政治工作和经济管理工作的统一性表现，也是企业思想政治工作的出发点、落脚点和意义所在。在推进文化建设的过程中要把文化建设和思想政治工作结合起来，防止以企业文化建设替代思想政治工作。员工的思想政治工作不是空洞的说教，而是通过各种途径让员工树立与企业统一的正确思想观念。所以企业文化建设的一部分工作就是员工的思想政治工作，而思想政治工作也就成为企业文化建设的一个重要的和有效的载体。

（4）企业文化的建设要不断地改革与创新。创新是永恒的主题，在企业文化中，创新的地位无疑是至关重要的。为了更好地营造创新的氛围，应当以观念创新为起点，以机制创新为基础，以科技创新为主导，以市场创新和服务创新为归宿，形成浓郁的创新文化氛围，实现中国企业文化建设的新发展。企业要在制度安排上，鼓励员工敢于承担责任、积极承担风险，即对敢冒风险的人无论成功与失败都进行鼓励并奖励，而不是惩罚。鼓励与奖励的是敢于创新、敢于承担风险的行为，而不仅仅是对创新结果的奖励。只有这样，才能促使员工放心大胆地把创意变成现实结果，使员工无论是在技术方面还是在管理方面，只要有创意就敢于积极实施。

（5）科学地确定企业文化建设的内容。建设企业文化的核心内容是要做到随着经济社会发展，结合企业的发展目标和任务考虑文化模式，采取批判与继承的态度，博采众长，借鉴吸收其他民族和企业的优秀文化，重视发展企业的文化个性，注重培育企业精神。总之，企业文化建设既是企业在市场经济条件下生存发展的内在需要，又是实现管理现代化的重要方面。然而，建设优秀企业文化绝非一朝一夕即可完成，其不仅需要长期的文化积淀，还要求企业始终坚持以人为本的原则，加强企业文化系统性建设，不断提高全员企业文化意识，促进企业文化的创新。只有如此，企业才能在经营管理以及今后获得长久的发展。

7.5　企业模式创新

一、企业模式创新的作用

（1）有计划、有目的、可控制的生产方式，具有明显的运营优势：有利于形成程序化规范管理和程序化流水线作业模式；有利于提高生产效率、降低成本、提高资金的使用率、减少损耗等；有利于规模化生产的形成；有利于企业的整体扩张。

（2）对管理者的管理思想、管理水平、管理方式、管理艺术要求较高。制度化管理、质量效率管理、满工作量管理、工时考核管理、任务承包管理、责任承包管理、工作时间管理、信仰精神管理、“突击队式”管理等各种有针对性的管理方式应运而生。

管理科学性、有效性、针对性、及时性将显得尤为重要，同时，开展人性化管理，充分调动人的积极性和主动性，利用人的趋同性和依赖性，形成良好的企业文化，树立企业精神和信仰，也会对企业可持续发展产生重要和积极的影响。

（3）根据不同的市场需求，生产调度调整反应较快，人员调整、调动相对较容易。

（4）有利于内部形成小型的高质量的专业化的团体（组），以及最优化的团体组合。有利于产生生产精英，即生产能手、业务骨干、标兵、劳模。这些对生产过程、生产质量、生产效率都将非常有利。这些对企业的发展，特别是高质量、规模化的持续有效发展至关重要。一个人、一个团队决定一个企业、集团的发展和命运的事例在世界范围内屡见不鲜。

（5）多数成员对外界的市场变化不敏感，仅仅关心自身利益和身边环境变化。企业应对市场变化以及在这种变化中的竞争能力往往把握在少数人手中，他们思想、能力、工作热情和方法等往往决定企业的命运。即关键部门对个人能力的依赖性较强，有一定的脆弱性。权力相对集中，容易造成重大的管理和决策失误。合理有效的监督方法和机制、重大决策的科学审定等是所有现代规模化企业的重要课题。

（6）个体发展空间受一定的限制，可能导致个体的灵活性不强，竞争性不强，主动性不强，容易造成人浮于事。自主创新的动力不强，容易满足现状。责任心不强，容易造成事不关己的现象。如果管理引导不利，将产生极为不利的负面影响。因而需要较强的宏观调控、指导和监督。经济（金钱）调控不能成为唯一的有效手段，企业精神、文化、信仰也会起重要的作用。

二、企业模式创新的措施

（一）优化“大脑”，增强智慧

优化行政管理层，聘用优秀人才，特别是关键人物如总经理或常务副总经理。让“经理”变成“精神领袖”，成为公司这一庞大社会体系有效运转的强有力的动力。即一个特殊的领导者，决定一个特殊企业的前途和命运。

（二）“政企”分开，各负其责

公司的最高行政管理是董事会和监事会，相当于“政”。主要由出资人、股东组成，是公司利益的最大受益者。他们拥有公司的全部财产，以分红的形式享有公司的利润。他们有权决定公司的发展和走向，决定关键人物的任免，是公司的政策“灵魂”。

最高执行机构是执行局和总经理，相当于“企”。由董事会聘用的总经理，以及由其建议聘用的各副总经理、部门主要领导组成。他们决定企业的日常经营状况和效益，也关系企业的未来和发展，是公司的运营“灵魂”。

政和企一定要分开，要各负其责。

（三）练好“铁头功”

以销促产，以销定产，是现有大多数公司所采用的基本策略。因而销售环节不约而同地就成为各公司、企业的运营“龙头”。是否有一支强劲有效的销售队伍，直接关系公司的经营和效益，影响公司的发展和未来。

（四）拥有一个强有力的“心脏”

企业的根本归根结底是生产。生产的组织管理、员工的素质和对企业的情感、生产设备的合理配置是三个重要的基本要素。

（五）科学技术是第一生产力

技术是发展的“动力”，技术是运营的“保障”，技术是公司的“未来”。

（六）资金是企业的“血液”

资金是公司生存的“血液”，是生产经营的“润滑剂”。现代企业、公司是实体经济和金融经济的共同体。

（七）企业的精神和文化是企业内部的“黏合剂”和“乳化剂”

要让员工对企业产生足够的信任，并逐步上升为依赖，愿意把生存和事业交给本企业，这才是企业管理的最高境界。

（八）企业形象和影响是企业对外的“名片”

企业形象是企业精神文化的一种外在表现形式，科学的企业理念、优美的环境形象、优质的产品形象、清正的领导形象、敬业的职工形象，是企业对外的“名片”。

思考题

1. 简述企业管理创新在企业发展中的作用。
2. 简述制度创新的含义及方式。
3. 简述技术创新的含义及特性。
4. 简述制度创新、技术创新和管理创新三者的关系。
5. 简述企业创新的四大效应。

第8章　创业融资

学习目标

1. 了解企业融资的常见形式。
2. 掌握企业项目成功融资的技巧、防范融资风险的对策。
3. 学习新创企业融资的渠道及遵循的原则。

案例导入

2022年，中国经济仍将“风景这边独好”

2021年，我国经济恢复取得明显成效，高质量发展取得显著进展，经济发展的强大韧性和旺盛活力持续显现；展望2022年，我国经济发展仍将具有强劲韧性。

韧性来自“稳”

2021年的中央经济工作会议，“稳”成为主线，贯穿全篇：“宏观政策要稳健有效”“要继续实施积极的财政政策和稳健的货币政策”“要继续做好‘六稳’‘六保’工作特别是保就业保民生保市场主体”“扩大高水平开放，多措并举稳定外贸，保障产业链供应链稳定，加大吸引外资力度”……

“行稳”方能“致远”，这就要用一种更为积极、进取的姿态，促进“稳”和“进”两者之间的协调配合，带动经济高质量发展。如今，围绕“稳”字的一系列有力举措正相继落地，举措的精准度也不断提高。可以预期的是，在“稳”的带动下，中国经济仍将“风景这边独好”。

韧性来自创新

作为“十四五”开局之年，创新正点亮新征程。一些重大科技成就举世瞩目，一些技术密集型和高附加值产品快速增长。中央经济工作会议明确指出，无论国际风云如何变幻，我们都要坚定不移做好自己的事情，不断做强经济基础，增强科技创新能力。并对创新做出部署：强化企业创新主体地位，深化产学研结合；完善优化科技创新生态，形成扎实的科研作风；要提升制造业核心竞争力，启动一批产业基础再造工程项目，激发涌现一大批“专精特新”企业……

可以预期的是，未来创新仍将继续激发中国经济持续增长。正如中国人民大学副校长刘元春所言：“今明两年是中国经济从传统要素驱动向创新驱动大转型的关键时期。下一步要靠科技投入、研发投入拉动GDP增长。”

韧性来自改革

回顾2021年，全面深化改革多点突破，厚植发展内生动力新优势。2022年，改革还将继续向纵深推进：要深化供给侧结构性改革；要抓好要素市场化配置综合改革试点，全面实行股票发行注册制，完成国企改革三年行动任务；要深化重点领域改革……

中央经济工作会议提出的一连串“硬举措”，将是构建新发展格局的“推进器”，将持续为中国经济高质量发展塑造新优势，激发新活力。一些国际组织、境外机构也纷纷看好中国经济：国际货币基金组织和世界银行对2022年中国GDP增速的预测值为5.6%和5.4%，分别高出全球增速预测值0.7%和1%；德意志银行预计2023年中国经济增速约为5.3%；瑞信预计2023年中国经济增速为6.1%……这背后，都是对中国经济发展有韧性的充分肯定。

思考题

1. 分析我国经济发展的强劲韧性来自于哪里。
2. 从我国经济的发展分析企业发展的机遇。

（案例资料来源：《证券日报》）

8.1 融资方式与技巧

一、融资的概念与特征

融资（financing），从狭义上讲，即是一个企业的资金筹集的行为与过程。从广义上讲，融资也叫金融，就是货币资金的融通，当事人通过各种方式在金融市场上筹措或贷放资金的行为。《新帕尔格雷夫经济学大辞典》对融资的解释是：融资是指为支付超过现金的购货款而采取的货币交易手段，或为取得资产而集资所采取的货币手段。

项目融资（project finance），从广义上讲，为了建设一个新项目或者收购一个现有项目，或者对已有项目进行债务重组所进行的一切融资活动都可以被称为项目融资。从狭义上讲，项目融资是指以项目的资产、预期收益或权益作抵押取得的一种无追索权或有限追索权的融资或贷款活动。我们一般提到的项目融资仅指狭义上的概念。

创业融资是指创业者为了将某种创意转化为商业现实，通过不同渠道、采用不同方式筹集资金以建立企业的过程。创业融资与一般融资相比，其最大的优势就是减少了融资过程中的信息不对称，提高了融资效率。创业融资不是简单地以资金来维持技术，其更深层之处在于实现了资金、技术与管理的结合，建立了一套以绩效为标准的激励和约束机制。

二、融资的常见形式

（一）银行贷款

银行是企业最主要的融资渠道。按资金性质，分为流动资金贷款、固定资产贷款和专项贷款三类。专项贷款通常有特定的用途，其贷款利率一般比较优惠，贷款分为信用贷款、担保贷款和票据贴现。

（二）股票筹资

股票具有永久性，无到期日，不需归还，没有还本付息的压力等特点，因而筹资风险较小。股票市场可促进企业转换经营机制，真正成为自主经营、自负盈亏、自我发展、自我约束的法人实体和市场竞争主体。同时，股票市场为资产重组提供了广阔的舞台，优化企业组织结构，提高企业的整合能力。

（三）债券融资

企业债券，也称公司债券，是企业依照法定程序发行、约定在一定期限内还本付息的有价证券，表示发债企业和投资人之间是一种债权债务关系。债券持有人不参与企业的经营管理，但有权按期收回约定的本息。在企业破产清算时，债权人优先于股东享有对企业剩余财产的索取权。企业债券与股票一样，同属有价证券，可以自由转让。

（四）融资租赁

融资租赁是指出租方根据承租方对供货商、租赁物的选择，向供货商购买租赁物，提供给承租方使用，承租方在契约或者合同规定的期限内分期支付租金的融资方式。

融资租赁是通过融资与融物的结合，兼具金融与贸易的双重职能，对提高企业的筹资融资效益，推动与促进企业的技术进步，有着十分明显的作用。融资租赁有直接购买租赁、售出后回租以及杠杆租赁。此外，还有租赁与补偿贸易相结合、租赁与加工装配相结合、租赁与包销相结合等多种租赁形式。融资租赁业务为企业技术改造开辟了一条新的融资渠道，采取融资融物相结合的新形式，提高了生产设备和技术的引进速度，还可以节约资金使用，提高资金利用率。

（五）海外融资

企业可利用的海外融资方式包括国际商业银行贷款、国际金融机构贷款和企业在海外各主要资本市场上的债券、股票融资业务。

（六）典当融资

典当是以实物为抵押，以实物所有权转移的形式取得临时性贷款的一种融资方式。与银行贷款相比，典当贷款成本高、贷款规模小，但典当也有银行贷款所无法相比的优势。首先，与银行对借款人的资信条件近乎苛刻的要求相比，典当行对客户的信用要求几乎为零，典当行只注重典当物品是否货真价实。而且一般商业银行只做不动产抵押，而典当行则可以做动产与不动产抵押。其次，到典当行典当物品的起点低，千元、百元的物品都可以当。与银行相反，典当行更注重对个人客户和中小企业服务。再次，与银行贷款手续繁杂、审批周期长相比，典当贷款手续十分简便，大多立等可取，即使是不动产抵押，也比银行要便捷许多。最后，当客户向银行借款时，贷款的用途不能超越银行指定的范围。而典当行则不问贷款的用途。

（七）P2C 互联网小微金融融资平台

在 P2C（people to company）借贷模式中，中小企业为借款人，但企业信息及企业运营相对固定，有稳定的现金流及还款来源，信息容易核实，同时企业的违约成本远高于个人，要求必须有担保、有抵押，安全性相对更好。投资者可以受益于众筹理财的高年化收益，借款企业可以实现低融资成本和灵活的借款期限，还可使借款使用效率更为显化。同时，借款周期和项目周期更加匹配。

（八）基金组织

基金组织的手段就是假股暗贷。所谓假股暗贷，顾名思义，就是投资方以入股的方式对项目进行投资，但实际并不参与项目的管理。到了一定的时间就从项目中撤股。这种方式多为国外基金所采用。缺点是操作周期较长，而且要改变公司的股东结构甚至要改变公司的性质。国外基金比较多，所以以这种方式投资的话国内公司的性质就要改为中外合资。

（九）银行承兑

融资企业为了达成交易，可向银行申请签发银行承兑汇票，银行经审核同意后，正式受理银行承兑契约，承兑银行要在承兑汇票上签表明承兑字样或签章。这样，经银行承兑的汇票就称为银行承兑汇票，银行承兑汇票具体说是银行替买方担保，卖方不必担心收不到货款，因为到期后买方的担保银行一定会支付货款。

银行承兑汇票融资的好处在于企业融资可以实现短、平、快，可以降低企业财务费用。

（十）直存款

直存款是最难操作的融资方式。该融资方式是由投资方到项目方指定银行开一个账户，将指定金额存进自己的账户，然后与银行签订一个协议，承诺该笔钱在规定的时间内不挪用。银行根据这个金额提供给项目方小于等于同等金额的贷款。

（十一）银行信用证

银行信用证是银行（开证行）根据买方（申请人）要求及指示向卖方（受益人）开立的在一定期限内凭符合信用证条款单据即期或在一个可确定的将来日期兑付一定金额的书面承诺。这种承诺是有条件的，要求提交信用证规定的单据和单证必须相符。当买卖双方首次接触，不了解对方商业信誉，或发达国家与发展中国家商人做生意，无法承担发展中国家的商业或国家风险时，常在合同中规定使用信用证付款方式。

（十二）委托贷款

所谓委托贷款，就是投资方在银行为项目方设立一个专款账户，然后把钱打到专款账户，委托银行放款给项目方。这个是比较好操作的一种融资形式。通常对项目的审查不是很严格，要求银行做出向项目方负责每年代收利息和追还本金的承诺书。

（十三）直通款

所谓直通款就是直接投资。这个对项目的审查很严格，往往要求固定资产的抵押或银行担保。利息也相对较高，周期较短。

（十四）贷款担保

市面上有很多投资担保公司，只需要付高出银行利息就可以拿到急需的资金。

（十五）国家性基金

国家性基金主要来源于中央外贸发展基金。国家性基金主要支持的内容包括境外展览会、质量管理体系、环境管理体系、软件出口企业和各类产品认证、国际市场宣传推介、开拓新兴市场、培训与研讨会、境外投标等。优先支持面向拉美、非洲、中东、东欧和东南亚等新兴市场的拓展活动。

三、创业融资的步骤

在现实生活中，有些人有很好的创意，但没有资金；有些人虽然自己没有资金，但凭专业、信息和技术优势以及个人信誉和人脉关系，总能一次次幸运地找到资金实现企业梦想。机会总是眷顾有准备的人，创业融资不仅是一个技术问题，也是一个社会问题。

在创业前或融资前做好充分的准备，会有助于创业融资的成功。

（一）建立个人信用并积累人脉资源

市场经济是一种信用经济，信用对国家、企业、个人都是一种珍贵的资源。在创业融资中，信用有很重要的作用。人生活在一定的社会群体中，创业者也不例外。创业者因为具有创业精神和创新意识，可能在思维方法和行为方式上会有不同之处，显示出异质型人才资本的特征。而创业最初的融资往往来自亲人、朋友和同事，如果创业者口碑太差，可信任度太低，融资难度就会加大。因此，创业者应广结善缘，建立健康、有益的人脉关系，创造和积累基于同事关系、师生关系和亲友关系的社会资本，为创造财富人生，实现自我奠定基础。

（二）测算资本需求量

资本需求量的测算是融资的基础。对于创业者来说，首先需要清楚创业所需资本的用途。

任何企业的经营都需要一定的资产，资产以各种形式存在，包括现金、材料、产品、设备、厂房等，创业所筹集的资金就是用来购买企业经营所需要的资产，同时还要有足够的资金来支付企业的运营开支，如员工工资、水电费等。从资本的形式来看，可以将资本分为固定资本和运营资本。固定资本包括用于购买设备、建造厂房等固定资产的资本，这些资本被长期占用，不能在短期内收回，因此，在筹集这类资本时，要考虑资本的长期性，不能依靠短期资金来解决，以免陷入日后“拆东墙补西墙”的境地。运营资本包括用于购买材料、支付工资、各种日常支出的资本，这些资本在几个运营周期内就能收回，可以通过短期自筹解决。此外，创业企业还面临着成长的问题，在成长阶段，单靠初始的启动资本和企业盈利无法满足成长的需要，还要从外部筹集用于扩大再生的资本，即发展资本。

1. 估算启动资金

企业要开始运营，首先要有启动资金，启动资金用于购买企业运营所需的资产及支付日常开支。对启动资金进行估算，需要具备足够的企业经营经验，并对市场行情有充分的了解。创业者在估算启动资金时，既要保证启动资金能够满足企业运营的需要，又要想方设法节省开支，以减少启动资金的花费。在满足经营需求的情况下，可以采用租赁厂房、采购二手设备等方法节约资金。

2. 测算营业收入、营业成本和利润

对于新创企业来说，预估营业收入是制订财务计划与财务报表的第一步。为此，需要立足于市场研究、行业营业状况以及试销经验，利用购买动机调查、推销人员意见综合、专家咨询、时间序列分析等多种预测技巧，估计每年的营业收入。然后，要对营业成本、营业费用以及一般费用和管理费用等进行估计。由于新创企业起步阶段在市场上默默无闻，市场推广成本相当大，营业收入与推动营业收入增长所付出的成本不可能成比例增加，因此，对于第一年的全部经营费用都要按月估计，每一笔支出都不可遗漏。在预估第二年及第三年的经营成本时，首先应该关注那些长期保持稳定的支出，如果对第二年和第三年销售量的预估比较明确的话，则可以根据营业百分比法，即根据预估净营业量按固定百分比计算折旧、库存、租金、保险费、利息等项目的数值。在完成上述项目的预估后，就可以按月估算税前利润、税后利润、净利润以及第一年利润表的内容，然后就进入编制预计财务报表阶段。

3. 编制预计财务报表

新创企业可以采用营业百分比法预估财务报表。这一方法的优点是能够比较便捷地预测出相关项目在营业额中所占的比率，预测出相关项目的资本需求量。但是，由于相关项目在营业额中所占的比率往往会随着市场状况、企业管理等因素发生变化，因此，必须根据实际情况及时调整有关比率，否则会对企业经营造成负面影响。

预计利润表是应用营业百分比法的原理预测可留用利润的一种报表。通过提供预计利润表，可以预测留用利润这种内部筹资方式的数额。

预计资产负债表是应用营业百分比法的原理预测外部融资额的一种报表。通过提供预计资产负债表，可预测资产和负债及留用利润有关项目的数额，进而预测企业需要外部融资的数额。

现金流量是新创企业面临的主要问题之一。一个本来可以盈利的企业也可能会因为现金短缺而破产，因此，对于新创企业来说，逐月预估现金流量是非常重要的。与预估利润表一样，如何精确地计算现金流量表中的项目是一个难题。因此，在编制预计财务报表时需要假设各种情境，如最乐观的估计、最悲观的估计以及现实情况估计。这样的预测，既有助于潜在投资者更好地了解创业者如何应对不同的环境，也能使创业者熟悉经营的各种因素，防止企业陷入困境。

4. 结合企业发展规划预测融资需求量

上述财务指标及报表的预估是创业者必须了解的财务知识，即使企业有专门的财务人员，创业者也应该大致掌握这些方法。需要指出的是，融资需求量的确定不是一个简单的财务测算问题，而是一个将现实与未来综合考虑的决策过程，需要在财务数据的基础上，全面考察企业的经营环境、市场状况、创业计划以及内外部资源条件等因素。

（三）编写融资商业计划书

尽管创业计划的制订过程和基本要素往往是相同的，但创业者完全可以用独特的风格方式讲述自己的故事，表达自己对创建新企业的热情。融资商业计划书应基于详细而真实的调查而完成，对没有准备创业计划经验的创业者来说，向有经验的人请教是一个好的方法，但切记不要让别人替写融资商业计划书。因为准备创业计划的真正价值与其说在于计划书本身，不如说在于制订计划书的过程，这个过程要求创业者对掌握的资料进行客观而严格的评估。融资商业计划书正是通过教育创业者正确行事而降低了开办企业过程中的风险和不确定性。

（四）确定融资来源

测算完融资的需求量之后，接下来的工作就是确定资金的来源，即融资渠道和融资对象。

此时，创业者需要对自己的人脉关系进行一次详尽的排查，初步确定可以成为资金来源的各种关系。同时，需要收集各方面的信息，以获得包括银行、政府、担保机构、行业协会、旧货市场、拍卖行等各种能够提供资金支持的资料。现在政府出台了很多政策，很多创业者不了解，失去了获得有关支持的机会。同时，创业者也应对企业股权和债权的比例安排进行考虑。

（五）融资谈判

无论创业计划书写得有多好，但如果创业者在与资金提供者在谈判时表现得糟糕就很难完成交易。因此，创业者要做好充分准备，事先想想对方可能提的问题；要表现出信心；陈述时抓住要点，条理清晰；记住资金提供者关心的是让他们投资有什么好处。这些原则对融资至关重要。此外，向有谈判经验的人士进行咨询、查阅关于谈判技巧的书籍，对于谈判的成功都有帮助。

四、融资商业计划书构成要素和注意事项

融资商业计划书是指在企业向外融资时所必须具备的文件，一份优质的融资商业计划书可大大提高项目融资的可能性。

对于正在寻求资金的企业来说，商业计划书是创业融资的“敲门砖”。作为企业进行融资的必备文件，其作用就如同预上市公司的招股说明书，是一份对项目进行陈述和剖析，便于投资商对投资对象进行全面了解和初步考察的文本文件。近年来，融资的程序日益规范，作为投资公司进行项目审批的正式文件之一，制作商业计划书已经成为越来越多企业的“必修课程”。

作为一份标准性的文件，商业计划书有着大同小异的架构。但是，有的商业计划书却能迅速抓住投资人目光，而有的计划书却只能以进入“回收站”。客观地说，项目自身素质是最关键、最核心的原因，但是，一个完美的、专业的表现形式也同样重要，“酒香不怕巷子深”的逻辑在竞争激烈的现代商业运转中并不适用。一份成功的商业计划书包含了投资人对于融资项目所需了解的绝大信息，并且对于其中投资人通常关注的要点进行重点陈述分析。这样的商业计划书可以大大减少投资者在进入尽职调查之前的工作

量，便于双方迅速进入后期实质运作。不同的融资项目，由于项目性质不同、项目所处阶段不同等各种因素，投资人关注点会有所侧重。一般而言，项目的市场、产品、管理团队、风险、项目价值等方面是投资人评审项目的要点。商业计划书的基础性内容是项目的市场调查，成本低的或有同类企业作为参照的项目，可以自己按程序去做市场调查；涉及市场范围大，或投资额大，或项目没有已经在运行的同类企业可比较参照的，需委托专业市场调查机构完成。

企业编制商业计划书的理念是：从客户角度分析；清晰明了的商业模式介绍，集技术、管理、市场等方面人才的团队构建；良好的现金流预测和实事求是的财务计划，最终为投资商提供回报，并作为企业运行的发展策略。

站在投资商的立场上，一份好的商业计划书应该包括详细的市场规模和市场份额与企业签署一份投资意向书，并对企业进行价值评估与尽职调查。通常企业与投资商对项目进行价值评估时的着眼点是不一样的。一方面，企业总是希望能尽可能提高项目的评估价值；而另一方面，只有当期望收益能够补偿预期的风险时，投资商才会接受这一定价。所以，企业要实事求是看待自己。可以这样说，商业计划书首先是把计划中要创立的企业推销给风险企业家。其次，商业计划书还能帮助把计划中的风险企业推销给风险投资家，公司商业计划书的主要目的之一就是为了筹集资金。

因此，商业计划书必须要说明：

目的——为什么要冒风险，花精力、时间、资源、资金去建设与经营项目？

资金——为什么要这么多的钱？为什么投资商值得为此注入资金？需要体现出对项目产品的关注，敢于竞争的精神，对市场的了解，行动的方针及管理队伍的实力。

对已建企业来说，商业计划书可以为企业的发展定下比较具体的方向和重点，从而使员工了解企业的经营目标，并激励他们为共同的目标而努力。更重要的是，它可以使企业的出资者以及供应商、销售商等了解企业的经营状况和经营目标，说服出资者为企业的进一步发展提供资金。

五、企业项目成功融资的技巧

项目融资作为企业融资的重要手段之一，对企业的发展起着关键的作用。因此保证企业项目融资的成功至关重要，在实践中总结出以下技巧来提高融资的成功率。

（一）提高企业的经济强度，保证融资的长期性

企业经济强度直接影响融资的成败，良好的项目不仅能够得到很好的发展，其承担风险的能力也会很大，项目的成功率也较高，同时能够带来丰厚的利益回报，自然会给被融资方增加更多的信心，进而提高融资的成功率。例如，河南一牛羊养殖基地，以养

殖牛羊为发展项目，由于地处内陆地区交通不发达，产品结构单一，品种不具有特色，不具有品牌优势，在被融资方进行数据分析后，投资与产出不成比例，回报率小，项目风险高，最终造成项目融资的失败。

（二）做好项目包装，提高融资的通过率

项目包装对融资的成功起重要的作用，不是可有可无的，是增强融资方信心、提高企业项目品牌知名度的重要环节。包装不仅仅是对项目外部形态的包装修饰，更重要的是要对项目本身的体系、风险的分析，明晰项目投资模式、收益的回报率、风险承担能力等进行详细、科学、合理的分析，形成一种明晰的数据。而不是单一地讲述投资者的想法，要注意被融资者更关心的是收益率、项目风险的高低以及项目构建过程的透明度。让被融资者对项目的运行有清晰的蓝图，增加融资的信心，从而提高融资的成功率。

（三）开展多渠道融资，降低融资的成本与风险

项目融资多用于公共基础设施性建设，由于项目所融资金数额巨大，因此相对于其他融资方式具有更大的风险，单一的融资方式具有更大的风险，承受风险的能力也是有限的。因此在融资的过程中要开展多渠道的融资方式来分散企业项目风险，融资的渠道分为内源性融资与外源性融资，分别包括自筹资金、天使投资、留存收益、政府扶持基金、风险投资、股权融资及银行借贷等方式，在实际的操作过程中应将两者相结合以拓宽融资的渠道。例如，可以在自筹资金的基础上，借助政府扶持基金、招商引资、国际金融多方面的融资以壮大融资体系，进而有利于分散融资的风险，为企业的发展提供更高的安全保障和资金保障。

扩展阅读 8.1

案例分析

8.2　融资的风险管理

一、融资风险形成原因的分析

（一）现金性融资风险

现金性融资风险是指企业在特定时点上现金流出量超过现金流入量，而产生的不能按期支付债务本息的风险。该风险的产生是由于现金短缺、债务的期限结构与现金流入的期间结构不相匹配而引起的。它是一种个别风险，表现为债务不能及时偿还；同时它

也是一种支付风险，与企业的盈利没有直接关系。由于企业在会计处理上采用权责发生制，即使企业当期收入大于支出，也并不等于企业就有现金流入。这种风险的产生从根本上说，是由于企业理财不当造成的，表现为现金预算的安排不当或执行不力所造成的支付危机，或是由于资本结构的安排不当以及债务的期限结构不合理而引发了支付危机。

（二）收支性融资风险

收支性融资风险是指企业在收不抵支的情况下出现的无力偿还到期债务本息的风险。收支性融资风险是一种整体风险，对企业全部债务的偿还都产生不利影响，它与某一项具体债务或某一时点债务的偿还无关。这种风险的产生不仅因为理财不当，更主要的是由于企业经营不当。企业经营中如果收不抵支就会导致经营亏损和净资产总量减少，从而对企业按期偿还债务造成影响。这种风险不仅会使债权人的权益受威胁，更会使企业所有者面临更大的风险和压力。因此，它是一种终极风险，而且这种风险如得不到及时控制，其风险进一步加剧就会导致企业破产。

二、企业融资风险产生的原因

（一）企业融资风险产生的外部原因

企业在融资过程中会产生的风险一半是来自外部因素，主要分为以下三个方面。

（1）社会主义市场经济是需要由国家的宏观调控手段来平衡的，国家的宏观调控手段对企业的发展有直接的影响作用，我国主要的银行都是国有银行，给予企业贷款的要求是较为严格的，而且国家所实施的政策，尤其是所得税政策和税金的减免政策对企业的融资所产生的影响是较大的，再加上不同的经济周期对企业的融资也会产生不同的影响。

（2）企业作为社会主义市场经济的重要组成部分，在经营中会受各方面因素的影响，像价格、成本等都会对企业的融资能力产生一定的影响。

（3）企业主要的融资渠道为银行，而银行的发展是受金融市场的影响的，因此，如果金融市场波动很大的话，银行自然也对企业的融资要求会更高，也就会影响企业的生产经营活动。

（二）企业融资风险产生的内部原因

企业在融资过程中所产生的风险还会受内部因素的干扰，主要可以分为以下三个方面。

（1）企业自身内部由于经营管理不善，措施落实的不到位等多方面原因，导致企业内部管理不佳，基础工作缺乏，财务制度不健全，使得企业的诚信度下降，不仅无法为公司创造效益，而且也会带来不良的影响。

（2）很多发生融资风险的企业，由于在融资前没有进行有效的评估而带有加大的盲目性，使得融资决策无法正常发挥，从而带来融资风险，影响企业的发展。

（3）企业在信息透明度的建设上做得不够好，信息透明度不高，使得金融机构在为企业作信息评估时难以进行，这也就加大了企业融资的困难，不利于企业的经营发展。

三、防范融资风险的对策

（一）对现金性融资风险的防范

1. 加强资金数量合理性的管理

有些企业融资的目的是为了实现最佳资本结构，即追求资金成本最低和企业价值最大，但更多的企业则是为了保证生产经营所需的资金。因为资金的不足会影响企业的生产经营和发展，但融通资金过多对于企业来说也有害处，其必然导致资金使用效率降低，形成浪费。毕竟企业筹集的每一分钱都是有成本的，如果融通的资金用得不合理或者并非真正需要，那么企业会背负沉重的成本负担，从而影响企业融资能力和获利能力，所以，企业融资应以够用为宜。

2. 重视资金结构上的配比性

企业总资产分为流动资产和非流动资产两部分。流动资产又可以一分为二，即数量随生产经营的变动而波动的临时性流动资产和长期保持稳定水平的永久性流动资产。一般来说，企业用于固定资产和永久性流动资产上的资金，以长期融资方式取得的资金为主。由于季节性、周期性等原因形成企业所需的临时性流动资金，主要以短期融资方式取得的资金为主。强调融资和资金使用在资金结构上的配比关系对企业尤为重要，企业的财务失败往往不是由于资金不能筹集而导致，而是由于企业经营中将不同时间的资金不恰当地用在了不同投资期间的项目上。如果企业的负债期限与生产经营周期相匹配，企业总可以利用借款来满足其资金的需要，同样也可以按期归还。按资金使用期限来融通相应期限的负债资金，是企业规避风险的对策之一。如果企业这样做，不仅可以取得合理的现金流量，而且还可以在规避风险的同时提高企业的利润。所以，在实际工作中，不同企业在不同时期应根据不同的情况，按照此原则选择适合自己的筹资方式。

3. 深化金融体制改革，完善金融企业制度

深化金融企业改革的目标，就是要把商业银行改造成资本充足、内控严密、运营安全、服务效益良好的现代金融企业。当前，商业银行应不断改善内控机制，提高防范风险的能力，积极开发更多更新的信贷品种，提高工作效率，以满足企业日益增多的、临时的、

合理的资金需求，为企业外部融资创造良好环境。

4. 培育良好的信用环境

企业融资最为关键的是信用，没有良好的信用环境，企业融资会变得更加困难，并导致信贷市场的低效配置。所以，应尽快建立健全企业信用评价体系，加强企业信用文化建设，为企业外部融资奠定基础。

（二）对收支性融资风险的防范

1. 建立现代企业制度，完善治理结构

目前，我国企业中存在很多财务制度不完善，财务报告真实性低，银行利益难以保障的现象，其根源还是由于企业治理结构不完善。只有建立现代企业制度，提高企业自身素质，推动企业制度的多元化和社会化，才能实现企业治理结构趋于合理。对国有企业，应实行积极的退出战略，进行改制重组；对私营企业，要引导资本社会化，改变家族式管理；对于集体企业，要推动产权改革，明晰产权关系。所以，对于防范收支性融资风险来说，当务之急是按照国家的有关财务制度的规定，建立能真实反映企业财务状况、增加企业财务透明度的企业治理结构。

2. 提高资金使用效益企业的融资渠道和方式

虽然存在较大的选择余地，但是无论哪一种方式的资金融通都是有代价的，加之企业的抗风险能力以及融资难度的不同，更应该对各种来源的资金进行必要的权衡，综合考虑经营需要与资金成本、融资风险及投资收益等诸多方面的因素。所以，企业必须把资金的筹集和投放结合起来，分析资金成本率与投资收益率的关系再进行决策，以免出现决策失误。

3. 建立科学的融资结构体系

融资作为企业财务管理的重要组成部分，要求有完善的资本市场相配套，但我国目前的融资方式和手段还不多，企业很难成为独立的融资主体。因此，只有按市场要求建立严格的融资运行机制，使融资体制真正地面向市场来建立，建立多种有效、便利、快捷的融资方式，才能保证企业资本结构的健康发展。从资本结构角度看，各种融资方式互为补充，相互之间没有优劣之分，选择何种融资方式要根据企业的需要来决定。就我国目前企业融资的现状而言，大力发展多种融资形式有利于企业资本结构的优化和约束机制的完善。

4. 在追求增量融资的同时更加注重存量融资

增量融资指从数量上增加资金总占用量，以满足生产经营需要；存量融资是指在不增加资金总占用量的前提下，通过调整资金占用结构、加速资金周转，尽量避免不合理的资金使用，提高单位资金的使用效果，以满足企业不断扩大的生产经营需要。增量融资与存量融资的紧密结合，反映出企业的融资活动与投资活动的内在必然联系，因为存

量融资实际上是对资金运用的一种调整，它不但可以避免损失和资金的积压，而且还有助于提高资金的流动性，减轻企业融资的压力。

5. 尽力降低企业融资成本

一般来说，在不考虑融资风险成本时，融资成本是指企业为融通资金而支出的一切费用。它主要包括融资过程中的组织管理费用和支付的其他费用等融资费用以及融资后的资金使用费用。企业融资成本是决定企业融资决策的重要因素，对于企业选择哪种融资方式有着重要的指导意义。由于不同融资方式的融资成本计算要涉及很多相关因素，具体运用时应进行认真把控。一般来说，按照资金来源和渠道划分的各种主要融资方式，融资成本从小到大的排列顺序依次为商业融资、银行融资、债券融资、留存收益融资、股票融资等。

6. 注重最佳融资机会的选择

所谓融资机会，是指由有利于企业融资的一系列因素所构成的有利的融资环境和时机。企业选择融资机会的过程，就是企业寻求与企业内部条件相适应的外部环境的过程，所以应对企业融资所涉及的各种可能影响因素进行具体分析。

目前，企业要充分考虑以下几个方面的情况：①对于企业来说，外部融资环境复杂多变，企业融资应有预见性。所以，企业应准确掌握市场利率、汇率等各种与融资相关的市场信息，分析和预测能影响企业融资的各种有利条件和不利条件及各种变化趋势，以寻求企业最佳融资时机。②企业融资机会是在某一特定时间出现的一种客观环境，即使企业自身同样也会对融资活动产生很重要的影响，但与企业外部环境相比较，企业本身对整个融资环境的影响是非常有限的。一般来说，企业只能适应外部融资环境而无法左右外部环境，所以，需要企业充分发挥自身主动性，积极地寻求并及时把握住各种有利时机，以保证融资取得成功。③企业在分析融资机会时，必须要考虑各种融资方式的自身特点，结合企业自身的实际情况，制定合理的融资决策。

四、企业防范融资风险的若干措施

（一）科学选择企业融资规模

股权权益筹资方式的优点为筹资门槛低、无须使企业承担固定本金、利息支付负担；其缺点为稀释控制权且筹资成本比银行借款高，无法享受利息费用支出税前的优惠政策。银行借款的优点为融资成本较低且不影响企业股东控制地位，可使企业享受财务杠杆效益；其缺点为企业无法到期偿还利息、本金时会面临财务风险。因此，企业在融资前，需对本企业所能承担的偿还债务能力、资本结构、股东意见等因素进行细致分析，在计算企业综合资金成本率的基础上，选择资金成本及财务风险最低的融资组合，以保证企业既发挥财务杠杆作用又降低企业财务风险。

（二）综合分析确定企业融资期限

企业融资期限在 1 年以内的筹集方式称为短期筹资，筹资期限在 1 年以上的称为长期筹资。短期筹资的优点为筹资门槛及资金成本较低，企业资金短期调度不灵时可选择短期筹资作为筹资方式；其缺点为无法为企业提供长期、稳定的资金供应，如果企业在一年内无法偿还短期贷款本息，则面临较大的财务风险。长期筹资方式具有资金成本与审批门槛高缺点；其优点为可使企业取得长期使用的资金供应，为企业重新组织生产、销售提供时间。企业在选择融资方式时应根据所使用资金用途及预期现金流入量规模选择融资方式，保证企业贷款期限与资金使用期限的一致性，既避免短期使用资金而承担较高资金成本，也要避免企业长期使用资金需求而面临短期偿还本息风险。

（三）选择综合资金成本最低的筹资方式

筹资方式及资本结构比例不同均会影响企业综合资金成本，企业在选择筹资方式时，既要考虑债务融资方式的财务杠杆作用，也要充分估计到期偿还债务所面临的风险。过多地使用债务融资方式将使企业获得税前抵扣利息费用的利益，还可使企业获得较股票资本成本更低的筹资成本，在一定程度上降低了企业整体资金成本。但当企业资产负债率处于较高水平时，企业应谨慎使用债务融资方式，考虑企业可承受财务风险及资本结构，避免因无法到期偿还本息而使企业面临被起诉风险。

（四）建立健全企业财务风险预警机制

企业领导应树立正确的财务预警意识，在企业内部建立严密的财务风险防范机制，促使企业财务人员及时关注利率与资产负债率变化、应收账款与库存周转、回收及企业现金流动性情况，及时将财务风险向企业管理层汇报，保证企业增强风险意识及生产经营正常进行。企业财务人员应按照《企业会计准则》规定对经济业务进行规范的会计核算，及时对外公布财务会计报表及附注，使企业管理层可以根据会计数据进行融资分析，降低企业财务风险。

企业在融资过程中如果不能妥善处理所产生的风险，对企业的整体性发展是会造成比较大的危害。为此，企业应针对融资风险产生的原因予以明确，并在此基础上采取科学有效的措施做好防范工作，以此来确保企业在生产与经营活动中的安全性，促进企业得到整体性的进步发展。

8.3　融资的退出机制

投资退出机制是指风险投资机构在所投资的风险企业发展相对成熟或不能继续健康发展的情况下，将所投入的资本由股权形态转化为资本形态，以实现资本增值或避免和降低财产损失的机制及相关配套制度安排。风险投资的本质是资本运作，退出是实现收益的阶段，同时也是全身而退，进行资本再循环的前提。它主要有四种方式，包括股份上市、股份转让、股份回收和公司清理。

一、融资退出机制的意义

构建公私伙伴关系（public-private-partnership, PPP）项目中社会资本退出法律机制的重要意义有以下几个方面。

（一）有利于解决企业生存时间对双方长期合作伙伴关系的影响

众所周知，PPP 项目的周期比较长，一般是 10 ～ 30 年。根据《基础设施和公用事业特许经营管理办法》规定：PPP 项目的期限最长不超过 30 年。但是如果项目投资规模较大且回报周期较长，政府部门和特许经营者可以根据具体情况，突破 30 年的规定，约定特许经营的期限。由此可以看出，一般情况下 PPP 项目的特许经营期限在 10 ～ 30 年之间，在较特殊的情况下甚至会超过 30 年。这对社会资本生存时间的要求较高，社会资本往往达不到这项要求，从而影响到其和政府部门的长期合作伙伴关系。

国家市场监督管理总局收集了 2000 年以来我国新设企业，注销、吊销企业的生存时间等数据，并对这些数据进行分析研究，制作了《全国内资企业生存时间分析报告》。该分析报告显示：企业生存时间在 0 ～ 5 年的占比 59.1%，在 6 ～ 9 年的占比 24.9%，在 10 ～ 19 年的占比 12.8%，20 年以上的仅占比 3.2%。另外，该份报告呈现出我国企业的生存时间有如下特点：①我国企业生存时间在 5 年以下的接近一半；②将近 6 成的企业在成立后 5 年内会退出市场；③企业的“瓶颈期”是成立后的 3 ～ 7 年，这段时期企业呈现出较高的市场退出率。

另外，该报告也显示出在大多数行业中，企业成立后的第三年是该企业的生存危险期。其中，水利、环境和公共设施管理等行业的企业生存危险期均在 1 年以内，即企业成立当年的死亡数量最多；电力热力燃气、水利生产业等行业的企业在成立后第五年的市场退出率较高。而环境和公共设施、电力热力燃气、水利等基础设施建设行业正好是 PPP 项目所重点关注的行业，这些领域的企业的生存时间往往达不到 PPP 项目期限的要求。

国内企业是这样，国外企业也不免出现这样的问题。美国《财富》杂志通过多年的跟踪和调查，得出以下结论：美国企业中只有 2% 能存活 50 年以上，接近六成的企业生存时间不超过 5 年。“世界 500 强”企业的平均生存时间为 40 ～ 42 年，“1 000 强”企业则为 30 年左右。中小企业平均生存时间不足 7 年，而大型企业的平均生命周期也未超过 40 年。国际大型企业尚且如此，国内参与 PPP 项目的企业更加难以达到 PPP 项目的建设运营期限要求。

企业的生命周期和 PPP 项目期限不完全匹配会影响政府部门和社会资本的长期合作伙伴关系，从而影响整个项目的顺利实施。我国政府推广应用 PPP 的融资模式，是为了减轻政府的财政压力，转变政府的职能、鼓励社会资本提供公共产品和服务，所以不可能要求社会资本都是百年企业，否则能够满足条件的社会资本将寥寥无几。

因为即使是大型的国企或者上市公司也不能保证从一个项目的开始做到项目的结束或者以某个项目为主业而长期不进行调整。所以为了吸引更多的投资者参与 PPP 项目中来，不仅仅要给社会资本提供相对较宽松的准入门槛，也应当为他们提供多元、便利的退出渠道，让社会资本可以在项目的不同阶段，选择合适的时机退出项目，其他社会资本也可以在项目的不同阶段参与项目中来。

所以，构建一套较为完善的退出法律机制可以使得社会资本可以适时地退出项目，解决企业生存时间无法满足 PPP 项目期限的问题。同时也给社会资本吃下“定心丸”，让社会资本投资时没有后顾之忧，刺激社会资本积极参与投资 PPP 项目。

（二）有利于社会资本方联合体成员在 PPP 项目中自由进退

PPP 项目周期长且投资规模大，动则几十亿甚至上百亿，这对社会资本的资金量要求很高，所以在实践中参与 PPP 项目的大多是大型上市企业或国有企业，中小企业由于资金量不足问题，投资热情一直不高。

但是 PPP 模式作为基础设施投资建设的一个融资创新模式，优势明显。在实践中，如果一个企业没有相匹配的经济实力，可以联合几个甚至更多的企业组成社会资本方的联合体，共同参与 PPP 项目中来。比如河北省太行山等高速公路 PPP 项目就是由中国交通建设股份有限公司、中国建筑股份有限公司和中交路桥建设有限公司组成的联合体作为社会资本方与河北省交通投资集团（政府方）共同出资成立中交建冀高速公路投资发展有限公司（项目公司）具体实施该项目的开发。其中，中国交通建设公司出资 28.4 亿元，占项目公司 25.6% 的股权；中国建筑公司出资 23.3 亿元，占项目公司 21% 的股权；中交路桥建设公司出资 4.9 亿元，占项目公司 4.4% 的股权。在这个项目中，就充分发挥了中国交通建设公司和中国建筑公司的资金优势，组成了社会资本的联合体保障项目资金的稳定，该项目得以顺利进行。

在实践中，各社会资本多是以联合体的形式参与 PPP 项目，发挥其资金、设计、建设、运营等优势。如果为这些联合体成员构建一个完善的退出法律机制，当其完成自己的任务，在不损害其他成员利益的情况下可以自由退出 PPP 项目，这样既不影响整个项目的进行，又能够使得该成员实现盈利目的，也有助于该成员把更多的精力和财力投资其他项目来获取更多利益。可见，为社会资本提供退出机制是十分必要的。

（三）有利于吸引纯资金投资者参与 PPP 项目

PPP 模式是公共产品和服务供给机制的重大创新。在传统的基础设施建设和公共服务提供领域引入社会资本，可以有效缓解政府部门在基础设施建设上的融资缺口，即通过私营资本的融资解决政府的财政压力问题，使财政资金从“主导”转变为“引导”。

融资是 PPP 模式的一项重要功能。政府部门如果想利用纯资金投资者的融资功能来进行基础设施建设，就应当提供一个规范的社会资本退出法律机制，这无疑会打消社会资本的投资顾虑，成功吸引更多纯资金投资者的参与。

实践中很多 PPP 项目的社会资本是纯资金投资者，如果不为他们提供完善的退出机制，其权益可能受到损害，其他纯资金投资者也会对 PPP 项目望而却步。例如，石家庄正定新区综合管廊 PPP 项目中，天宝财富股权投资基金（上海）有限公司和中电建路桥集团有限公司组成联合体作为社会资本方与政府部门共同设立河北承运管廊工程有限公司（项目公司）负责项目开发。其中天宝财富基金公司出资约 10 亿元，占项目公司 75% 的股份，是该项目的纯资金投资者，如果不为他们提供完善的退出法律机制，当项目中的风险来临时，纯资金投资者如果不能顺利退出，其利益就会受损害。因此纯资金投资者如果完成了项目的融资需求，在不影响项目的整体进程、不损害项目公司或其他项目主体利益的情况下，可以选择合适的退出时机和渠道退出 PPP 项目，这样既可以从项目中获利，又可以从项目中抽离出来，这对纯资金投资者来说诱惑力巨大。

二、融资退出机制的作用

风险投资的本性是追求高回报，这种回报不可能像传统投资一样主要从投资项目利润中得到，而是依赖于在这种“投入→回收→再投入”的不断循环中实现的自身价值增值。所以，风险投资赖以生存的根本在于资本的高度周期流动，流动性的存在构筑了资本退出的有效渠道，使资本在不断循环中实现增值，吸引社会资本加入风险投资行列。投资家只有明晰地看到资本运动的出口，才会积极地将资金投入风险企业。因此，一个顺畅的退出机制也是扩大风险投资来源的关键，这就从源头上保证了资本循环的良性运作。可以说，退出机制是风险资本循环流动的中心环节。

风险投资与一般投资相比风险极高，其产生与发展的基本动力在于追求高额回报，而且由于风险投资企业本身所固有的高风险，使风险投资项目和非风险投资项目相比更容易胎死腹中。一旦风险投资项目失败，不仅获得资本增值的愿望成为泡影，能否收回本金也将成为很大的问题。风险投资家最不愿看到的就是资金沉淀于项目之中，无法回本。因此，投资成功的企业需要退出，投资失败的企业更要有通畅的渠道及时退出，如利用公开上市或将股权转让给其他企业、规范的破产清算等方式，以尽可能将损失减少至最低水平。

风险投资是一种循环性投资，其赖以生存的根本在于与高风险相对应的高度的资本周期流动，它通过不断进入和退出风险企业实现资本价值的增值。风险投资产生的意义在于扶持潜力企业成长，那么其自身有限的资产就必须具备一定的流动性，才能不断地扶持新企业。如果缺乏退出机制，风险投资者投入风险企业的资金达到预期增值目的后，却难以套现，将会使风险投资者的资产陷入停滞状态，它就无法再去寻找新的投资对象，那么，这种风险投资本身也失去了存在的意义。

风险投资所投资的企业往往是比较“新”的企业（包括重组、并购等），或者说是高新技术的新兴产业企业，而市场也缺少对于其本身价值评估的度量标准，因为这类企业的无形资产往往占有很高比重，并且评定企业需要看其未来的成长，所以按照风险投资的退出机制，投资者所获得的资产增值恰恰可以作为一个比较客观的市场依据，如此，市场也将更成熟与规范。

三、融资退出机制的方式

（一）公开上市（initial public offering, IPO）

公开上市是指创业投资者通过被投资公司，将所拥有创业企业的未流通股权转换成可以上市流通的公共股权。这一转换通常使投资者获得巨大的资本增益。一般说来，创业企业因为是新建企业，通常达不到主板上市的标准，因此多在专门为创业企业设立的创业板市场实现上市。由于这是一种“双赢”的退出方式，创业企业管理层也非常欢迎这种上市方式。

因为成功的上市既表明资本市场对创业企业经营业绩的确认，也使公司获得了在证券市场上继续融资的资格。同时，由于风险资本家的退出而保持了公司的独立性，当然，上市也受许多限制：第一，信息披露。为了上市，创业企业必须向外界公布企业的经营状况、财务状况、发展战略等信息，使广大投资者了解企业的真实情况，以期望得到市场的积极评价，避免由于信息不对称引起的股价低估。第二，相对于其他退出方式，公开上市涉及的法律、会计、中介等问题更多，因而上市成本也是高昂的。

（二）收购、回购和转售

收购是指同行业或相关行业的企业对创业企业的兼并或购买行为。回购是指创业企业发展至一定阶段，如果创业企业家希望由自己控制公司，可以选择将风险投资者手中持有的股份购回，实现创业资本的退出。

所谓转售，通常是风险投资者把手中的股份卖给其他投资者。股权转让也是一种常见的、操作简单的退出渠道，它是高科技中小企业在未上市前，将部分或全部股权向其他企业上市公司、风险投资公司或个人转让的行为。由于中小企业不是都能成长为大型企业，同时中小企业也不可能全部上市，所以大部分投资需要通过股权转让实现退出。这种股权交易市场也可成为中小企业增资扩股和交流信息的集散地。

所以，创业板市场的建立和高效运行对中小企业的健康成长是十分重要的。与 IPO 相比，风险投资者出售所持股权时面对的买家并非是整个市场，而是少数几个买家，所以交易费用比较低廉，手续也相对简便。但由于收购方太少，企业价值可能被低估，因此这些退出方式的收益率要明显低于 IPO。同时，由于收购活动不经过资本市场的价值评估，因此也难以获得证券市场后续融资的机会。管理层还可能因收购而失去对企业的控制权。综合上述原因，除非迫不得已，风险投资者和创业企业家都不愿采取出售方式变卖企业。

（三）破产清算

当创业企业经营状况不佳而又难以得到扭转时，破产清算可能是最好的减少损失的方法。由于创业企业的失败率很高，所以破产清算可能是大多数风险投资者和创业企业家面临的选择。创业企业进行清算有三个条件：①创业企业在计划经营期内的经营状况与预期目标相差较大，或发展方向背离了投资协议的约定；②创业企业无法偿还到期债务，同时又无法筹集新的资金；③由于创业企业经营状况太差，或者由于资本市场不景气，无法以合理的价格出售创业企业，而且企业家也不愿回购创业企业。

所以，破产清算是投资者和企业家都不愿看到的结果。清算价值通常与有形资产正相关。因为有形资产比无形资产平均较易出售变现，而且较大部分的账面价值可以收回。所以，通常采用有形资产占总资产的比例来衡量企业的清算价值。在分阶段风险资本投资中，无形资产总是与较高的代理成本联系在一起。随着有形资产的增加，风险投资家通过清算形式可以收回的投资逐渐增多。根据美国的经验，在上述三种退出方式中，破产的平均收益是最低的，兼并收购排在中间，而公开上市的退出方式是收益最高的。

（四）期权与投资退出决策

首先，风险投资具有期权性质。风险投资家对创业企业的投资就像购买了一份看涨期权，一旦投资成功就可获得巨大的投资收益。即使失败，投资者的损失也锁定在有限的投资上。其次，投资者向创业企业投入一定的风险资本而拥有了相应的股份。但对风险投资者来说，其最终目的还是要通过出售股权实现资本增益。

这就相当于投资者购买了一份看跌期权，它赋予投资者在投资期满日以某一价格出售所持股份的权利。退出决策的可行性分析归结为对风险投资家得到的预期风险总获益与期权执行价格的比较。如果预期风险总获益低于期权执行价格，则表明该期权的价值被低估，应该买入该期权。在风险投资退出的影响因素中，主观因素占相当大的比重，现在的客观定量的理论思想还无法有效地解释投资者的经验在风险投资运作中的重要作用。

根据风险投资项目投资价值的期权特性，构建新的风险投资退出决策模型，把期权的成交价格与风险投资公司预期收益相比较，来为风险投资退出提供决策。

（五）可转换证券与风险投资退出决策

金融工具设计除了可用于安排何种金融工具或金融工具组合将风险资本投向创业企业外，还应能保证风险资本的有效退出。在不完全合同模型中，当企业可能收购方式退出时，收购者可能与风险企业家共谋，损害投资者的利益，他认为可转换债券既可以保护投资者的利益，还能够保护企业家私人利益免受损失。

四、我国创业投资退出渠道

根据科技部对全国科技投资比较发达地区 38 家投资机构的资本退出渠道的抽样调查，其中近 43% 的采取转售方式；占第二位的是收购和清算；第三位为回购方式；公开上市仅占 5.3%。而在欧洲和美国，IPO 和收购都是最常用的方式。其中 IPO 方式分别占到 18.8% 和 25% ～ 30%。相比之下，我国存在不小的差距。其中重要的原因是我国创业板市场不发达，所以公开上市不是我国创业投资退出的主要渠道。

五、当前我国 PPP 项目的融资退出机制盘点

目前，PPP 项目的退出机制包括到期移交清算、股权转让或回购、资产证券化、公开上市和发行债券等其他方式。其中资本市场融资和退出机制如下：

1. PPP 企业股权融资

（1）积极支持符合条件的 PPP 企业发行上市和新三板挂牌。相关 PPP 企业经过具有保荐资格的证券公司推荐，均可向证监会提出发行上市申请。近年来，证监会修订了《首次公开发行股票并上市管理办法》《首次公开发行股票并在创业板上市管理办法》等规章，不断完善各项规定，优化发行条件，扩大资本市场服务覆盖面。同时，积极支持符合条件的股份制 PPP 项目公司在新三板通过挂牌和公开转让股份等方式进行股权融资。

（2）支持上市公司发行可转换债券和优先股。根据《上市公司证券发行管理办法》《创业板上市公司证券发行管理暂行办法》等有关规定，证监会积极支持符合条件的上市公司发行可转换公司债券，募集资金投向 PPP 项目。根据《国务院关于开展优先股试点的指导意见》《优先股试点管理办法》等有关规定，支持符合条件的上市公司发行优

先股，募集资金投向涉及 PPP 的项目，优先股的交易转让按照《优先股试点管理办法》第四十七条、第四十八条有关规定执行。

2. PPP 企业发行债券融资

2017 年 4 月，国家发改委印发《政府和社会资本合作（PPP）项目专项债券发行指引》，支持 PPP 项目公司或社会资本方发行 PPP 项目专项债券，所募集资金可用于 PPP 项目建设、运营或偿还已直接用于项目建设的银行贷款。证监会一直积极支持符合条件的 PPP 项目公司通过发行公司债券进行融资。

3. PPP 项目资产证券化方式

PPP 项目开展资产证券化是盘活存量资产、打通资本进出渠道的重要举措，有利于推动项目与资本市场对接，拓宽项目融资渠道，并可借助资本市场的信息披露、监督和价值发现功能，倒逼 PPP 项目规范实施。

2016 年 8 月，国家发展和改革委员会印发《关于切实做好传统基础设施领域政府和社会资本合作有关工作的通知》，明确提出推动 PPP 项目与资本市场深化发展相结合，依托各类产权、股权交易市场，通过股权转让、资产证券化等方式，丰富 PPP 项目投资退出渠道。证监会和相关部委一直高度重视通过资产证券化方式丰富 PPP 项目的退出渠道。

2016 年 12 月底，证监会与国家发展和改革委员会联合发布了《关于推进传统基础设施领域政府和社会资本合作（PPP）项目资产证券化相关工作的通知》；2017 年 6 月，证监会与财政部、人民银行联合发布了《关于规范开展政府和社会资本合作项目资产证券化有关事宜的通知》。上述通知明确了国家重点鼓励支持的 PPP 项目资产证券化的开展条件、持续运营管理、绿色通道、信息披露、持续监管和风险处置机制等内容。

思考题

1. 创业融资的特点有哪些？
2. 简述创业融资的步骤。
3. 新创企业有哪些融资渠道？
4. 简述创业融资的阶段性特征。
5. 创业者在融资时应该遵循哪些原则？

参考文献

[1] 吴增源，钮亮，虎陈霞 . 电子商务创业管理 [M]. 上海：上海交通大学出版社，2015.

[2] 郎宏文，郝婷，高晶 . 创业与创新管理 [M]. 北京：中国铁道出版社，2019.

[3] 王红梅，赵胜刚 . 现代工业企业管理 [M]. 南京：东南大学出版社，2007.

[4] 郎宏文，郝婷，高晶 . 创业管理理论、方法与案例 [M]. 北京：人民邮电出版社，2016.

[5] 王卫华，邢俏俏 . 现代企业管理教程 [M]. 北京：高等教育出版社，2005.

[6] 关高峰 . 物流成本管理 [M]. 北京：北京大学出版社，2014.

[7] 张玉利 . 创业管理 [M]. 北京：机械工业出版社，2008.

[8] 王亚卓 . 创业营销与管理 [M]. 北京：中国时代经济出版社，2014.

[9] 张晓蕊，马晓娣，岳志春 . 大学生创业基础 [M]. 北京：北京理工大学出版社，2019.

[10] 张玉利，陈寒松，薛红志 . 创业管理基础版 [M]. 北京：机械工业出版社，2013.

[11] 郑晓燕 . 创业基础案例与实训 [M]. 成都：西南财经大学出版社，2014.

[12] 刘峰 . 一看就懂的融资常识全图解双色 [M]. 北京：电子工业出版社，2014.

[13] 宁佳英 . 大学生就业与创业管理 [M]. 广州：华南理工大学出版社，2010.

[14] 宋爱华，贾蔚，雷冬梅等 . 大学生就业创业指导 [M]. 北京：中国石化出版社，2011.

[15] 刘沁玲，陈文华 . 创业学 [M]. 北京：北京大学出版社，2012.

[16] 郑健壮 . 创业学与商业计划 [M]. 北京：科学出版社，2006.

[17] 陈志武 . 财富来自怎样的商业模式 [J]. 复印报刊资料（商界导刊），2008.

[18] 徐周生 . 防范企业法律风险的途径探讨 [J]. 法制博览，2020.

[19] 杨守银 . 浅析企业融资风险的成因及防范 [J]. 现代经济信息，2016.

[20] 陈志武 . 与女儿谈星巴克的成功之道 [J]. 华人世界，2007.

[21] 罗伟 . 浅析企业危机管理 [J]. 北方经济，2010.

[22] 李瀚伟 . 饭爷：用味道传递情感，以品牌打造新生活方式 [J]. 中国名牌，2019.

[23] 罗伟 . 浅析企业危机管理 [J]. 北方经济，2010.

[24] 叶蔚萍 . 企业管理中的制度建构与制度管理创新 [J]. 智库时代，2020.

[25] 李雪月，王家钧 . 浅谈公司设立过程中的法律风险及防范 [J]. 职工法律天地，2018.

[26] 陈志武 . 解码星巴克 [J]. 发现，2010.

[27] 魏杰 . 企业必须要解决的三大创新问题 [J]. 科技与企业，2007.

[28] 徐周生 . 防范企业法律风险的途径探讨 [J]. 法制博览，2020.

[29] 陶建英 . 浅析如何进一步推进企业文化建设机制 [J]. 经济师，2020.

[30] 毛颖，彭家生 . 基于茅台塑化剂事件的经济学分析 [J]. 经济研究导刊，2013.

[31] 杨守银 . 浅析企业融资风险的成因及防范 [J]. 现代经济信息，2016.

[32] 毕忠伟 . 试论企业文化建设在企业发展中的地位 .[J]. 经济师，2015.

[33] 陈志武 . 戴尔的独特模式 [J]. 深圳特区科技，2007.

[34] 顾振华，李挥，张永辉，赵贵平 . 塑化剂食品安全中的又一隐形“杀手”[J]. 食品安全导刊，2011.

[35] 熊雯琳 . 资本寒冬下的创业众生相 [N]. 电脑报，2016.

教师服务

感谢您选用清华大学出版社的教材！为了更好地服务教学，我们为授课教师提供本书的教学辅助资源，以及本学科重点教材信息。请您扫码获取。

教辅获取

本书教辅资源，授课教师扫码获取

样书赠送

创业与创新类重点教材，教师扫码获取样书

清华大学出版社

E-mail: tupfuwu@163.com
电话：010-83470332 / 83470142
地址：北京市海淀区双清路学研大厦 B 座 509

网址：http://www.tup.com.cn/
传真：8610-83470107
邮编：100084